수시공시이론, 제도 및 정책

손성규

傳 英 社

서 문

본서는 수시공시제도를 소개하며 이 제도의 적용에 있어서 발생하는 여러 가지 정책적인 면을 정리하기 위한 실무에 기초한 연구서적으로 기술되었다.

본서는 교과서로 기술되지는 않았으며 수시공시와 관련되어 정책서로 기술되었다. 본서는 기업의 공시담당 임직원, 금융감독기관의 공시담당부서 및 거래소의 공시 책임자와 실무자에게 도움이 되리라 판단된다. 또한 공시에 관심이 있는 회계 또는 재무관리 전공 대학원생 및 전공교수에게도 참고문헌이 되리라 믿는다. 회계정보도 큰 틀에서는 공시의 일부분이므로 실무의 회계전문가에게도 도움이 되리라 믿는다.

예를 들어, 기업의 외부감사인도 정기공시에 대해서만 인증의 책임을 지지만 피감기업과 관련된 경영환경정보가 공시되는 것은 지속적으로 인지할 필요가 있다. 왜냐하면 기업의 정보란 종합적인 것이지 단편적인 것이 아니기 때문이다.

2006년 12월에 시작한 저술작업이 2년 반에 걸쳐 종료되니 감개가 무량하다. 저자는 회계학 교수로 공시와 관련된 주된 관심은 정기공시인 재무제표에 있었으나 수년 전부터 수시공시가 회계학 및 재무관리 분야에서 소외된 연구분야인 것을 알고 이 분야에 대한 연구를 수행하였다. 또한 수시공시와 관련되어 2008년 4월부터 활동한 한국거래소 유가증권시장본부 공시위원회 위원(7월부터는 위원장)으로서의 경험이 본 저술에 있어서 가장 소중한 자산이 되었다. 위원으로 추천해 주신 박상용 경영대학장님, 거래소 유가증권시장본부 이광수 본부장님, 김재일 본부장보께 감사드린다. 저술작업 중에 여러 가지 소중한 자료와 정보를 제공해 주신 공시부의 최현수(전임 김준헌)

공시총괄팀장, 김도연(전임 정명석) 공시제도팀장, 유승완, 한재룡, 윤기준, 김영진 팀장님과 공시부 모든 직원분께 감사한다.

또한 본 연구는 정기공시이기는 하지만 전통적인 회계학연구에서 다루지 않았던 사업보고서에 대한 내용을 기술한다. 사업보고서에 공시되는 정보는 수치화·정형화된 정보는 아니지만 서술적으로 회사의 이해에 도움이 되는 정보로 제시되기 때문에 매우 중요한 정보의 전달수단이다. 또한 최근에 와서는 정보의 전달내용뿐만 아니라 정보의 전달수단에 대해서도 많은 관심을 갖게 되었다.

투자의사결정이 단기화되면서 수시로 제공되는 정보의 중요성을 아무리 강조해도 지나치지 않다. 이와 같은 차원에서 분반기, 중간재무제표의 중요성이 더욱 강조되고 있으며 또한 수시공시도 이전보다 더욱 중요해진다. 반면 이에 대한 연구는 활발하게 진행되지는 않았다.

저자의 직장인 연세대학교의 은사이신 송자·정종암·주인기·김준석 교수님과 김지홍·연강흠·이경태·이호영·최원욱·장진호·문두철·장명·이원창 교수님께 감사한다. 이분들이 편안한 마음으로 연구에 정진할 수 있는 환경을 만들어 주셨다. 또한 숙명여대 박종성 교수, 동덕여대 이은철 교수, 덕성여자대학교 김태동 교수, 한양대학교 이정화 교수, 서울시립대학교 이영한 교수, 연변대학교의 김연화 교수, 연세대학교의 최종원 교수, 염지인 교수, 오원정 박사, 곽지영·오명전·김성환·정기위·고재민·백혜원·김상일·배지헌 박사과정으로부터 많은 것을 배우고 같이 연구할 기회가 있었다. 연구실에서 업무를 돕고 있는 지병규·오윤숙 조교에게도 감사한다.

"기업의 자율공시체제 대응 및 효율적 정착방안"(거래소/한국상장회사협의회 용역)을 수행함에 있어서 meeting과 설문지를 통해서 협조해 주신 금융감독원 정용선 전 부원장보(현, 법무법인 화우 고문)와 기업공시국과 공시제도실 직원분들께도 감사드린다. 또한 12장의 내부자거래 연구를 위해서 내부자료를 제공해 주신 Fnguide의 김군호 대표께도 감사드린다.

수시공시는 크게 분류할 경우, 공시의 한 부분이며 다른 한 축에는 정기공시가 존재한다. 정기공시인 회계정보에 대한 「자본시장에서의 회계정보의 유용성」(2003, 신영사, 5인 공저)과 정기공시에 대한 인증을 수행하는 회계감사와 관련된 정책서인 「회계감사이론, 제도 및 적용」(2006, 박영사)은 본서와 함께 공시정보를 총체적으로 이해하는 데 많은 도움을 줄 것이다.

본서는 수시공시와 관련되어서는 전문서적이 없다는 점에서 출발하였지만 동시에 수시공시는 정기공시와 분리할 수 없는 부분인데 이 두 부분이 밀접하게 연관되지 않는다는 점에서도 출발하였다. 예를 들어, 분반기 재무제표가 강제적으로 공시되기 이전에 자율공시의 형태로 그 내용이 공시된다거나 연차 재무제표가 확정되기 이전에 손익구조변경 수시공시의 형태로 공시된다는 점이 수시공시와 정기공시가 연결되는 점이다. 또한 수시공시의 내용 중, 진행/변경사항은 사업보고서에 중복하여 공시된다.

본서의 출간에 있어서 가장 큰 도움을 준 사랑하는 아내 두연과 우리의 두 아들 승현, 승모에게 감사한다. 무엇보다 삶의 가치를 일깨워준 이들에게 감사하며 부모님과 장인/장모님께도 감사한다. 지난 20여년 동안 저자가 유학/교수생활을 하면서 경제적으로 부족함이 없도록 지원해 주신 부모님께 감사드린다. 교육 이외의 남는 시간에 연구에 매진할 수 있었던 것은 이러한 경제적인 지원이 없었다면 가능하지 않았을 것이다. 인생에 어려움을 겪을 때마다 격려해 주신 장인/장모님께도 큰 힘을 얻었다.

무척이나 일에 대한 집착이 강한 저자를 잘 인내해 주고 뒷바라지해 온 아내 두연에게 이 책을 바친다. 또한 이 책과 함께 아내에 대한 저자의 변함없는 사랑도 전한다. 저자는 건강을 타고 났다고 생각한다. 일할 수 있는 건강을 주신 것을 하나님께 감사드린다.

본서에서는 다른 저술이나 연구논문에서 내용을 인용할 경우는 이를 명확하게 밝혔다. 단, 저자가 참여한 공동연구일 경우는 원천을 밝히지 않고 인용한 경우도 적지 않으나 적어도 참고문헌 목록에서는 이를 밝혔다.

본서에서 고민하였던 부분은 책의 순서에 관한 부분이다. 본서는 특별히 순서에 영향을 받지 않는다. 즉, 각 장이 독립적인 의미를 갖고 있으며 앞장의 내용이 뒷장의 내용을 이해함에 필수적이지 않다. 다만, 각 장을 별도로 기술함에 있어서 앞뒤장의 내용과 연관되는 내용이 있을 경우에는 이를 별도로 기술하여서 각 장의 내용을 독자가 관련지을 수 있도록 하였다.

본서에서는 법령, 규정 등을 다른 책과는 달리 본문에 포함하였다. 이는 부록으로 법령, 규정 등을 분리할 경우는 독자들이 본서를 읽음에 있어서 불편할 뿐만 아니라 또한 본서에 포함된 법령, 규정 등은 본문을 검토함에 불편을 줄 정도의 분량이 아니므로 본문에 포함하는 것으로 진행하였다.

본서의 최종 편집과정에서 규정이 인용된 경우는 가능한 가장 최근의 update된 내용을 반영하도록 하였으며 공시와 관련되어 정책의 새로운 방향이 설정되었다면 적어도 이러한 정책방향을 본서가 반영하도록 하였다. 관련 법령이 빈번하게는 1년 내에도 개정되지만 2009년 초에 수년간 많은 토의를 거쳤던 '자본시장과 금융투자업에 관한 법률'이 제정되면서 공시와 관련된 주요한 제도의 변화는 앞으로 수년간에는 없으리라고 판단된다.

본서의 간행은 제도의 변화에 비추어 시의적절하다고 할 수 있다. 공시와 관련되어서는 '자본시장과 금융투자업에 관한 법률'(일명 자본시장법 또는 자통법)이 큰 변화를 가져왔다. 주요사항보고서가 새로이 도입되었으며 종전에 주요경영사항신고의무를 주요사항보고(금융위 보고)와 수시공시의무(거래소 보고)로 이원화되었다.

희망하기는 앞으로도 수시공시와 관련된 제도・환경・정책 등이 변화하면서 본서에 이은 개정판을 계획하고 있다. 독자분들의 좋은 제안을 기대한다.

2009년 5월

저자

목 차

[표, 그림 목차]

머리말

chapter 01

한국거래소(구 증권선물거래소) web site에서의 공시제도의 의의를 설명하는 내용을 그대로 인용하면 다음과 같다.[1] 재무회계일 경우는 재무회계개념체계가 존재하여 재무회계와 관련된 개념적인 내용을 정의하지만 수시공시일 경우는 이러한 정의를 별도로 정하지 않으므로 거래소의 공적인 정보를 이용하여 수시공시의 속성을 설명한다.

> 공시제도의 의의(기업내용공시제도, corporate disclosure system이란)
>
> 상장기업으로 하여금 자사판단에 중대한 영향을 미칠 수 있는 중요한 기업내용의 정보를 공시하도록 함으로써 투자자가 기업의 실체를 정확히 파악하여 투자결정을 할 수 있도록 하는 제도로서 증권시장 내의 정보의 불균형(information asymmetry)을 해소하고 증권거래의 공정성을 확보하여 투자자를 보호하는 기능을 담당하고 있다.

공시제도의 의의에서부터 정보의 불균형의 내용이 기술되는데 공시와 관련된 법체계의 가장 모법(母法)적인 성격을 갖는 법이 2009년 2월 4일부터 적용되는 자본시장과 금융투자업에 관한 법률(자본시장법)[2]이다(2009년 2월 3일

---

1) 한국증권선물거래소의 명칭이 자본시장법이 통과되면서 2009년 2월부터 한국거래소로 개명되었다. 본 저술에서는 약해서 '거래소'의 명칭을 사용한다.

2) 증권거래법, 선물거래법, 간접투자자산운용업법, 신탁업법, 종합금융회사에 관한 법률이 2009년 2월 4일부터 자본시장과 금융투자업에 관한 법률(자본시장법 또는 자통법)로 통

이전의 증권거래법). 증권거래법은 그 태생 자체가 탐욕스러운 경영자, 임직원으로부터 선량한 투자자를 보호하기 위한 법령이다. 즉 이 법으로부터 선량한 투자자를 보호하지 않으면 정보를 소유한 경영자, 임직원으로부터 투자자가 피해를 본다는 것을 의미한다.

최근 기업을 상장한 기업의 CEO나 CFO에게 기업을 운영하면서 가장 어려운 일이 무엇인지를 묻게 되면 공시규정을 준수하는 데 있다는 응답을 빈번하게 듣게 된다. 최근 상장된 기업이 아니더라도 상장과 관련된 비용 중 어느 부분이 가장 부담이 되는지에 대한 증권연구원[3]의 설문조사에서도 공시와 관련된 부분이라는 응답이 가장 높은 비중을 차지한다. 일부의 공시 담당자는 공시규정이 너무 복잡하게 되어 있어서 규정을 준수하려고 하여도 준수하기 어렵다는 불만을 토로하기도 한다. 이와 같이 수시공시의 문제는 기업경영에 있어서 매우 중요한 문제이다.

특히나 직접 자본조달시장을 통해서 자본조달이 어려운 기간에 가면 상장의 가장 큰 장점인 자본조달도 가능하지 않는데 엄청난 규제의 대상이 되는 시장에 상장한 이유가 명확하지 않다.

공시제도의 요건은 바람직한 공시제도의 수행을 위해서는 다음과 같이 공시가 갖추어야 할 기본적인 요건들이 있다(거래소의 공시의 개요에서).

1. 공시의 신속성

> 기업정보는 발생 즉시 신속하게 공시되어야 하며, 투자판단에 오류가 생기지 않도록 최신의 정보가 제공되어야 한다. 기업정보가 적시성을 잃게 되면 증권시장에 풍문이 난무하게 되고 이로 인하여 주가가 왜곡되어 투자자가 불측의 손해를 입을 수 있다.

합되었다. 본서에서는 2009년2월3일 이전에 적용되던 증권거래법을 의미할 때는 거래법의 명칭을 사용하며 이후의 명칭은 자본시장법을 사용한다. 도입 초기에는 자통법으로 불리웠으나 유관기관에서 자본시장법으로 축약된 명칭을 통일하였다.

3) 자본시장연구원으로 2009년 초에 개명됨.

정보란 매우 신속하게 전파되기 때문에 시장의 누구에겐가 투자의 정보가치가 있는 정보는 조속히 공유하지 않으면 정보를 갖은 자와 정보를 갖지 않은 자 가운데에서의 불균형이 발생한다. 이러한 상황이 발생하면 정보를 갖은 자에 의해 정보를 갖지 않은 자가 손실을 입으며 이러한 결과는 정보로부터 단절된 투자자는 시장을 외면하게 된다. 그러나 너무 신속성을 강조하게 되면 정확성에서 뒤지는 정보가 공시되는 문제점을 내포할 수 있다. 주식투자는 zero sum game이다. 누군가가 투자이익을 실현시키면 동시에 누군가는 투자손실을 입게 된다. 물론, 정보매개기관(financial intermediary)로서의 증권회사의 수수료를 생각하면 경제주체들 간의 이익/손실이 zero가 되는 것도 아니지만 수수료 금액은 미미하다고 본다. 정보의 배타적인 접근을 방치한다면 정보를 가진 경제주체들이 그렇지 않은 경제주체를 이용하여 이익을 실현할 수 있다.

즉, 정보의 속성상 신속성과 신뢰성은 양보할 수 없는 모두 달성되어야 할 요건인데 그 속성상 한 요건을 지나치게 강조하면 다른 요건이 영향을 받을 수 있다.

물론, 정보환경이 어떻게 되거나 시장에는 불가피하게 정보를 갖은 자와 정보를 갖지 않은 자로 구분되게 된다. 제도로 정보의 균형을 확보하려고 해도 제도가 할 수 있는 역할은 제한될 수밖에 없다. 정보를 갖지 않은 자로 위험을 회피하려는 경향이 있는 투자자는 시장에서 위험자산에 투자할 유인이 없다.

신속한 정보의 가치는 정기적인 재무회계에서의 정보의 신속성으로는 만족될 수 없다. 따라서 최근에 와서는 적시의 수시공시가 더욱더 강조된다.

2. 공시의 정확성

기업정보가 허위이거나 불확실한 경우 투자자의 투자판단에 혼란을 줄 우려가 있으므로 기업정보는 정확하여야 하며, 또한 완전한 내용이 제공되어야 한다. 따라서 기업에게 호재성 내용뿐만 아니라 악재성 내용도 공시되어야 하며 또한 중요한 사실의 누락이 있어서도 안 된다.

완전한 내용이라 함은 재무회계에서의 완전공시(full disclosure)의 내용과도 일맥상통하는 내용이다. 그러나 기업의 속성상 당연히 호재성 정보만을 공시할 유인을 보일 것이다. 따라서 악재성 정보도 공시하게끔 하는 것은 규제의 몫이다. 이러한 차원에서 규제는 불가피하다.

정확하지 않은 정보가 공시됨은 시장을 혼란스럽게 만들 수 있으며 이러한 경우는 많은 투자자가 주식시장을 외면하게 하는 결과를 초래할 수 있다. 일부의 투자자들이 혹은 내부자들이 정보를 왜곡하며 이득을 챙기는데 시장에 남아 있을 유인이 없다. 우리나라의 PER 값은 약 10 정도의 값(2009년 2월 현재)을 보이는데 이 수준이 외국시장에 비해서 저평가되어 있다고들 많이 주장한다. 이에는 국내의 전체 자본시장에서 주식시장에 투자된 자본이 외국에 비해서 턱없이 낮은 것과도 연관된다. 거시경제적인 차원에서는 자본이 부동산에 투입되면서 투기열풍이 부는 것이며 이러한 자본이 어느 정도 산업화 자본으로 전환하여야 하는데 이 과정에서 공시가 一助하여야 한다.

이미 진부한 표현인 Korea discount 등의 내용도 재무회계의 적정성과도 연관되지만 수시공시수준과도 연관된다. 저평가된 우리 기업의 가치를 upgrade하기 위해서는 공시수준의 제고가 필수적이다. 정보가 공유되지 않는 시장에 자본이 투입될 이유가 없다. Korea discount가 회계정보와는 빈번하게 연관되어 언급되지만 수시공시와 연관되지 않으므로 그만큼 수시공시가 마땅히 받아야 할 주목을 받지 못하였다고 할 수 있다.

전체적인 시장가치가 저평가되었는지 고평가되었는지의 판단은 매우 주관적이지만 이에 대한 한 가지 잣대가 될 수 있는 것은 P/E ratio의 비교이다. 분자/분모가 모두 화폐단위이므로 화폐가치의 상대적 평가로부터도 자유로울 수 있는 변수이다. 이에 근거하여 판단하면 아직 국내주식은 저평가되어 있다고 일반적으로 주장된다. 즉, 오늘 시점의 영업의 결과가 오늘 시점의 주가(가치평가)로 어떻게 실현되는지의 접근이다. 즉, 외국시장과 비교한다면 오늘 현재의 $1의 이익을 실현시키기 위해서 어느 정도의 가격을 지불할 용의가 있는지의 이슈이다.

매년 동일한 E가 실현된다는 가정하에서는 배당성향이 1, 성장성을 0으로 Gordon Formula에서 무한등비급수를 가정할 때, 1/r을 오늘 현재의 실현되는 이익에 곱하여 무한대로 진행되는 E의 현재가치를 구할 수 있는데 최근의 이자율 5%를 적용한다고 하여도 P/E는 1/0.05 약 20의 수치를 보여야 한다.

이자율로 E가 표준화되었지만 표준화 변수는 discount rate이므로 위험도 내포된다. 위험에는 본 연구에서 검토하는 불성실공시와 분식회계로부터 발생하는 정기공시에 대한 문제가 모두 포함된다.

이와 같이 한국시장에서의 주가가 저평가된 이유는 여러 가지로 언급된다. 가장 많이 인용되는 것이 국내기업의 신뢰도 수준이다. 국제적인 기관인 스위스의 IMD에서 한국의 회계수준을 평가할 때 매우 낮은 순위로 분류되었다고 해서 수년 전 많은 논란이 있었고 한국공인회계사회에서는 회계신인도를 제고한다는 취지에서 별도의 위원회까지 구성하여 활동하고 있다. IMD의 이러한 공시의 문제가 논의될 때, 회계에서는 정기공시인 재무회계에 대해서만 논의가 진행되었지만 수시공시도 이에 포함되어야 한다.

IMD에서도 각국의 회계수준을 비교평가하지만 수시공시만에 대한 비교평가는 수행되지 않는다고 알고 있다. 많은 국제적인 기업이 타국의 거래소에 주권을 상장하고 있으므로 이미 국가 간의 자본조달 수단은 국경을 넘고 있다고 할 수 있으며 수시공시정책이 각 거래소에 특정하게 결정되므로 이에 대한 비교평가 및 제도의 준수 여부도 관심의 대상이다.

우리나라의 공시수준이 어느 수준에 도달하지 못하였다고 해서 큰 논란이 되었지만 수시공시 측면에서는 이를 개선하려는 추가적인 노력이 가시화되지 못한 것이 사실이다.

국가 간에 적용되는 제도가 상이하기 때문에 어느 국가의 공시수준이 어느 정도인지를 비교/측정/평가하는 것은 매우 어렵다. 예를 들어 동일한 회계분식 수준에 대해서도 이를 제재하는 규제당국의 정책에 차이가 있다. 또한 회계기준도 각기 차이가 있기 때문에 이를 비교하기도 어렵다.

수시공시의 품질을 비교한다는 것도 매우 어렵다. 이에는 공시규정의 선진화와 이에 상응하는 공적규제기관 및 자율규제기관의 규제의 효율성도 고려되어야 한다. 각 국가 간의 제도가 차이가 있기 때문에 조치의 결과를 비교해서 공시수준을 비교함도 가능하지 않은 것이다. 미국의 회계감독국은 미국시장에 상장된 기업의 감사인(회계법인)의 감사품질에 대해서 많은 관심을 갖는데 우리의 감독원이 조치에 있어서 경미한 내용까지를 공시하므로 우리 회계법인이 불이익을 받을 때가 있다는 불만도 있다.

정기공시의 대상이 되는 내용은 확인이 가능하다. 경영자나 재무분석가가 회계정보를 예측한다면 실제 회계정보가 1년 이내의 기간 안에 공시되기 때문에 이 정보에 대한 정확성이 비교가능하다. 단, 수시공시일 경우는 그 사실성을 판단하는 데 오랜 기간이 경과할 수 있다. 예를 들어 투자계획이 수시공시 항목으로 발표되었다고 하면 이러한 투자계획이 사실인지를 확인하는 데 수년이 걸릴 수도 있다. 물론, 투자계획이 있었으나 기업경영환경이 변화하여 투자를 진행하지 않는다면 이 투자계획의 진위 여부를 판단함은 주관이 개입될 수 있다.

공시에 있어서의 정보는 편의가 없는(unbiased) 정보가 공시되어야 한다. 즉, 주관성이 개입되어서는 안 된다는 것이다.

반면 공시의 주체가 기업이기 때문에 임의성은 개입될 수밖에 없으며 따라서 자연스럽게 규제가 개입된다. 미국에서와 같이 모든 것이 시장경제의 작동에 의해서 시장이 움직여지지만 엔론사태 이후에 감사인에 의한 피감기업의 감시역할이 작동하지 않자 PCAOB(Public Company Accounting Oversight Board, 회계감독국)라는 막강한 회계규제기관을 독립적으로 발족하여 규제의 역할을 맡김은 미국의 경우에도 시장기능이 항상 완벽하게 움직이는 것은 아님을 보인다.

거시경제적으로는 2008년 이후의 전세계적인 경제위기가 몰아닥치자 자본주의의 중심축이라 할 수 있는 미국에서도 대통령이 나서서 공적자금이 투입되는 금융기관일 경우의 CEO가 50만불 이상의 급여를 받아서는 안 된다는 자본주의하에서는 전혀 예상할 수 없는 발언을 공개적으로 하고 있다. 물론, 경기가 회복되면 이러한 정부주도형의 규제를 계속하기 어렵겠지만 규제의 역사는 일정한 기간을 가지고 반복된다.

3. 정보내용 이해의 용이성

공시정보는 가능한 한 투자자가 이해하기 쉽도록 평이하고 간결, 명확해야 한다. 특히 증권시장에 참여하고 있는 투자자들의 다양성을 포괄하기 위해서는 당해 기업의 업무에 대하여 전문지식이 없는 투자자들도 쉽게 공시내용을 파악할 수 있도록 전문적인 용어보다는 평이한 표현을 사용하는 것이 정보전달의 실질적 형평성을 보장할 수 있을 것이다.

4. 정보전달의 공평성

기업정보는 모든 투자자에게 공평하게 널리 전달되어야 하며, 이는 시장의 정보불균형을 해소하고자 하는 기업공시제도의 기본 요건이기도 하다. 이를 위하여는 형평성이 보장되는 정보전달 매체를 이용함으로써 공시시점에 모든 투자자가 동시에 기업정보를 획득하여 증권시장에서 완전경쟁이 이루어지도록 하여야 할 것이다.

상장기업이 아니라면 기업의 주인이 개인투자자이므로 정보의 공평성에 대해서는 언급하지 않는다. 물론, 비상장기업이라고 하여도 공시는 정확하여야 한다. 예를 들어 공시된 정보에 근거해서 기업이 은행대출을 받게 되는데 이러한 회계정보가 적절치 않게 공시된다면 은행은 부실대출로 피해를 볼 것이며 금융기관의 부실은 경제 전체의 부실을 초래할 것이다.

이를 위해서는 형평성이 보장되는 정보전달 매체를 이용함으로써 공시시점에 모든 투자자가 동시에 기업정보를 획득하여 증권시장에서 완전경쟁이 이루어지도록 하여야 할 것이다. 현재 시행중인 전자공시제도는 투자자들이 언제, 어디서라도 기업의 공시내용을 조회할 수 있도록 하여 정보전달의 공평성은 크게 제고되었다고 할 수 있다(http://kind.krx.co.kr).

이러한 정보의 공평성은 정보를 가진 자(내부)와 갖지 않은 자(외부) 간의 공평성이기도 하고 또한 외부자 간에도 정보에 접근이 더 용이한 자와 접근이 어려운 자 간의 공평성이기도 하다.

공정공시제도의 시행도 정보전달의 공평성과 무관하지 않다. 단, 정보불균형을 너무 강조함이 정보를 경쟁적으로 확보하여 정보의 접근성에 있어서 독점적 위치를 점한 정보 중개자에게는 불공정하다고도 할 수 있다. 정보전달에 대한 공평성 요건에 대한 비판으로는, 남들이 접근할 수 없는 정보를 접근함도 경쟁요인인데, 이를 근원적으로 부정하는 정책이라는 점이다. 경쟁에서 앞선다는 것이 정보에 대한 접근성과 분석력의 차이일 것인데 정부의 공시정책은 접근성의 차이를 인정하지 않겠다는 것이다. 정보의 중개인으로서의 금융기관의 역할이 분명히 존재한다. 우선적으로는 3.에서도 지적되었듯이 정보이해의 용이성에 있어서 기업에 대한 이해도가 낮은 투자자에게는 중개인으로서의 금융기관의 역할이 크다.

정보접근도 금융기관의 업무상의 능력의 차이로 차별화되어야 하는데, 이를 제도적으로 완벽하게 차단한다는 것은 어느 정도 한계가 있을 수밖에 없다.

공시와 관련되어 기업의 공시부담과 투자자들의 정보획득이라는 상호 저촉되는 두 가지 요인을 조화시키는 전제하에서라면 투자자들의 투자판단이나 증권의 가치에 영향을 미치는 중요한 정보는 투자자들에게 최대한 제공되어야 한다. 경제를 이끌어 가는 경제주체가 기업들이며 이들에게 자본을 제공하는 경제주체가 투자자들이므로 이 양자 간의 요구가 한편으로 치우치지 않는 적절한 수준에서 조정되어야 한다. 반면에 기업으로 하여금 경영활동에 방해가 될 정도의 공시부담은 이 또한 바람직하지 않으며 어느 정도의 범주 내에서 기업의 공시부담과 투자자들의 정보획득이 타협되어야 한다. 공시도 결국은 기업 경영활동의 일부여야 한다.

투자자들의 정보획득 요구에 대한 공시부담의 차원에서는 상세한 정보까지 모두 다 투자자에게 전달하여야 하는지에 대한 부정적인 시각이 있을 수 있다. 재무회계에서의 완전공시의 내용도 투자자에게 필요한 정보를 완전하게 공시함을 의미하는 것이지 중요하지 않은 정보를 남발하라는 의미는 아니다.

즉, 정보를 공시함에 있어서 중요한(material) 정보가 공시되어야 하는 것이지 모든 정보가 공시되어야 하는 것은 아니다.

기업가치의 제고가 투자자와 기업 모두 추구하는 바라고 한다면 적절한 수준의 공시는 결국 기업과 투자자 모두의 입장에서 필요한 정보와 불필요한 정보를 구분해 필요한 정보는 강제로라도 공시하게 하고 불필요한 정보는 공시사항에서 제외시키는 것이 바람직할 것이다. 문제는 투자자의 입장에서는 필요하다고 판단하나 기업의 입장에서는 공시가 부담스러운 내용이거나 필요성 여부를 명확히 판단하기 어려운 내용이 있다는 것이다. 필요한 정보와 불필요한 정보의 판단은 시장기능이 작동하여 스스로 결정할 수도 있고 공적 혹은 자율규제기관이 결정하여 강제할 수도 있다. 공시와 관련된 기관으로는 금융을 규제/감독하는 금융위원회/금융감독원,[4] 증권이 거래되며 또한 동시에 자율적인 규제기능을 수행하는 한국거래소(구, 증권선물거래소), 공시를 담당하여야 하는 기업 및 공시를 이용하여 의사결정을 수행하여야 하는 공시정보의 이용자 등이 있다. 본 연구에서는 수시공시를 중점적으로 검토하지만 정기공시일 경우의 자율적인 규제기능은 한국공인회계사회가 맡는다. 예를 들어 감사보고서에 대한 감리가 수행되는데 상장기업에 대한 감리는 금융감독원이, 비상장기업에 대한 감리는 한국공인회계사회에 위탁된다.

물론, 이러한 정보를 접하고 이를 실제 정보이용자에게 전달하는 매개체의 역할을 수행하는 재무분석가들도 있다. 이들 각 개별 경제주체들은 공시에 대한 상이한 견해를 갖고 있을 수 있고 그에 따라 규제방법과 내용에도 차이가 발생한다.

우선 기업의 입장에서는 상장비용이 너무 높다고 주장하고 있으므로 공

4) 본서의 많은 부분에서 금융위원회를 기술하는데, 금융위원회는 금융감독위원회가 2008년 초에 금융위원회로 전환되었다. 이 두 기구가 거의 동일한 성격의 기구이므로 본서에서는 금융위원회로 명칭을 통일한다. 따라서 2007년 이전의 내용은 엄밀하게는 금융위원회가 추진한 업무가 아니라 금융감독위원회가 추진한 업무이다.

시의 항목과 수준을 가능한 축소하는 것을 선호할 것이다. 물론, 공시를 충실히 수행하는 것이 장기적으로는 IR활동 차원에서 기업에 유리하게 작용할 수도 있으나 경영활동에 바쁜 기업들이 공시에까지 많은 신경을 쓰는 것은 큰 부담이 아닐 수 없다. 즉, 공시는 기업 본연의 업무인 경영활동에 대해서는 부차적인 관리활동이라고 부담스러워 할 수 있다. 반면 공개기업일 경우, 정보의 공유를 부담스러워 해서는 안 된다. 일단, 기업을 공개한 때에 이미 기업의 경영을 어느 정도까지 공개하고 정보를 공유하겠다는 암묵적인 동의가 있었다고 판단하여야 한다.

경영활동을 하면서 경쟁하는 것만 해도 힘에 겨운데 공시라는 별도의 업무가 발목을 잡는다고 판단하고 있을 수 있다. 그러나 이는 기업의 입장에서 자본조달의 측면을 과소평가한 결과이며 자본주인 주주나 타인자본의 제공자인 채권자의 역할을 가볍게 인식한 결과이다. 기업이 가장 중요한 자본을 제공한 투자자에 대한 또한 앞으로 제공할 수 있는 잠재적 투자자에 대한 정보의 제공이라는 측면에서는 영업활동 이외에도 이러한 정보공유 활동이 덜 중요한 것은 아니다. 오히려 주가관리 차원에서는 이러한 활동은 영업활동보다도 더욱 중요한 활동일 수 있다. 최근에는 많은 기업에서 IR부서가 별도의 부서로서 정보이용자에 대한 서비스를 담당한다.

공시를 강제할 수 있는 권한이 있는 감독기관의 입장에서는 적정한 공시의 수준을 정해야 한다. 또한 어떠한 정보가 반드시 투자의사결정에 필요한 정보인가에 대한 판단도 수행해야 한다. 정보가치가 있는지에 대한 성격규명이 명확하지 않은 공시에 대해서도 일단 공시를 수행하도록 하고 이러한 공시의 성격의 판단에 대해서는 정보이용자에게 맡길 수도 있다. 그러나 무분별하게 너무 많은 정보를 공시하도록 함은 정보의 남발을 초래하여 이러한 정책이 공시와 관련되어 적절한 정책은 아니다.

정보의 분량에만 신경을 써야 하는 것이 아니라 동시에 정보의 공정성도 고려해야 한다. 불신을 초래하는 정보가 양산되는 것을 정책적으로 예방하여야 하는 것이 정부의 몫이다. 물론, 이해관계자 간의 문제는 법적 소송에서 처리할 문제이다.

그동안 공시정책에 대한 논의는 주로 학자나 기관에 의해서 수행되었기 때문에 이러한 내용이 보호받아야 한다는 측면보다는 정보가 많이 공시되어야 한다는 측면에서 접근되었다. 즉, 많은 정보는 항상 좋은 정보환경이라는 등식으로 생각하기 쉽다. 이는 시민단체 등의 영향력이 커지는 것과 무관하지 않으며 이러한 사회적인 분위기에서 기업의 이익에 부합하는 의견을 표명한다는 것이 사회적인 분위기에 반하는 것으로 비추어질 수 있다. 또한 이러한 시민단체의 역할이 커지면서 마치 기업의 존재가치가 전체 사회를 위한 것인 듯 잘못 인식되고 있지만 주식회사의 최고 목표는 주주의 부의 극대화라는 것이 자본주의의 가장 핵심이며 이러한 목표는 기업이 추구하여야 할 어떠한 부차적인 목적과도 타협될 수 없다.

기업의 경쟁력이 경쟁기업이 갖지 않는 정보의 접근에 있다고도 생각할 때 너무 많은 정보를 공유하도록 요구하는 것은 기업의 경쟁력 차원에서 바람직하지 않을 수 있다. 따라서 이 양자 간에 균형 있는 감각을 갖고 정책이 입안되어야 한다. 예를 들어 기업이 M&A과정에서 MOU(양해각서, memorandom for understanding)를 체결하였다고 하면 이는 가계약적인 성격이므로 공시의 대상이 아니다. 만약에 공시규정에서 MOU를 공시하라고 하면 추후에 진행되는 가격협상이 매우 어려울 수 있다. 단, 가격협상 등의 현안이 남아 있는 정식계약이라고 하면 이를 공시하여야 한다. 설명을 위해서 MOU를 예로 든다. 이와 관련된 내용은 Chapter 18에서 다시 기술한다.

기업은 정보의 노출을 매우 부담스러워 한다. 수년 전 회계법인의 회계감사와 비감사서비스의 병행이 문제가 될 때에 많은 피감사기업에서 독립성의 문제에도 불구하고 병행을 선호한 사유 중의 하나가 외부감사인이 아닌 다른 회계법인 또는 컨설팅회사가 비감사서비스의 용역을 제공한다면 두 개 이상의 감사인 또는 컨설팅회사가 피감사기업에 대한 내부정보에 접근하게 되며 이에 대한 보안을 유지하기 어렵다는 점도 한 요인으로 제시되었다.

이는 사회적인 분위기와도 무관하지 않다. 개인의 사적 권한이 침해받는 일이 있어서는 안 될 것이며 이러한 내용의 적용은 공시에도 적용된다. 기업의 대외비에 해당하는 정보까지 제도권에서 요구한다면 이는 기업의 자유로운 경제활동을 정부가 보장하지 않는 것이다. 반면에 기업은 특히나 상장기업은 원칙적으로 기업 경영을 투명하게 수행하여야 하며 대외비에 해당하지 않는 정보는 공개함이 원칙이다.

기업의 경쟁력이 경쟁기업이 갖지 않는 정보의 접근에 있다고도 생각할 때 너무 많은 정보를 공유하도록 요구하는 것은 기업의 경쟁력 차원에서 바람직하지 않을 수 있다. 예를 들면 경쟁사의 부문별 공시는 매우 민감한 정보이다.

어떠한 정보는 이사회의 이사에게도 비공개로 하는 것이 옳을 경우도 있다. 예를 들어, M&A의 마지막 단계에 가면 가격에 의해서 인수자가 결정되는 것이 대부분인데, 이러한 정보는 보안을 지켜야 한다. 이러한 민감한 사안에 대해서는 이사회에서 인수를 의결하되 가격은 대표이사에게 이를 위임할 수 있어야 한다. 이러한 정보까지도 공개되어야 한다면 외부경쟁에서 뒤질 수밖에 없다.

또한 정보 이용자의 입장에서도 투자의사 결정 등에 큰 도움이 되지 않는 정보가 지나치게 과도하다는 것, 즉 정보가 남발된다는 것도 바람직한 일이 아니다.

따라서 기업의 정보에서의 경쟁력은 충분히 보호받아야 할 것이다. 기업 간의 경쟁요인인 배타적인 정보의 공개를 무차별적으로 요구한다면 이는 바람직하지 않다. 한국증권연구원이 2005년 상반기 201개 상장기업을 대상으로 설문조사를 실시한 결과에서도 상장과 관련해 부담이 되는 요인으로 가장 많은 응답자(30%)가 수시공시 의무를 선정하였다. 상장에 따른 집단소송 등 우발적 비용(24.9%) 및 상장유지조건의 충족(20.9%) 등이 높은 순서로 나타나고 있다. 수시공시에 대한 요인별로 살펴보면 공시위반 퇴출기준 및 수시공시 시한, 그리고 수시공시 항목 수, 공시위반 과징금, 공시조직 유지비용 등에 대한 부담이 큰 것으로 나타나고 있다. 수시공시 시한과 관련되어서는 앞으로 논의되겠지만 당일 또는 익일로 주어지는데, 특히나 당일 공시일 경우는 기업에서 공시에 해당하는 사안인지에 대한 판단을 함에 있어서 충분한 여유가 없을 수도 있다.

공시의 양과 품질적인 측면뿐만 아니라 공시 관련 정책에 대해서 정부가 규제의 주체가 되어야 하는지 아니면 자율기관에 규제가 이관되어야 하는지에 대해서도 논의의 대상이다. 공시정책에만 해당하는 것은 아니지만 자율기관에서의 자체적인 규제가 만족스럽지 않다고 하면 정부가 개입하여야 한다. 시장 메커니즘에 의한 자유방임만이 최선은 아니기 때문이다. 단, 시장운용기관이면서 자율규제기관인 거래소는 시장퇴출의 엄청난 권한을 갖고 있으며 시장의 보이지 않는 손(invisible hand)에 의한 가치평가는 혹독한 시장의 판단이다. 또한 규제가 적절하게 개입하지 못하면 사회의 legal sector가 그 역할을 수행할 것이다.

특히 거래소가 상장될 경우 이해상충문제로 적절한 규제기능을 수행하지 못할 수 있다. 상장사로서의 거래소는 수익을 우선하여 자율규제비용을 축소할 유인이 발생한다. 실제 인도의 뭄바이증권거래소(Mumbai Stock Exchange)에서는 자율규제기능 수행에 투입될 비용을 다른 사업지원에 사용함으로써 여러 가지 시장조작 행위를 규제하지 못했었다.[5] 그리고 시장참가자와 상장기업을 다른 거래소에 뺏기지 않으려고 규제를 소홀히 할 수 있다. 또한 거래소가 다른 상장사가 관심을 갖고 있는 새로운 사업에 진출하려고 할 때 거래소는 경쟁 상장사의 비공개 정보를 이용할 수 있는 이점을 갖게 된다. 예를 들어 호주의 ASX가 시드니선물거래소(Sydney Futures Exchange)를 인수하려고 할 때 동 거래소 상장사인 컴퓨터셰어(Computershare)사도 인수를 시도해 ASIC가 동사의 상장관련 감독에 개입한 바 있다.[6]

우리나라의 유가증권시장과 코스닥시장에 있어서도 두 시장이 이미 다른 목적을 갖고 태동하기는 하였지만 경쟁하는 구도에 있다. 2007년에도 코스닥에서 가장 높은 시가총액을 보인 아시아나항공과 LG텔레콤이 유가증권시장으로 이관하였다. 2008년도에도 NHN이 주권상장시장으로 옮겨갔다. 그 이전에도 기업은행이 코스닥에서 유가증권상장으로 이동하면서 blue chip 기업의 시장변경이 코스닥시장에는 큰 충격으로 작용한다.

5) 구정한, 2006, “거래소 상장시 이해상충 해소 해외사례 및 시사점,” 주간 금융브리프, 5쪽.

6) 앞의 책, 6쪽.

미국의 거래소가 SOX(Sarbanes-Oxley Act) 등의 강력한 제도로 자율규제가 강화되자 상장시장으로 미국보다는 유럽, London stock exchange 등에 상장하려는 기업이 증가한다고 한다.

따라서 각 국가에서 공시정책을 결정함에 있어서는 투명성을 제고함에 중점이 가야 하지만 너무 강한 제도를 운영함이 거래소의 경쟁력에 도움이 되는지를 동시에 고민해야 한다. 예를 들어, 어느 거래소가 되었거나 거래소에 상장되어 있는 대기업을 중심으로 제도가 운영된다면 거래소에 상장된 중소기업의 경우는 제도를 만족하기 어려울 것이다. 체계화된 대기업 중심으로 제도를 운영한다면 이러한 체계를 갖추진 못한 중소기업이 이 제도에 부합하는 것은 어려울 것이다. 따라서 이를 해결하는 한 가지 대안은 기업 규모별도 제도를 별도로 운영하는 것인데 이 또한 통일된 원칙하에 제도가 운영되지 않는다는 단점이 있다. 반면에 중소기업 위주로 정책이 결정된다면 대기업에는 너무 약한 규제가 될 수도 있다.

이와 같이 강한 제도가 문제가 될 수 있다. 1980년대 미국의 은행업은 해당 주에서만 영업을 수행하게 하는 등 강한 규제의 대상이었다. 그렇기 때문에 국제화된 환경에서 도이치뱅크 등의 유럽은행과 경쟁하기에는 규모에서 버거운 싸움이었다. 은행업이 이러한 환경에 처하자 미국정부도 규제를 풀기 시작하여 최근에는 Citibank, Bank of America 등의 대형은행이 미국 거의 대부분의 주에서 영업을 하고 있다.

이는 공시를 포함한 모든 infra가 대부분의 경우는 기업규모에 비례하기 때문이다. 상장과 관련된 제도가 강함은 투자자 보호 차원에서는 바람직하지만 거래소 차원에서는 유치에 매력적인 기업을 다른 거래소에 빼앗기는 결과를 초래하므로 적당한 균형점에서 공시정책이 결정되어야 한다.

최근 미국에서도 중소기업에 대해서는 대기업에 가해지는 규제나 모든 면에 있어서의 기대수준을 낮추어야 한다고 빈번하게 주장된다.

비근한 예로, 내부회계관리제도가 수행되면서 이 제도에 대한 표준을 상장회사협의회의 내부회계관리제도 운영위원회에서 제정하는데, 이 모범규준도 대기업과 중소기업에 대해서는 별도의 규준을 운영한다.

내부회계관리제도가 외감법 내에서 규제된다면 자산규모 100억원 이상의 모든 외감대상 기업이 이 제도 적용의 대상이 되지만 이 제도가 자본시장과 금융투자업에 관한 법률에서 규정된다면 상장기업이 이 제도 적용의 대상이 된다. 현재의 이 제도는 2007년 6월 사업연도부터 상장기업과 자산규모 1,000억을 초과하는 비상장기업에 대해서만 적용하는 것으로 정책방향을 수정하였다.

자산규모 100억원 이상인 기업에게 내부회계관리제도의 완비를 기대하기 어려운 시점에 이를 외감대상 기업에 도입하고 이러한 의견에 비적정의견을 받는 피감기업의 수가 소수라고 하여도 이를 신뢰하기는 매우 어렵다고 할 수 있다. 즉, 제도의 적용은 상식적인 수준에서 적용되어야 한다. 즉, 이 정도의 자산규모가 되는 기업이 적정한 내부통제를 갖추었다는 것 자체가 내부회계/통제제도가 적절하지 않게 운영된다는 것을 보여주는 반증이 될 수 있다.

공시는 크게 수시공시와 정기공시로 구분할 수 있다. 수시공시는 수시로 정보전달의 필요성이 존재할 경우에 공시되는 것이고 정기공시는 분, 반기, 온기 재무제표를 의미한다. 물론, 정기적으로 보고되는 사업보고서도 정기공시이다.

정기공시/수시공시의 공시의 형태에 무관하게 공시에 있어서 가장 큰 문제로 제기되는 것이 수시공시 정보의 신뢰성의 문제이다. 수시공시의 신뢰성의 문제를 정기공시와 일 대 일로 비교한다.

정기공시로 대표되는 재무제표도 그렇고 수시공시도 공시의 주체는 당연히 기업이다. 다만 회계정보는 재무/회계팀이 주관부서일 가능성이 높으며 수시공시는 담당부서가 IR팀일 수가 있다. 물론, 총무팀 등에서 공시를 담당할 수도 있다. 기업의 공시책임자와 담당자는 거래소에 정식으로 등록하여야 한다. 그렇게 하여야 거래소 측에서 수시공시 등의 문의가 있을 때 적시에 답해야 한다. 다만 IR, 총무 등 재무부서가 아닌 부서에서 공시를 담당한다고 해도 재무책임자에게 재무와 관련된 공시에 대해서는 사전적인 승인을 받는다고 한다.

공시의 주체가 기업이기 때문에 정기공시가 되었거나 수시공시가 되었거나 공시는 과장된 정보가 공시될 가능성이 높다. 이러한 정보의 왜곡에 대해서는 당연히 monitoring이 수행되어야 하는데, 정기공시에 대한 monitoring은 내부감사 기능이 1차적인 역할을 수행하며, 감사인이 2차적인 업무를 수행하지만 수시공시에 대해서는 이러한 외부의 독립적인 경제주체에 의한 monitoring이 존재하지 않는다. 정기공시는 분기검토의 대상이 되는 기업이라면 분기검토까지 1년에 네 번 공시되기 때문에 체계적인 monitoring이 가능하지만 매우 빈번하게 또한 적시에 공시되는 수시공시일 경우는 원천적으로 외부 monitor에 의한 인증이 가능하지 않다. 재무제표가 확정되기 까지는 감사위원회가 설치되어 있는 기업에서는 감사위원회, 이사회를 통과하여 재무제표가 확정되므로 외부감사인뿐만 아니라 내부적으로도 monitoring이 완비되어 있다.

물론, 수시공시 중에 이사회의 의결사항에 해당하는 내용이 존재한다면 내부적으로 의사결정과정을 거치지만 정기공시에 대한 인증을 외부감사인의 전문적인 검증을 받는 것과는 근본적인 차이가 있다. 또한 수시공시의 적시성의 문제 때문에 공시할 안건에 대한 심도 깊은 논의를 수행할 수 있는 시간적인 여유가 존재하지 않는다. 거래소는 주권상장법인 공시 담당자의 전문성을 제고하기 위하여 2007년 공시전문인인증제도를 도입/시행하고 동 인증과정의 운영을 한국상장회사협의회에 위탁했다. 상장회사협의회가 2007년부터 1년에 두 차례 주식업무연수과정을 진행하지만 반드시 공시담당자가 이러한 인증을 받아야 하는 것은 아니다. 단, 이러한 인증소지자는 거래소의 공시업무유공자를 선정시에 가점을 받을 수는 있다.

물론, 감사라는 것이 기업에 대한 총체적이고 포괄적인 용역이기 때문에 수시공시로 전달되는 정보에 대해서도 감사인이 인지하고 있는 것이 바람직하겠지만 이를 강제함은 어렵다. 예를 들어 감사가 수행되는 기업에 관련한 신문기사가 게재되었다면 외부감사인이 피감기업과 관련된 신문기사 내용을 인지할 것을 강제하기는 어렵지만 이러한 정보의 인지는 당연히 권장되어야 한다. 외부감사인에게 있어서 해당 기업에 대한 이해는 단순히 재무제표에 나타난 회계정보에 국한된 것은 아닌 기업과 관련된 종합적인 경영환경의 이해여야 한다. 또한 외부감사인이 경영진이 아니므로 항시 기업 내부의 정보에 접근 가능한 것도 아니다. 예를 들어 시장에서의 해당 기업에 대한 기업위험이 인지되고 있다면 그만큼 회계정보도 왜곡할 가능성이 높아지며 동시에 감사위험도 높아지며 이에 상응하는 due care가 수행되어야 한다. 예를 들어, 해당 산업이 전체적으로 어려움을 겪을 경제환경이 발생한다면 이 산업에 속한 모든 기업이 자산의 상태나 영업의 결과를 투명하게 공시하지 않을 위험이 증가한다.

감사라는 과정 이후의 monitoring process는 양자 간에 유사하다. 수시공시는 자율적인 규제기관인 거래소와 후속적으로 법적 규제기관인 감독원에 의해서 규제를 받으며 2009년부터 새로이 도입되는 주요사항보고서는 감독기관에 제출되므로 당연히 감독기관의 제재를 받는다. 정기공시는 상장기업이 아닌 경우는 한국공인회계사회에 의해서 상장기업인 경우는 금융감독원에 의해서 감리를 받는다. 자율규제기관인지 또는 법적 규제기관인지의 차이만 있는 것이지 규제기관에 의한 monitoring이라는 차원에서는 동일하다. 수시공시일 경우는 주요 경영사항공시 및 조회공시 내용만이 법적 규제의 대상이며 자율공시와 공정공시는 법적 규제기관의 규제의 대상이 아니다. 물론, 모든 수시공시는 자율규제기관의 규제의 대상이다. 공정공시에는 강제적인 사항도 포함되지만 자율공시와 공정공시는 주요사항보고서, 주요 경영사항공시 및 조회공시에 비해서는 더욱 자진적인 성격이 강하다.

반면에 온기 재무제표에 비해서 덜 중요하다고 할 수 있는 분반기 재무제표는 금융감독원의 감리의 주된 대상은 아니지만 온기 재무제표에 대한 감리를 수행하는 과정에서 감리의 대상이 될 수 있다. 이는 국제회계기준이 도입되면서 연결재무제표가 주 재무제표가 되기 이전에도 개별재무제표에 대한 감사가 주된 감사이지만 과거에 연결재무제표도 간헐적으로 감리의 대상으로 포함되었던 것과 동일하다.

이러한 측면에서 판단하면 자율공시와 공정공시가 법적 규제기관의 규제의 대상이 아니라는 것이 공시에 대한 규제에서 어떠한 약점이라고도 할 수 있다고 판단된다. 이는 물론, 감독기관의 조치가 더욱 철저하다는 가정하에서의 접근이며 자율규제기관도 규제기관에 버금가는 강력한 제재수단을 갖는다. 다만 기업들에게 있어서 감독기관이 규제한다는 상징성은 상당할 것이다.

제한된 빈도수의 재무제표에 대한 감독기관의 감리도 전체 상장기업의 20%에 그쳐서 규제가 제한적이라는 비판이 있으며 감독기관은 이 비율을 수년 후에는 30%로 증가하려 한다. 물론, 한두 줄의 수시공시에 대한 검토보다 엄청난 내부와 외부의(외부감사) 값비싼 과정을 거쳐서 공표되는 재무제표에 대한 공시가 동일하게 검증될 수는 없는 것이다.

규제기관의 규제 또한 완벽할 수 없으므로 이 이후의 제재는 시장 mechanism에 의한 제재이다. 즉, 왜곡된 정보에 대한 주가의 역작용이거나 법적 소송을 통한 자율규제이다.

프랑스에서는 경영자의 자발적인 공시에 대해서도 감사인이 인증을 수행한다고 한다. 예를 들어 사업보고서에 포함되는 이사의 경영진단의견서(management discussion & analysis(MD&A))일 경우 외부감사인이 이에 포함된 내용에 대한 인증의견을 보일 수도 있다. MD&A에 대해서 좀더 정형화된 형식이 제시되어야 한다는 내용은 추후에 기술된다.

그러나 자율적인 규제가 성공적이라면 정부가 굳이 국민의 세금을 투자하여 규제를 수행할 필요는 없을 것이다. 거래소는 자율규제기관으로서 상장사를 감독할 수 있어 신속하게 감시 및 감독할 수 있기 때문이다. 또한 시장을 직접 운용하므로 해당 기업에 대한 이해도가 높으며, 규제를 수행함에도 효과적일 수 있다.

정기공시인 재무제표의 감리에 이를 적용한다면 상장기업의 감리는 금융감독원이 수행하지만 상장기업이 아닌 외감대상 기업의 감리는 한국공인회계사회에 위탁감리를 수행한다. 물론, 위탁감리의 결과는 금융감독원이 보고를 받고 행정제재는 금융위원회 산하의 증권선물위원회를 통한다. 때로는 자율규제기관의 규제가 너무 강하여 법적 감독기관이 이 제재수위를 하향조정하는 경우도 있다. 공적 규제와 자율규제가 잘 혼합된 사례이다. 이전에는 코스닥상장기업의 경우도 한국공인회계사회에 위탁감리가 수행되었으나 수년 전부터 이들 기업의 감리를 금융감독원이 수행하고 있다. 많은 이해관계자가 관련된 상장기업의 규제를 완전히 자율기관에 일임한다는 것에 대한 불안감에 기인한 제도의 변화이다.

규제의 주체가 감독기관인지 시장운용기관이어야 하는지에 대해서는 영국의 경우를 참조할 수 있다. 영국은 거래소가 상장하면서 영리기관이 된 시점에 자율규제기관의 권한을 최소화하여 상장요건과 기준 등의 규제를 다시 제도권인 금융감독국(Financial Services Authority)으로 이관했다. 이는 거래소가 영리목적의 기관임이 분명해졌기 때문에 공공적인 역할수행의 성격이 약화되는 것이므로 규제를 다시 감독기관이 찾아오는 것으로 이해할 수 있다. 즉, 거래소가 상장기관이 된다고 이러한 시장운용기관이 자신의 상장과 관련된 내용을 검토한다면 이는 감사에서의 audit your audit work(자기감사)와 유사한 심각한 오류를 유발시킨다.

우리나라에서도 거래소의 상장에 대한 이슈가 논의되고 있으므로 거래소 자체가 상장될 경우에 거래소의 규제는 누가 담당하여야 하는지에 대해서는 해결되어야 한다. 단, 아직까지 거래소의 상장과 관련된 논의는 답보상태이다.

2009년 초에도 거래소가 공공기관으로 지정되어야 하는지에 대해서 많은 논란이 있었다. 민간이 대주주인 기업을 정부가 공공기관으로 지정한다는 것이 시장경제논리에 부합하지 않는다는 반론이 있는 반면, 정부의 입장에서는 거래소는 단순한 민간기업이 아니라는 주장이다.

단, 단순히 영리기관이라고 그들이 수행하는 업무를 신뢰할 수 없다 함은 너무 단순한 논리이다. 회계법인을 예로 든다. 회계법인이 제공하는 회계감사 용역은 불특정다수를 위한 공공재적인 성격을 갖는다. 물론, 회계법인의 회계감사 용역에 대한 용역수임료의 지급주체가 피감기업이며 동시에 회계법인에 용역을 제공하는 주체도 피감기업이기 때문에 회계법인은 결코 독립적일 수 없다고 언급되기도 한다. 미국의 문헌에서는 애당초 용역수임료를 지급하는 피감기업에 대해서 회계법인이 독립적인 것을 요구하는 것 자체가 무리라는 주장도 있다. 신용평가사의 업무에 대해서도 유사한 논리가 적용될 수 있다.

회계법인이 영리목적의 기관이라고 하여도 당연히 공적인 업무를 수행하는 것이고 그렇기 때문에 공적인 책임을 갖는 업무를 수행하는 것이다.

거의 모든 정부투자/산하기관 성격의 공기업은 모두 영리추구와 공공업무의 양면의 추구를 목적으로 한다. 그들이 영리성을 추구한다고 공공성을 무시하는 것은 아니다. 다만, 영리성만을 추구하거나 그들 공기업의 임직원만을 위한 의사결정을 수행하기가 쉽기 때문에 감사원, 국회, 기획재정부 등의 감사/평가를 받게 된다. 또한 대부분의 이들 기관은 그 사업영역의 특수성 때문에 시장에서의 독점성을 보장받으므로 특히나 심각한 도덕적 해이(moral hazard) 문제에 노출된다.

한편 우리나라의 경우에는 현재 수시공시제도 전반에 대한 관리운영권을 감독당국이 가지고 있으며, 시장운영에 관한 일정한 사항에 대해서만 거래소 등 시장운영기관이 담당하고 있다.[7] 시장운영기관은 어느 정도의 공신력을 유지하여야만 생존할 수 있으므로 자율규제를 수행한다. 이러한 자율규제는 법령에 의한 감독기관의 규제와는 별개의 규제이다. 따라서 거래소는 시장운용기관이면서 동시에 자율규제기관이다. 여기서 공시에 대한 규제를 법적 규제기관인 금융위원회 및 금융감독원이 맡아야 하는지 아니면 자율규제기관인 거래소가 맡아야 하는지의 논리적 타당성이 자율공시의 성과와 직결된다고 볼 수 있다. 또한 중복규제도 한 가지의 문제점으로 제기된다.

정부기관인 금융위원회와 규제기관이기는 하지만 법적 규제기관이면서 민간기구인 금융감독원의 경우도 1999년 설립 시점부터 중복되는 업무가 지적되었는데, 여기에 추가하여 법적 규제기관과 자율규제기관의 업무가 또 중복된다면 이는 매우 심각한 문제가 아닐 수 없다.

자율규제가 성공하지 않으면 시장 자체의 신뢰성에 대한 불신은 전체적

7) 정윤모 · 이주혜 · 박기령, 2004, 수시공시제도의 개선방향-포괄주의 방식의 도입검토, 한국증권연구원.

인 Korea discount를 유발할 것이므로 자율규제기관이 타율이 아니라 자율적으로 품질관리(quality control)할 수 있는 유인은 자생적으로 발생한다. 자율규제가 완벽하다면 타율규제가 굳이 개입될 여지가 없을 수 있다.

자율규제의 대표적인 경우가 변호사회나 한국공인회계사회, 한국세무사회, 한국감정평가사협회가 그들 자격증의 공신력을 보호하기 위해서 자율적인 규제를 수행하는 것이다.

현재 거래소의 별개의 상장기업으로서의 상장도 논의 중인 상황에서 자율공시의 의미와 범위는 더욱 중요해지고 있다. 공시를 강화한다면 많은 기업의 입장에서 상장비용이 높다고 상장을 회피할 수 있으며, 반면에 공시가 취약하다면 내부자들이 접근 가능한 정보를 공유하지 않아서 최대주주나 경영자 등의 내부자들에 비해 일반 투자자들의 정보가 불균형적으로 접근된다는 주장하에 투자자들이 주식시장을 외면할 수 있다. 정보로서의 가치가 있는 내용이 공유되지 않는다면 이는 누군가가 이 정보를 배타적으로 소유하고 있고 동시에 이 정보를 이용할 수 있음을 의미한다. 즉, 자율적으로 규제함은 거래소에 상장된 모든 기업과 상장기업에 투자하는 투자자를 보호함을 의미한다. 이러한 차원에서 내부자거래와 공시는 불가분의 관계를 갖는다.

공시수준 및 공시에 대한 제재의 국제시장 간 비교는 우리나라의 현실과는 무관하다고 인식할 수 있으나 실질적으로 우리 주식시장에 상장하려는 외국기업이 있으므로 이는 심각하게 고민할 부분이다. 2008년 말 현재로는 3개 중국기업이 코스닥시장에 상장 중이며 코스닥기업 상장을 고려하는 중국기업이 20개에 이르고 있다.

증권선물거래소는 시장운용기관이기 때문에 상장기업과는 계약관계이다. 거래소 내에서도 유가증권시장만이 유일한 시장이 아니라 코스닥상장시장도 대안적인 시장이기 때문에 경쟁관계에 있다고도 할 수 있다. 또한 기업공개 또는 상장만이 유일한 대안은 아니다. 상장한 기업들이 소수이기는 하지만 상장비용 등의 이유로 자발적으로 상장폐지를 결정하기도 한다. 따라서 당연하지만 상장기업은 상장으로 인한 효익이 상장비용을 초과할 경우만 상장하거나 상장을 유지한다.

한 시장에서의 공시 요구수준이 너무 높으면 다른 시장으로 이전할 수도 있으며 실질적으로 그러한 경우도 발생한다. 단 두 시장이 거의 통합적으로 운용되며 어느 정도 차이는 있으나 적용되는 규제도 유사하여 기업들은 경우에 따라서는 해외상장도 고려할 수 있다. 유가시장공시규정과 코스닥시장공시규정은 유사한 내용을 보이고 있으나 자세한 항목별로는 차이가 있다. 또한 상장비용을 절감하는 경우도 상장된 두 기업을 합병할 수도 있다. 가장 최근의 예가 KT와 KTF의 경우이다. 물론, 상장비용을 절감하려고 이 두 기업이 합병을 한 것은 아니지만 합병효과에는 상장비용 절감도 있을 수 있다. 상장기업의 사외이사에 대한 급여 총액이 500여억원에 이른다고 한다. 이러한 금액 또한 상장 관련 비용이다.

자산규모 100억원이 넘는 기업이, 즉 거의 모든 기업이 외감법에 의해서 제재를 받지만 자본시장법에 의해서 제재를 받는 경우는 주로 증권이 거래되는 기업에만 해당된다. 즉, 어떠한 제도는 자본시장법으로 옮겨야 한다는 주장도 있다. 이와 같은 경우, 상장기업에만 이러한 규정이 적용되기 때문이다.

정보는 공유될 때에 모든 투자자가 공정한 입장에서 투자를 수행하게 되고 정보의 획득 차원에서 특혜를 받는 이용자도 없고 동시에 정보의 획득에서 불리한 투자자도 없게 된다. 물론, 정보의 접근성에 있어서 유·불리한 경제주체가 존재하지 않아 동일한 정보를 소유하고 있어도 이러한 정보에 대한 해석은 각기 달리 수행되므로 동일 주식에 대한 매수와 매도 주문이 동시에 진행되고 거래가 수행된다.

따라서 특정 정보가 정보로서의 가치가 있음을 검증함에 있어서도 반드시 이 정보에 대한 해석이 동일한 방향으로 수행되어야 하는 것은 아니다. 예를 들어 회계이익이 발표되는 시점에 발표되는 이익보다 더 좋은 회계이익을 기대하였던 투자자들에게는 이번에 발표되는 이익은 bad news의 성격으로 해석될 것이며, 더 나쁜 정보를 기대하였던 투자자에게는 이번에 발표되는 이익은 good news로 해석될 것이다. 즉, 정보의 성격은 항시 상대적이다. 발표되는 정보의 성격에 대한 해석은 상이하지만 이러한 정보들이 정보로서의 가치를 지니는 것으로 해석됨에는 이견이 없다.

그렇기 때문에 정보에 대한 정보효과를 검증함에 있어서는 주가반응만을 검토하는 것이 아니라 거래량을 동시에 검토한다. 이는 동일한 정보가 주어졌다고 하여도 위의 경우와 같이 이에 대한 해석은 상이할 수 있기 때문이다.

투자의사결정을 단순하게 기대되었던 영업의 결과 대비 실제로 보고된 영업의 결과에 근거하여 수행한다면 전자의 투자자는 해당 주식을 매도할 것이며 후자의 투자자는 해당 주식을 매수할 것이다. 우연히 매수하려는 주식 수와 매도하려는 주식 수가 일치한다면 주가의 변동 없이 거래량만 변화할 것이다.

회계정보의 유용성의 정의에 근거한다면 이와 같이 투자의사결정에 사용되는 회계정보는 유용한 회계정보이기는 하지만 통상적으로 회계정보의 유용성이 주가변동으로 검증된다면 수시공시에 있어서도 거래량이 연구방법에 사용될 수 있다.

공시와 관련된 제도를 역사적으로 조망해 보면 공시는 점점 더 확대되는 경향을 보인다. 불성실공시제도가 1988년부터 도입되었으며, 1991년에 증권거래법의 개정으로 조회공시가 처음으로 도입되었고, 거래소 공시시스템에서는 1992년부터 검색이 가능하다. 미국에서의 2001년 FD(fair disclosure)의 도입에 이어 우리나라에도 2002년 11월부터 공정공시제도가 도입되었다. 자율공시는 2000년 4월부터는 자진공시제도가 도입되었다가 자진공시제도가 2006년에는 자율공시제도로 전환되었다. 조회공시(1991년), 자진공시(2000년), 공정공시(2002년)의 순으로 과거에는 없었던 공시의 형태가 새로이 도입되어서 일반적으로는 공시가 확대되는 현상을 보인다. 다만, 2006년 자율공시가 확대되면서 주요 경영사항공시가 축소되었다. 즉, 2006년은 공시정책과 관련되어 획기적인 변화가 있었던 시점이다. 2009년 2월부터는 주요사항보고서가 도입되면서 감독기관에 제출하는 보고서와 거래소에 보고되는 수시공시가 분리되었다.

이러한 역사적 흐름에서 보면 강제공시와 자율공시는 상호 보완적으로 진행되었다. 공시할 수 있는 내용은 한정되어 있는데 이를 강제로 규제할 것인지 아니면 시장의 자율적인 기능에 맡길 것인지에 대한 대안의 선택이다.

그리고 불성실공시에 대한 제재를 강화하는 차원에서 삼진 아웃제도가 도입되었다. 그러나 무조건적으로 공시위반의 경중에 무관하게 공시를 세 번 어긴 기업을 처벌한다는 것이 부적절하기 때문에 2004년 7월 5일부터는 '수시공시제도 선진화방안'에 의해서 공시위반에 따른 퇴출제도를 벌점제인 30점 아웃제도로 변경하였다. 벌점이 어느 선을 초과하는 경우에 관리종목으로 편입하게 된다. 제재의 정도가 큰 차이가 있는데 무조건 세 번 제도를 지키지 않았다고 해서 퇴출시킨다는 것이 문제가 있는 제도라는 지적 때문에 제도 자체가 개정되었다.

'불성실공시 벌점제 효과 있네'

매일경제신문, 2006. 6. 13.

지난 2004년 10월 불성실공시제도 강화 이후 시장에서 불성실공시행위가 대폭 감소한 것으로 나타났다. … 1988년 7월 처음 도입된 불성실공시제도는 꾸준히 규제강화되었고 2005년 12월 이후 벌점누적으로 인한 퇴출제도는 폐지했지만 벌점으로 인해 관리종목으로 지정되는 제도는 여전히 시행중이다.

최근에 오면서 공시의무사항은 대폭 축소된 대신 자율공시사항은 확대되었다. 정부도 지속적으로 공시항목 수를 늘려 나가는 데는 한계가 있을 수밖에 없음을 인지하고 있으며 이러한 항목 수의 증가가 더 이상 가능하지 않은 시점에 이를 자율규제의 범주에 포함하였다.

자율공시제도의 확대는 정부의 정책방향의 측면에서 판단하면 상장유지비용 절감의 차원에서 해석될 수 있다. 공시할 내용을 규제하는 것보다는 자율적으로 기업에게 맡기는 것이 가장 바람직하며 기업에게 주는 부담도 최소화할 수 있다는 차원에서 정책방향이 설정되었다. 그러나 오히려 기업의 입장에서는 자율적인 가이드라인을 주는 것이 강제공시로 구체적인 가이드라인을 규제기관이 제시하는 것보다 더 부담을 안을 수도 있다. 자율규제일 경우 타율규제에 비해서 해당 기업의 자의적인 판단이 더욱 중요하다. 단, 자율이 방종이 되는 것은 철저히 조치하여야 한다.

실례로 수년 전 감독당국에서는 정기보고서의 작성방법을 미국처럼 서술식으로 변경하려 했으나, 대다수의 기업들에서는 보고서 작성의 어려움과 비용부담 가중 등을 이유로 반대하였다. 전면적 자율공시의 도입에도 이러한 문제점이 발생할 수 있다. 즉 정기보고서의 작성방법이 서술식으로 변경된다면 본인들이 공시하기 원하는 정보를 자유양식(free format)으로 공시할 수 있겠으나 반면 이러한 자율권을 준다는 점에 대해서 더 부담스러워 할 가능성도 있다. 예를 들어, 사업보고서의 양식은 매우 정형화되어 있다. 이렇게 정형화된 형식에 맞추어서 정보를 제공하는 것이 자유양식에 의해서 정보를 제공하는 것보다도 기업의 입장에서는 편할 수 있다.

즉, 이러한 측면에서는 역설적이지만 기업이 자율규제보다 강제규제를 선호할 수도 있다. 예를 들어 기업들이 공시를 수행할 때에도 대부분은 기존의 공시된 내용 중에서 정형화된 형식을 인용하여 공시를 수행한다고 한다.

자율공시가 활성화될 수 있는 시장은 자본주의가 가장 잘 발달한 미국시장에서일 것이다. 시장기능이 잘 발달하였으므로 규제가 최소화될 수도 있으며 또한 자율공시규정도 포괄적으로 규정될 수 있다. 시장기능이 발전된 자본시장에서는 자율적으로 규제를 준수하지 않을 경우는 시장에서 도태될 것이므로 별도의 강력한 제재가 필요하지 않을 것이다. 오히려 최소한의 강제규제에 의해서 강력하게 제재하는 것이 최선의 규제방법일 수 있다. 나머지의 규제는 자율규제의 몫이다.

자본시장법상 공시는 <표 1-1>과 같이 발행시장과 유통시장으로 구분되고 유통시장 공시에는 정기공시, 수시공시와 특수공시가 있다. 정기공시는 분·반기, 연차재무제표이므로 적시(timely)정보가 더욱 중요해지는 투자행태에서는 수시공시가 상대적으로 더욱 중요해진다.

표 1-1 자본시장법상 공시제도 구분

구 분	내 용	
발행시장	유가증권신고서, 사업설명서, 유가증권발행실적보고서 등	
유통시장	정기공시	사업보고서, 반기보고서, 분기보고서, 연결재무제표, 결합재무제표
	수시공시	기업경영에 중요한 영향을 미치는 수시발생정보, 주요사항보고서, 주요 경영사항의 공시, 공정공시, 조회공시
	특수공시	공개매수신고서(설명서), 안정조작·시장조성신고서, 합병·영업양수도신고서, 자기주식취득·처분신고서 등

자료: 유가증권시장본부 유가증권공시제도가이드 2007.
수시공시 분류 중, 주요사항보고서는 저자가 추가.

유통공시는 크게 정기공시와 수시공시로 구분할 수 있다. 정기공시로는 매 분기에 공표되는 분·반기 온기재무제표가 있으며 포괄적인 수시공시로는 주요사항보고서, 주요 경영사항공시, 공정공시, 자율공시 및 조회공시로 구분할 수 있다. 조회공시는 시장에서 해당 기업에 대한 루머가 있거나 주가가 이상적으로 움직일 때, 거래소가 해당 기업에 이의 확인을 요구하는 공시이다. 해당 기업은 정해진 시간 내에 중요 정보의 보유 유무를 확인해 주어야 한다. 공정공시는 일부의 이해관계자들에게만 배타적으로 정보를 공시하는 것을 금하는 내용이다.

수시공시가 정기공시에 비해서 더욱 중요해지는 것은 투자의사결정이 단기화되는 점과 국내의 투자자가 외국에 비해서 단기투자자라는 점과 연관된다. 시세차익을 목표로 하는 국내의 단기투자자에게 한 분기에 한 번 보고되는 분·반기 재무제표는 투자의사결정에 큰 도움이 되지 않으며 좀더 신속한 정보의 전달이 필수적이다. 이러한 단기적인 투자가 우리나라 증권시장의 안정성을 저해하는 요인이기도 하여 정부도 배당수익률 등을 대폭적으로 인상하여 장기투자자를 확보하려고 하고 있으나 아직까지 시가에 근거한 배당수익률은 2%를 조금 상회하고 있어 과거에 비해서는 높으나 통상적인 시장 이자율을 크게 밑돌고 있다. 단, 액면가액에 의한 배당수익률이 사용되면서 배당수익률이 오도되고 있다. 많은 경우에 시가가 액면가액을 초과하므로 액면가 배당수익률은 시가 배당수익률에 비해서 매우 높은 수준을 보인다.

즉, 주식투자의 주된 목적이 배당수익과 시세차익에 있는데 대부분의 투자자가 시세차익에 관심이 있으므로 단기투자가 주를 이룰 수밖에 없다.

최근 수년에는 1년 정기예금 이자율이 5~6%를 웃돌고 있지만 이미 우리나라 투자자들의 통상적인 기대수익률은 적어도 10%를 상회하기 때문에 장기적인 투자기간의 안정적인 투자 pattern을 보이지 않는다.

정부가 배당수익률을 높이고 장기투자를 활성화하기 위해서 90년대 한때에는 배당수익률이 어느 선에 미치지 않는 기업은 증자도 불허한다는 등의 강력한 정책의지를 갖고 있었으나 결국은 성공하지 못하였다. 물론, 주총 등에서도 높은 배당률을 요구하기도 하지만 배당기준일이 경과된 이후에는 배당에 대한 관심은 급속하게 축소될 것이다. 이는 많은 투자자들이 다음 배당시점인 반 년 이후(중간 배당일 경우) 또는 1년 이후(연차배당일 경우)까지는 배당 의사결정이 수행되기 이전에 주식 소유와 관련된 의사결정을 수행할 수 있기 때문이다. 또한 배당을 수행하지 않는 것이 단기 주가상승에 도움이 된다면 많은 주주가 이를 선호할 것이다.

투자의사결정이 단기화되면서 국내 상장기업의 거래량 회전율이 1.5에 이르고 있으며 거래대금 회전율은 5.7이다. 또한 코스닥기업일 경우 거래량 회전율이 2.4이며 거래대금 회전율은 2.0이다. 따라서 거래소에 상장된 기업일 경우 8개월에 한 번씩 평균적으로 주식이 거래된다고 보면 되는 것이며 코스닥에 상장된 기업일 경우 5개월에 한 번씩 평균적으로 주식이 거래된다고 보면 된다. 이는 거래가 거의 수행되지 않는 최대주주, 특수 관계자 및 우호지분이 보유하고 있는 주식 등을 제외한다면 매우 과소 계상된 회전율일 것이다. 미국의 경우 거래량 회전율이 약 0.7 정도이어서 우리나라의 주식투자기간이 미국에 비해서 반 정도밖에 되지 않는 짧은 기간임을 보인다. 즉, 우리나라 주식시장은 대표적인 단타 위주의 주식시장이다. 또한 미국에 비해서 최대주주 주식집중도가 우리나라가 높을 것이므로 이를 감안하여서도 미국시장에 비해서도 매우 높은 회전율이다.

이와 같이 단타위주의 투자패턴을 갖는 투자자들에게 1분기나 반기 또는 온기에 제공되는 정보는 시의적절한 정보로서의 가치가 매우 낮다. 물론, 정기공시에서 전달되는 정보와 수시공시에서 공시되는 정보 간에는 큰 차이가 있다. 자산의 상태를 1분기 내에 여러 번 집계해서 알릴 수도 없는 것이므로 수시공시가 강조된다고 해서 상대적으로 정기공시의 중요성이 감소하는 것은 아니다.

정기공시에서도 분 · 반기 재무제표가 상대적인 중요성이 증대되기 때문에 감독당국에서도 분기재무제표에 대한 검토를 확대하고 있다. 과거에는 자산규모 2조원 이상의 기업에 대해서 분기검토가 강제되었으나 2004년부터 1조원 자산규모 이상의 기업으로 확대되었으며 현재는 자산규모 5,000억원으로 확대되었다. 자산규모가 적은 기업들에 분 · 반기 공시에 대한 인증을 강제화하여 공시비용은 증가하겠지만 투자자 위주로 판단한다면 그들이 필요로 하는 정보를 적시에 제공하기 위한 조치들이다. 후에 다시 기술하겠지만 연결재무제표가 도입되면 분 · 반기 재무제표도 연결재무제표로 공시되어야 한다.

물론, 수시공시사항이 아무리 확대된다고 하여도 정기공시의 정보를 대체할 수는 없다. 정기공시에는 적시에 변동하지 않는 지분구조 등의 정보가 포함되기 때문이며 수시공시의 내용과 정기공시의 내용에는 근본적인 차이가 존재한다.

이러한 환경의 변화 때문에 수시공시는 더욱 중요해진다. 수시공시가 이와 같이 중요한 내용임에도 불구하고 이제까지는 학문적으로 연구된 바가 거의 없다. 이에는 수시공시에 대한 관심을 갖는 학문영역 분야가 명확하지 않은 점과도 무관하지 않다. 회계학자들은 수시공시보다는 기업회계기준에 의해서 작성되는 재무제표, 정기공시가 주된 관심사항이므로 연구의 대상이 아니었으며 재무관리에서도 공시와 관련되어서는 많은 관심을 보이지 않았다. 또한 수시공시는 매우 많은 빈도수가 공시되기 때문에 이에 대한 적정성을 검토할 시간적 여유가 있는 것도 아니기 때문에 이에 대한 적정성의 검토도 용이하지 않다.

조회공시, 자율공시, 공정공시의 순으로 존재하지 않았던 공시가 새로이 도입되어서 일반적으로는 공시가 확대되는 현상을 보인다. 다만, 2006년 자율공시가 확대되면서 주요 경영사항공시가 축소되었다. 또한 2009년부터 주요사항보고서가 도입된다.

이는 제도적으로는 정기공시에 비해서는 상당히 큰 변화이다. 정기공시는 기존의 공시에 대한 인증이 추가되기는 하여도 자본변동표의 도입 이외에는 존재하지 않았던 새로운 공시의 형태가 추가된 것은 없었다. 물론, 국제회계기준이 도입되면서 대차대조표가 재무상태표로, 손익계산서도 포괄손익계산서, 이익잉여금처분계산서가 더 이상 재무제표로 보고되지 않는 변화는 있었지만 실질적인 내용의 변동은 거의 없다. 앞으로 기술될 공시유보(Chapter 21) 제도도 매우 획기적인 제도인데 수시공시의 틀에 큰 영향을 미칠 수 있는 제도이다.

수시공시와 관련된 내용을 도표로 표시하면 다음과 같다.

그림 1-1 공시의 운영체제

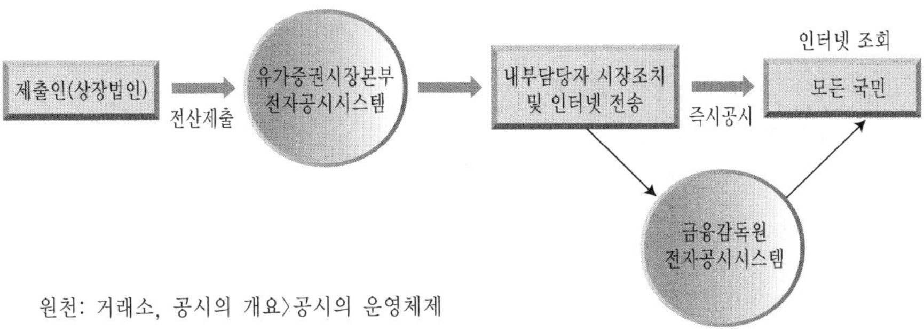

원천: 거래소, 공시의 개요>공시의 운영체제

그림 1-2 유가증권시장 고유 공시의무사항

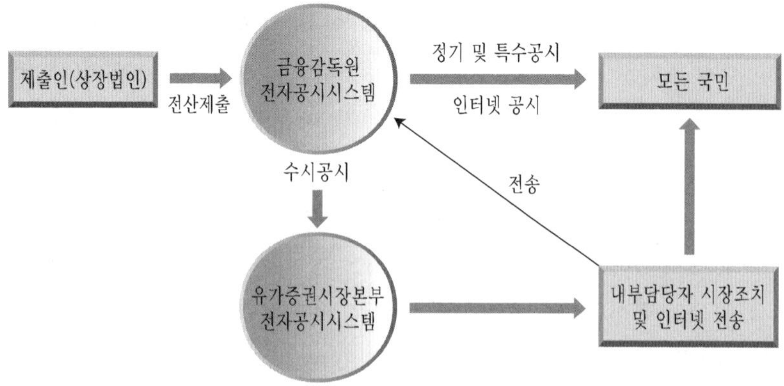

수시공시가 주요 경영사항공시, 공정공시, 자율공시, 조회공시 등으로 구분되어서 어느 공시항목이 어느 공시로 분류되는지에 대해서도 많은 혼선이 있다고 한다. 감독원과 거래소에서도 이러한 혼선이 있음을 인지하고 최근에는 예시적으로 나열되어 있던 강제적인 공시사항을 정리/통합하고 이를 많은 부분, 기업이 자율적인 공시의 형태로 공시하도록 규정하고 있다.

경영환경이 복잡다단해지면서 제한적·열거적으로 공시해야 하는 주요 경영사항을 지속적으로 증가시킬 수는 없다. 기존의 경영환경에서는 생각할 수 없었던 내용인데 새로운 환경하에서 반드시 공시에 포함하여야 할 내용이 추가될 때마다 공시규정을 변경할 수도 없는 것이다. 그렇기 때문에 수시공시 항목은 수년간 지속적으로 증가할 수밖에 없었다. 또한 내용적으로는 당연히 공시하여야 할 대상이지만 공시항목에 구체적으로 명기되어 있지 않다고 해서 기업들이 공시를 수행하지 않는 데 대해서도 거래소 차원에서 이러한 부분은 당연히 규제하여야 한다.

공시의 형태는 위와 같이 분명히 구분되지만 공시가 수행된다는 가정하에서는 어떠한 공시가 진행되는지는 공시양식에 따라 다르다.

앞으로의 장에서는 각론에 대해서 기술한다.

주요 경영사항공시 chapter 02

수시공시(timely disclosure)에서 가장 대표적인 공시가 주요 경영사항공시이다. 거래소의 web site에는 주요 경영사항의 신고공시에 대해서 다음과 같이 기술하고 있다.

의 의

수시공시는 증권시장에서 항시적인 정보 형평을 기하기 위해 거래소 등 자율규제기관에서 담당하고 있는 대표적인 자율규제기능 중의 하나라고 할 수 있다. 자본시장법에서는 유통시장에서 수시로 발생하는 기업의 주요 경영정보에 대하여 발생시마다 지체없이 공시하도록 규정하고 있으며, 구체적인 공시대상은 거래소의 유가증권시장(코스닥증권시장)공시규정에 명시되어 있다. 따라서 상장기업은 주요 경영사항에 해당하는 사실 또는 결정이 있는 경우에는 즉시 그 내용을 거래소에 신고하여야 한다. 유가증권시장공시규정과 코스닥시장공시규정 간에는 큰 차이가 없고 유가증권시장이 코스닥시장보다는 국가경제에 미치는 영향이 큰 시장이므로 본 저술의 내용은 유가증권시장에 기초한다.

당일공시 익일 시간외시장 개시 10분 전

익일공시 익익일 시간외시장 개시 10분 전

장 개시 전 시장외시장이 열리지 않을 경우 정규시장 매매거래 개시 30

분 전까지

당일 공시사항이지만 익일 시간의 시장 개시 10분 전까지로 확대한 이유는 공시할 사항이 밤중에도 시급하게 논의될 수 있기 때문이다. 과거에는 오전 7시 20분까지로 정해졌었다.

어떠한 항목이 주요 경영사항 수시공시의 대상이 되어야 하는지에 대해서는 논란이 있을 수 있다. 다음의 신문기사가 흥미로운 내용을 암시한다.

CEO 건강악화도 공시대상

매일경제신문, 2008. 7. 31.

우리나라에서도 어디까지가 기업과 관련된 공시의 대상이 되어야 하는지가 이슈가 되지만 미국에서도 이는 동일하다. 미국 애플사의 스티브잡스의 와병설에 주가가 요동을 치자 미국에서도 이러한 내용도 공시의 대상인가에 대해서 논란이 벌어지고 있다.

사정은 이렇다. 4년 전 췌장암으로 고통받았던 잡스가 지난달부터 공식석상에 무척 수척한 모습으로 나타난 뒤 건강악화설이 돌기 시작했다.

이러한 차에 지난 21일 conference call에서 잡스 건강상태를 묻는 애널리스트 질문에 CEO의 건강문제는 개인적인 문제라고 답했다.

이 답변이 화근이었다. 건강악화설을 인정한 것처럼 받아지면서 22일 주가는 장중 한때 12% 가까이 빠졌다. 주가가 요동치면서 시장에서 건강악화를 투자자에게 알려야 하는지에 대한 논란이 불거진 것. 일부에서는 개인 사생활이라 공개가 필요없다고 설명한다. 그러나 기업경영에 중대한 영향을 끼칠 수 있으니 당연히 알려야 한다는 의견도 만만치 않다.

파이낸셜타임즈도 30일자에 과연 CEO의 건강악화가 공시대상인가라는 기사에서 전문가들의 다양한 의견을 소개했다.

학계, 홍보, 경영컨설턴트, 현직 CEO 등 전문가 의견은 대부분 공개해야 한다는 쪽으로 모아진다. GE 전 부회장은 법적으로 개인정보는 보호하여야 하지만 기업 CEO라는 직위의 특수성을 고려할 때 중요한 정보는 공개해야 한다고 설명했다.

CEO의 개인적인 brand 가치가 주가에 영향을 준다는 신문기사를 접하게 되므로 CEO의 건강문제는 개인문제라고 분류하기는 어렵다는 판단이 든다. 어느 CEO를 선임한다는 것 자체가 기업의 가치에 영향을 미친다는 주장이다. 즉, CEO의 가치는 회계적으로 측정 가능한 자산가치는 아닐지 몰라도 기업가치에 영향을 미칠 수 있는 내용이다. 물론, 모든 CEO가 동일한 위상을 유지할 수는 없다. 주요 경영사항공시를 제한적 열거주의로 규정하기 어려운 것이 이러한 CEO 신상과 관련된 내용은 규정화하기 어려운 내용일 것이다.

공시와 관련된 내용은 3단계로 되어 있다고 볼 수 있다. 금융위원회 규정과 거래소의 규정에서 보면 알겠지만 이와 관련된 내용은 증권거래법만 존재하다가 1998년 4월 1일과 1999년 1월1일에 각각 금융위원회(1999년 당시에는 금융감독위원회)/금융감독원이 신설되면서 2000년 12월 금융위 규정이 제정되었으며 2004년 1월 29일 증권거래법 89조(공시규정)(=>자본시장법 제391조로 전환) 공시규정이 신설되면서 이에 따라 2005년 1월 21일에 거래소의 유가증권시장공시규정이 제정되었다. 유가증권시장공시규정은 금융위원회의 의결을 거쳐서 제·개정된다. 이러다가 자본시장법이 통과되는 시점에 2009년 1월 28일에 유가증권시장공시규정으로 가장 최근 개정되었다.

수시공시제도는 최근 10년간 많은 변화를 겪어 왔다. 즉, 자본시장법, 금융위원회규정, 거래소규정의 3단계를 거친다. 이와 같이 다단계방식으로 규제가 되는 것이 중복규제의 문제로 제기되기도 하지만 각각의 규제가 맡는 부분에 차이가 있으므로 불가피하다고도 할 수 있다. 이를 정리하면 다음과 같다.

1. 자본시장과 금융투자업에 관한 법률(법제처).

   공포: 2009년 2월 3일(증권거래법에서 개정), 시행: 2009년 2월 4일

2. 자본시장과 금융투자업에 관한 법률 시행령(대통령령). 2009년 2월 3일 제정
3. 자본시장과 금융투자업에 관한 법률시행규칙(총리령). 공포: 2008년 8월 4일, 시행: 2009년 2월 4일
4. 금융위원회, 증권의 발행 및 공시 등에 관한 규정(유가증권의 발행 및 공시 등에 관한 규정에서 개정). 2009년 1월 28일[8)]
5. 금융위원회, 유가증권의 발행 및 공시 등에 관한 규정 시행세칙. 2008년 3월 26일
   자본시장법 때도 변경 없음
6. 거래소, 유가증권시장공시규정. 2009년 1월 28일
7. 거래소, 유가증권시장공시규정시행세칙. 2009년 2월 3일
8. 거래소, 코스닥증권시장공시규정. 2009년 1월 28일
9. 거래소, 코스닥증권시장공시규정 시행세칙. 2009년 2월 3일
10. 금융위원회, 증권선물조사업무규정. 2008년 5월 23일
11. 거래소, 공정공시운영기준. 2009년 2월 3일

물론, 공시규정은 아니지만 공시에 대한 제재와 관련된 금융위원회의 증권선물조사업무규정이 존재하기도 한다. 공시규정과 이에 대한 제재는 불가분의 관계를 보인다.

강제성을 띠는 법정공시를 규제하는 자본시장법은 불특정다수를 위한 법령인데 탐욕스러운 경영자, 임직원으로부터 선량한 투자자를 보호하기 위한 법령이다. 이 법령은 상장기업에만 적용된다.

자본시장법의 법안내용은 다음과 같다.

8) 유가증권의 발행 및 공시 등에 관한 규정이면 2009년 1월 28일 이전의 자본시장법 통과 이전의 내용이며 증권의 발행 및 공시 등에 관한 규정이라고 기술되면 자본시장법 이후의 내용이다.

자본시장법 제391조 (공시규정) ① 거래소는 주권, 그 밖에 대통령령으로 정하는 증권을 상장한 법인(이하 이 조 및 제392조에서 “주권등상장법인”이라 한다)의 기업내용 등의 신고·공시 및 관리를 위하여 **주권등상장법인 공시규정**[9](이하 “공시규정”이라 한다)을 정하여야 한다. 이 경우 유가증권시장과 코스닥시장에 대하여 별도의 공시규정으로 정할 수 있다.

② 공시규정에는 다음 각 호의 사항이 포함되어야 한다.

1. 주권등상장법인이 신고하여야 하는 내용에 관한 사항
2. 주권등상장법인이 신고함에 있어서 준수하여야 할 방법 및 절차에 관한 사항
3. 주권등상장법인에 관한 풍문이나 보도 등의 사실 여부 및 그 법인이 발행한 증권의 가격이나 거래량의 현저한 변동의 원인 등에 대한 거래소의 신고 또는 확인 요구에 관한 사항(**조회공시의 근거**)
4. 주권등상장법인의 경영상 비밀유지와 투자자 보호와의 형평 등을 고려하여 신고·공시하지 아니할 사항(**공시유보제도의 근거**)
5. 주권등상장법인이 신고한 내용의 공시에 관한 사항
6. 주권등상장법인의 제1호부터 제4호까지의 위반유형, 위반 여부 결정기준 및 조치 등에 관한 사항
7. 매매거래의 정지 등 주권등상장법인의 관리에 관한 사항
8. 주권등상장법인의 신고의무 이행실태의 점검에 관한 사항
9. 그 밖에 주권등상장법인의 신고 또는 공시와 관련하여 필요한 사항

자본시장법 제392조 (공시의 실효성 확보) ① 은행은 주권등상장법인에 대하여 다음 각 호에 해당하는 사실이 발생한 경우에는 이를 지체 없이 거래소에 통보하여야 한다.

1. 발행한 어음이나 수표가 부도로 된 경우
2. 은행과의 당좌거래가 정지 또는 금지된 경우

9) 고딕체는 저자가 강조하는 내용임(이하 동일).

② 거래소는 제391조 제2항 제1호의 신고사항과 같은 항 제3호에 따른 신고 또는 확인 요구사항에 대하여 **투자자의 투자판단에 중대한 영향을 미칠 우려가 있어** 그 내용을 신속하게 알릴 필요가 있는 경우에는 대통령령으로 정하는 방법에 따라 행정기관, 그 밖의 관계기관에 대하여 필요한 정보의 제공 또는 교환을 요청할 수 있다. 이 경우 요청을 받은 기관은 특별한 사유가 없는 한 이에 협조하여야 한다.

③ 거래소는 주권등상장법인이 제391조에 따라 신고를 한 경우에는 이를 지체 없이 금융위원회에 송부하여야 한다. <개정 2008. 2. 29>

④ 금융위원회는 제3항에 따른 송부를 받은 경우에는 이를 인터넷 홈페이지 등을 이용하여 공시하여야 한다. <개정 2008. 2. 29>

즉, 자본시장법 제391조 ①에서 주권상장법인 및 코스닥상장법인 공시규정에 법령의 일부사항을 위임하였다. 증권거래법 제186조의 내용은 다음과 같았는데 일부의 내용이 다음의 자본시장법 제161조로 이월되었다. 특히나 거래법 제186조 1, 2의 내용과 자본시장법 제161조 ① 1, 2의 내용은 동일하다. 즉, 증권거래법 제186조의 수시공시로서의 공시의무가 자본시장법 제161조의 주요사항보고서의 내용으로 일부 이월되었다.

증권거래법 제186조 (상장법인 등의 신고·공시의무 등) 상장법인 또는 코스닥상장법인은 다음 각호의 1에 해당하는 경우에는 그 사실 또는 이사회의 결의내용을 대통령령이 정하는 바에 따라 지체 없이 금융위원회와 거래소에 신고하여야 한다. [개정 82. 3. 29, 87. 11. 28, 94. 1. 5, 97. 1. 13, 98. 1. 8, 99. 2. 1, 2000. 1. 21, 2001. 3. 28, 2004. 1. 29]

1. 발행한 어음 또는 수표가 부도로 되거나 은행과의 거래가 정지 또는 금지된 때
2. 영업활동의 일부 또는 전부가 정지된 때
3. 법률의 규정에 의한 법인의 정리절차개시의 신청이 있거나 사실상 정리를 개시한 때

4. 사업목적의 변경에 관한 결의가 있은 때
5. 재해로 인하여 막대한 손해를 입은 때
6. 상장유가증권 또는 코스닥상장유가증권에 관하여 중대한 영향을 미칠 소송이 제기된 때
7. 상법 제374조·제522조·제527조의2·제527조의3 및 제530조의2에서 규정한 사실이 발생한 때
8. 법률에 의한 해산사유가 발생한 때
9. 증자, 감자 또는 주식의 소각에 관한 이사회의 결의가 있은 때
10. 특별한 사유에 의하여 조업을 중단하거나 조업을 계속할 수 없는 때
11. 거래은행에서 당해 법인의 관리를 개시한 때
12. 자기주식의 취득 또는 처분에 관한 이사회의 결의 또는 대표이사 기타 대통령령이 정하는 자의 결정이 있은 때
13. 제1호 내지 제12호외에 법인의 경영·재산등에 관하여 중대한 영향을 미칠 사항으로서 대통령령이 정하는 사실이 발생한 때

자본시장법 제161조 (주요사항보고서의 제출) ① 사업보고서 제출대상법인은 다음 각 호의 어느 하나에 해당하는 사실이 발생한 경우에는 그 사실이 발생한 날의 다음 날까지 그 내용을 기재한 보고서(이하 "주요사항보고서"라 한다)를 금융위원회에 제출하여야 한다. 이 경우 제159조 제6항 및 제7항을 준용한다. <개정 2008. 2. 29>

1. 발행한 어음 또는 수표가 부도로 되거나 은행과의 당좌거래가 정지 또는 금지된 때
2. 영업활동의 전부 또는 중요한 일부가 정지된 때
3. 「채무자 회생 및 파산에 관한 법률」에 따른 회생절차개시의 신청이 있은 때
4. 이 법, 「상법」, 그 밖의 법률에 따른 해산사유가 발생한 때
5. 자본증가 또는 자본감소에 관한 이사회의 결의가 있은 때
6. 「상법」 제360조의2, 제360조의15, 제522조 및 제530조의2에 규정된

사실이 발생한 때

7. 대통령령으로 정하는 중요한 영업 또는 자산을 양수하거나 양도할 것을 결의한 때
8. 자기주식을 취득(자기주식의 취득을 목적으로 하는 신탁계약의 체결을 포함한다) 또는 처분(자기주식의 취득을 목적으로 하는 신탁계약의 해지를 포함한다)할 것을 결의한 때
9. 그 밖에 그 법인의 경영·재산 등에 관하여 중대한 영향을 미치는 사항으로서 대통령령으로 정하는 사실이 발생한 때

② 사업보고서 제출대상법인은 제1항에 따라 주요사항보고서를 제출하는 경우에는 제1항 각 호의 항목별로 대통령령으로 정하는 서류를 첨부하여야 한다.

③ 사업보고서 제출대상법인은 주요사항보고서를 작성함에 있어서 금융위원회가 정하여 고시하는 기재방법 및 서식에 따라야 한다. <개정 2008. 2. 29>

④ 금융위원회는 제출된 주요사항보고서가 **투자자의 투자판단에 중대한 영향을 미칠 우려가 있어 그 내용을 신속하게 알릴 필요가 있는 경우에는** 대통령령으로 정하는 방법에 따라 행정기관, 그 밖의 관계기관에 대하여 필요한 정보의 제공 또는 교환을 요청할 수 있다. 이 경우 요청을 받은 기관은 특별한 사유가 없는 한 이에 협조하여야 한다. <개정 2008. 2. 29>

⑤ 금융위원회는 제1항에 따라 주요사항보고서가 제출된 경우 이를 거래소에 지체 없이 송부하여야 한다. <개정 2008. 2. 29>

자본시장법 391조 (공시규정) ② 3. 주권등상장법인에 관한 풍문이나 보도 등의 사실 여부 및 그 법인이 발행한 증권의 **가격이나 거래량의 현저한 변동의 원인** 등에 대한 거래소의 신고 또는 확인 요구에 관한 사항

조회공시는 증권거래법 제186조 ②에 의해서 1991년에 도입되었다. 즉, 법에 의해서는 주요 경영사항공시와 조회공시가 규정되어 있으며 공정공시

와 자율공시는 법에서 정하는 사항은 아니다. 주요 경영사항공시는 자본시장법 제391조의 ② 공시규정에는 다음 각 호의 사항이 포함되어야 한다. 1. 주권 등상장법인이 신고하여야 하는 내용에 관한 사항에서 그 근거를 찾을 수 있다.

조회공시를 정당화하는 위의 내용 중, '가격이나 거래량의 현저한 변동의 원인'이라고 기술하고 있다. 이 두 내용이 and가 아니고 or인 점에 유념하여야 한다. 즉, 정보환경에 있어서 가격이나 거래량을 모두 법률이 중요시하고 있다는 것을 알 수 있다.

자본시장법이 통과되면서의 큰 변화는 주요사항보고서제도를 도입하여 주요 경영사항을 주요사항보고(자본시장법 제161조)와 수시공시 의무사항(거래소)로 구분/신고한다는 데 있다(자본시장법 제391조).

금융위원회의 증권의 발행 및 공시 등에 관한 규정에는 이 규정이 자본시장법의 위임을 받아 제정됨을 다음과 같이 제1조의 목적에 기술하고 있다.

> 증권의 발행 및 공시 등에 관한 규정 제1-1조 (목적) 이 규정은 자본시장과 금융투자업에 관한 법률(이하 "법"이라 한다), 법시행령(이하 "영"이라 한다) 및 법시행규칙(이하 "규칙"이라 한다)에서 금융위원회(이하 "금융위"라 한다)에 위임된 사항 중 증권의 발행, 공시 및 주권상장법인에 대한 특례 등에 관한 사항과 그 시행에 관하여 필요한 사항을 정함을 목적으로 한다.

유가증권시장공시규정도 그러하고 모두 다 자본시장법의 위임된 사항과 관련된다는 내용을 담고 있으며 규정의 문구도 매우 유사하다.

> 유가증권시장공시규정(거래소)
>
> 제1조 (목적) 이 편은 「자본시장과 금융투자업에 관한 법률」(이하 "법"이라 한다) 제391조에 따라 한국거래소(이하 "거래소"라 한다)가 개설한 유가증

> 권시장에서 기업내용의 신고·공시 및 관리에 관하여 필요한 사항을 정함을 목적으로 한다.

공시책임자가 누구인지는 법적으로 매우 중요한 문제이다. 공시책임자와 관련된 정의에 대해서 기술한다. 공시책임자 이외에는 실무선에서 공시를 담당하고 있는 공시담당자도 등록하여야 한다.

> **유가증권시장공시규정**(거래소)
>
> **제2조** (정의)
>
> ④ 이 편에서 "공시책임자"라 함은 유가증권시장주권상장법인[제14항에 따른 위탁관리부동산투자회사 및 기업구조조정부동산투자회사의 경우(자기관리부동산투자회사가 일반적인 사무를 일반사무등위탁기관에 위탁한 경우를 포함한다)에는 사무수탁회사, 제18항에 따른 선박투자회사의 경우에는 선박운용회사를 말한다]의 **상근이사** 또는 「상법」 제401조의2 제1항 제3호의 규정에 해당하는 **상근자**로서 해당 유가증권시장주권상장법인을 대표하여 신고업무를 수행할 수 있는 자를 말한다. 다만, 「채무자 회생 및 파산에 관한 법률」에 따른 회생절차개시신청을 하였거나 회생절차개시가 결정된 법인의 경우에는 같은 법 제74조에 따른 관리인 또는 같은 법 제85조에 따른 보전관리인을 공시책임자로 본다. (개정 2005. 12. 23, 2006. 9. 8, 2009. 1. 28)

위에서도 기술되어 있듯이 공시책임자는 상근이사 또는 상근자라고 되어 있다. 따라서 공시책임자가 등기 임원일 필요는 없다. 집행임원은 상법상 등기한 이사는 아니므로 상법에서 정의하는 이사는 아니다. 상법에서 판단한다면 집행임원은 명목상의 임원이다. 단, 상근이사로 공시책임자를 한정하고 있어서 적어도 비상근이사(사외이사)가 이러한 직무를 수행함은 적절하지 않으며 이를 한정하고 있다. 공시책임자가 별도로 있다고 하여도 기업경영의 궁극적인 책임은 당연히 대표이사에게 있다. 재무제표에 대한 책임이 CFO에게 있지만 CEO와 CFO가 같이 재무제표 적정성을 인증함을 이와 같은 맥락에서 이해할 수 있다.

자산규모 2조원 이사의 대기업이 이사회 구성시에 사외이사 비율이 과반수로 또한 최소 3인이 강제되면서 자격이 되는 사외이사를 구하기 어렵기 때문에 사내 등기이사의 수를 감소하는 정책을 일부 기업에서 수행하였다. 이 과정에서 공시책임자를 등기이사로 강제한다는 것이 현실상으로 더욱 어렵게 되었으며 현재 논의되고 있는 상법개정안에서는 집행임원제도의 도입을 심도 있게 법무부에서 검토하고 있다. 즉, 등기임원은 아니더라도 본인의 업무에 국한해서는 임원에 상응하는 책임을 지우는 것이다. 또한 자본시장법에서는 지분공시/임원주요주주보고에 있어서도 과거의 등기임원에서 집행임원으로 그 범주를 확대하였다.

이렇게 공식적으로 책무를 등록하여야 하는 경우로는 내부회계관리자도 있다. 이 직책 또한 등기임원으로 국한되지 않는다. 실질적으로 이 제도가 수년째 시행되고 있지만 내부회계관리자가 명목적으로 등재되어 있어서 기업 내에서도 이 직책에 누가 등기되어 있는지를 인지하지 못하고 있는 경우도 다수 있다고 한다.

공시에서뿐만 아니라 금융감독원의 분식회계에 대한 조치에 있어서도 임원해임권고 등에 있어서도, 재무담당이사가 책임을 져야 하는데, 특히나 최근에 와서는 대표이사와 재무담당이사(CFO)가 재무제표를 인증하고 있다. 인증서에 적어도 CFO가 누구인지는 나타난다. 이 과정에서 CFO가 나타나는 것이지 수시공시에서의 공시책임자, 또는 내부회계관리제도에서의 내부회계관리자와 같이 공식적으로 CFO가 등록하여야 하는 직책은 아니며 또한 재무담당임원이 법률에서 규정되어 있지는 않다.

증권의 발행 및 공시 등에 관한 규정(금융위원회)

제4-1조 (적용범위) 법 159조 및 영 제167조 제1항에 따른 사업보고서 제출대상법인이 법 제159조, 제160조 및 제161조에 따라 사업보고서, 반기보고

> 서 및 분기보고서(이하 "사업보고서등"이라 한다)와 **주요사항보고서**를 제출함에 있어 그 내용과 방법 및 절차 등은 이 장에서 정하는 바에 따른다.

위의 증권의 발행 및 공시 등에 관한 규정에는 주요사항보고서와 관련된 내용이 기술된다. 이 내용은 이전의 유가증권의 발행 및 공시 등에 관한 규정과 연관되는데 여기에서는 주요 경영사항이 수시공시와 연관된다. 단, 주요사항보고서가 신설되었으므로 수시공시 관련된 대부분의 내용은 증권의 발행 및 공시 등에 관한 규정에서는 삭제되었다.

거래소의 유가증권시장공시규정은 다음과 같다.

> 제7조 (주요경영사항) ① 유가증권시장주권상장법인은 다음 각 호의 어느 하나에 해당하는 때에는 그 **사실 또는 결정(이사회의 결의 또는 대표이사 그 밖에 사실상의 권한이 있는 임원·주요주주 등의 결정을 말하며**, 이 경우 이사회의 결의는 「상법」 제393조의2에 따른 이사회내 위원회의 결의를 포함한다. 이하 같다) 내용을 그 사유 발생일 당일에 거래소에 신고하여야 한다. 다만, 제1호 다목, 제2호 중 가목 (7)·나목 (4)·다목 (4)·라목 (4), 제3호 중 가목 (1)·(2)와 나목 (5)에 해당하는 경우에는 사유 발생일 **다음 날까지** 거래소에 신고하여야 한다.
>
> 1. 해당 유가증권시장주권상장법인의 영업 및 생산활동에 관한 다음 각 목의 어느 하나에 해당하는 사실 또는 결정이 있은 때
>   가. 최근 사업연도 매출액의 100분의 10(대규모법인의 경우 100분의 5) 이상에 해당하는 영업 또는 주된 영업의 일부 또는 전부가 정지되거나 그 정지에 관한 행정처분이 있은 때(그 영업의 인가·허가 또는 면허의 취소·반납과 그에 상당하는 생산품에 대한 판매활동의 정지를 포함한다)
>   나. 최근 사업연도 매출액의 100분의 10(대규모법인의 경우 100분의 5) 이상을 차지하는 거래처와의 거래가 중단된 때
>   다. 최근 사업연도 매출액의 100분의 10(대규모법인의 경우 100분의

5) 이상의 단일판매계약 또는 공급계약을 체결한 때 및 해당 계약을 해지한 때

라. 최근 사업연도 매출액의 100분의 10(대규모법인의 경우 100분의 5) 이상의 제품에 대한 수거 · 파기 등을 결정한 때

마. 최근 사업연도 생산액의 100분의 10(대규모법인의 경우 100분의 5) 이상을 생산하는 공장에서 생산활동이 중단되거나 폐업된 때 및 해당 중단 · 폐업사유가 해소되어 생산활동이 정상적으로 재개된 때

2. 해당 유가증권시장주권상장법인의 재무구조에 변경을 초래하는 다음 각 목의 어느 하나에 해당하는 사실 또는 결정이 있은 때

가. 해당 유가증권시장주권상장법인이 발행하는 증권에 관한 다음의 어느 하나에 해당하는 사실 또는 결정이 있은 때

(1) 증자 또는 감자에 관한 결정이 있은 때

(2) 주식의 이익소각에 관한 결정이 있은 때

(3) 법 제165조의2에 따른 자기주식의 취득 또는 처분(신탁계약 등의 체결 또는 해지를 포함한다), 신탁계약 등의 체결을 통해 취득한 자기주식의 유가증권시장 외에서의 처분에 관한 결정이 있은 때

(4) 「상법」 제329조의2 및 제440조에 따른 주식분할 또는 병합(자본감소를 위한 주식병합은 제외한다)에 관한 결정이 있은 때

(5) 주식매수선택권의 부여 · 부여취소 등을 하기로 결정이 있은 때

(6) 전환사채, 신주인수권부사채, 교환사채 또는 증권예탁증권(외국에서 이와 유사한 증권 또는 증서가 발행되는 경우를 포함한다)의 발행에 관한 결정이 있은 때

(7) 해외증권시장에 주권등의 상장을 추진하거나 이미 상장한 유가증권시장주권상장법인이 다음의 어느 하나에 해당되는 때

(가) 해외증권시장에 주권등을 상장하기 위한 결정이 있은 때 및 해당 주권등을 상장한 때

(나) 해외증권시장에 상장 후 해당국 증권감독기관 또는 증권거래소 등에 기업내용을 정기 또는 수시로 신고·공시하거나 보고서 그 밖의 관련서류를 제출한 때. 다만, 국내 증권관계법령 및 이 편에 따라 신고 또는 공시하거나 제출하는 사항과 중복되는 경우는 제외한다.

(다) 해외증권시장에서의 상장폐지를 결정하거나 해당국 증권감독기관 또는 증권거래소로부터 매매거래정지, 상장폐지, 그 밖의 조치를 받은 때 및 상장폐지된 때

(8) 해당 법인이 발행한 주권을 상장폐지 하기로 결정한 때

(9) 발행한 어음이 위·변조된 사실을 확인한 때

나. 해당 유가증권시장주권상장법인의 투자활동에 관한 다음의 어느 하나에 해당하는 사실 또는 결정이 있은 때

(1) 자기자본의 100분의 10(대규모법인의 경우 100분의 5) 이상에 상당하는 신규시설투자, 시설증설 또는 별도공장의 신설에 관한 결정이 있은 때

(2) 최근 사업연도말 자산총액의 100분의 10(대규모법인의 경우 100분의 5) 이상의 유형자산의 취득 또는 처분에 관한 결정〔법 시행령 제103조 제1호에 따른 특정금전신탁 또는 법 제9조 제19항에 따른 사모집합투자기구(해당 법인이 자산운용에 사실상의 영향력을 행사하는 경우에 한한다)에 의한 취득 및 처분을 포함한다. 이하 이 목 (3)에서의 취득 또는 처분에서 같다〕이 있은 때

(3) 자기자본의 100분의 5(대규모법인의 경우 1,000분의 25) 이상의 출자(타법인이 발행한 주식 또는 출자증권의 취득을 말한다. 이하 같다) 또는 출자지분 처분에 관한 결정이 있은 때. 다만, 다음의 어느 하나에 해당하는 경우에는 그러하지

아니하다.

(가) 공개매수에 의한 출자. 다만, 외국기업이 발행한 주권을 대상으로 하는 외국 법률에 의한 공개매수의 경우에는 해당 국가에서 공개매수신고서 또는 이에 준하는 서류를 제출하는 때에 이를 신고하여야 한다.

(나) 금융기관(「금융위원회의 설치 등에 관한 법률」 제38조 각 호의 어느 하나에 해당하는 기관을 말한다)의 단기매매증권의 취득·처분(담보권 등 권리실행에 의한 출자·출자지분 처분을 포함한다)

(4) 자기자본의 100분의 5(대규모법인의 경우 1,000분의 25) 이상을 출자(최근 사업연도말 재무상태표상의 가액을 기준으로 한다)하고 있는 주권비상장법인(코스닥시장상장법인을 포함한다)이 제3호 나목 (1)부터 (3)까지의 어느 하나에 해당된 사실이 확인된 때

다. 해당 유가증권시장주권상장법인의 채권·채무에 관한 다음의 어느 하나에 해당하는 사실 또는 결정이 있은 때

(1) 자기자본의 100분의 10(대규모법인의 경우 100분의 5) 이상에 해당하는 단기차입금의 증가에 관한 결정이 있은 때. 이 경우 단기차입금에는 모집 외의 방법으로 발행되는 만기 1년 이내의 사채금액을 포함하며, 기존의 단기차입금 상환을 위한 차입금은 제외한다.

(2) 자기자본의 100분의 5(대규모법인의 경우 1,000분의 25) 이상의 채무를 인수하거나 면제하여 주기로 결정한 때

(3) 자기자본의 100분의 5(대규모법인의 경우 1,000분의 25) 이상의 담보제공(타인을 위하여 담보를 제공하는 경우에 한한다. 이하 같다) 또는 채무보증(입찰·계약·하자·차액보증 등의 이행보증과 납세보증은 제외한다. 이하 같다)에 관한 결정이 있은 때(건설업을 영위하는 법인이 공사시행을 위하

여 발주처 및 입주예정자 등에 제공한 담보 또는 채무보증은 제외한다). 이 경우 그 결정일 또는 사유발생일 현재의 채무자별 담보제공 또는 채무보증 잔액을 함께 신고하여야 한다.

(4) 제2호 다목 (3)에 해당하는 채무자가 제3호 나목 (1)부터 (3)까지의 어느 하나에 해당된 사실이 확인된 때

(5) 발행한 사채와 관련하여 자기자본의 100분의 5(대규모법인의 경우 1,000분의 25) 이상의 금액에 상당하는 원리금의 지급을 이행하지 못한 때. 이 경우 신고금액의 산정은 해당 사업연도에 발생한 미지급금 중 기 신고분을 제외한 누계금액을 기준으로 한다.

라. 해당 유가증권시장주권상장법인의 손익에 관한 다음의 어느 하나에 해당하는 사실 또는 결정이 있은 때

(1) 천재 · 지변 · 전시 · 사변 · 화재 등으로 인하여 최근 사업연도말 자산총액의 100분의 5(대규모법인의 경우 1,000분의 25) 이상의 재해(최근 사업연도말 재무제표상의 가액을 기준으로 한다)가 발생한 때

(2) 자기자본의 100분의 5(대규모법인의 경우 1,000분의 25) 이상의 벌금 · 과태료 · 추징금 또는 과징금 등이 부과된 사실이 확인된 때

(3) 자기자본의 100분의 5(대규모법인의 경우 1,000분의 25) 이상의 금액에 상당하는 임 · 직원 등의 횡령 · 배임혐의가 확인된 때 및 그 혐의가 사실로 확인된 때

(4) 파생상품의 거래(위험회피 목적의 거래로서 한국회계기준원이 정하는 「기업회계기준등에관한해석」에 따른 높은 위험회피효과를 기대할 수 있는 경우를 제외한다)로 인하여 자기자본의 100분의 5(대규모법인의 경우 1,000분의 25) 이상의 손실(미실현분을 포함한다)이 발생한 때. 이 경우 신고금

액의 산정은 해당 사업연도에 발생한 손실 중 기 신고분을 제외한 누계손실을 기준으로 하며, 다수의 파생상품 거래가 있는 경우에는 손실과 이익을 상계한다.

마. 해당 유가증권시장주권상장법인의 결산에 관한 다음의 어느 하나에 해당하는 사실 또는 결정이 있은 때

(1) 외감법 제8조 제1항에 따라 회계감사인으로부터 감사보고서를 제출받은 때. 이 경우 해당 감사보고서상 다음의 어느 하나에 해당하는 사실이 확인된 때에는 이를 함께 신고하여야 한다.

(가) 감사의견 부적정, 의견거절 또는 감사범위의 제한으로 인한 한정

(나) 최근 사업연도의 자기자본이 자본금의 100분의 50 이상 잠식. 이 경우 자본금 전액이 잠식된 경우에는 별도로 표시하여야 한다.

(다) 최근 사업연도의 매출액이 50억원 미만

(2) 회계감사인의 반기검토보고서상 검토의견이 부적정 또는 의견거절인 때

(3) 최근 사업연도 매출액, 영업손익 또는 당기순손익이 직전사업연도 대비 100분의 30(대규모법인의 경우 100분의 15) 이상 증가 또는 감소한 사실이나 결정이 있은 때. 이 경우 결산주주총회의 소집을 통지 · 공고하기 이전까지 이를 신고하여야 하며, 매출액 · 영업손익 · 당기순손익 항목 중 한 항목 이상에 해당되어 신고하는 경우 다른 항목 및 자산 · 부채 · 자본총계 현황을 함께 신고하여야 한다.

(4) 주식배당에 관한 결정이 있은 때

(5) 현금배당(법 제165조의12에 따른 분기배당 및 「상법」 제462조의3에 따른 중간배당을 포함한다)에 관한 결정이 있은 때 및 중간배당(분기배당을 포함한다)을 위한 주주명부폐쇄기

간(기준일을 포함한다)을 결정한 때. 이 경우 해당 배당신고는 시가배당률에 의하여야 하며 액면배당률은 이를 표시하지 아니한다.

(6) 회계처리기준 위반행위와 관련하여 다음의 어느 하나에 해당하는 때

(가) 해당 법인이 「외부감사 및 회계 등에 관한 규정」 제56조 제1항에 따라 증권선물위원회로부터 검찰고발 또는 검찰통보 조치된 사실을 통보받은 때와 그 결과가 확인된 때

(나) 해당 법인이 회계처리기준 위반행위를 사유로 검찰에 의하여 기소되거나 그 결과가 확인된 때. 다만, (가)에 따라 신고한 경우에는 그러하지 아니하다.

3. 해당 유가증권시장주권상장법인의 기업경영활동에 관한 다음 각 목의 어느 하나에 해당하는 사실 또는 결정이 있은 때

가. 해당 유가증권시장주권상장법인의 지배구조 또는 구조개편에 관한 다음의 어느 하나에 해당하는 사실 또는 결정이 있은 때

(1) 최대주주가 변경된 사실이 확인된 때

(2) 사외이사 및 감사(감사위원회 위원을 포함한다. 이하 이 조에서 같다)가 임기만료 외의 사유로 퇴임한 때

(3) 지주회사인 유가증권시장주권상장법인의 자회사가 새로이 편입 또는 탈퇴된 때

(4) 「상법」 제3편 제4장 제2절 제2관 또는 제3관에 따른 주식교환 또는 주식이전의 결정이 있은 때

(5) 「상법」 제374조 · 제522조 · 제530조의2 및 제530조의12에서 규정한 사실에 관한 결정이 있은 때

(6) 「상법」 제527조의2에 따른 간이합병 또는 제527조의3에 따른 소규모합병에 관한 결정이 있은 때

나. 해당 유가증권시장주권상장법인의 존립에 관한 다음의 어느 하

나에 해당하는 사실 또는 결정이 있은 때

(1) 발행한 어음 또는 수표가 부도로 되거나 은행과의 거래가 정지 또는 금지된 때

(2) 「채무자 회생 및 파산에 관한 법률」에 따른 다음의 어느 하나에 해당하는 경우

(가) 회생절차 개시·종결·폐지 신청을 한 때 및 법원으로부터 회생절차 개시·종결 또는 폐지, 회생절차 개시신청 기각, 회생절차 개시결정 취소, 회생계획 인가·불인가 등의 결정사실을 통보받은 때

(나) 파산신청을 한 때 및 법원으로부터 파산선고 또는 파산신청에 대한 기각 결정 사실을 통보 받은 때

(3) 「상법」 제517조 및 그 밖의 법률에 따른 해산사유가 발생한 때. 다만, 「상법」 제227조 제4호 및 제517조 제1호의2에 따른 해산사유에 해당하는 경우에는 그러하지 아니하다.

(4) 거래은행 또는 채권금융기관이 법인의 경영관리 또는 공동관리를 개시·중단 또는 해제하기로 결정한 사실이 확인된 때

(5) 채권금융기관협의회와 경영정상화 계획의 이행을 위한 약정을 체결한 때

(6) 주채권은행 또는 채권금융기관협의회로부터 회생절차·해산·청산 또는 파산신청을 요구받은 때

다. 해당 유가증권시장주권상장법인에 대하여 다음의 소송 등의 절차가 제기·신청되거나 그 소송 등이 판결·결정된 사실을 확인한 때. 다만, (4)의 경우에는 소송의 제기(상소를 포함한다)·허가신청, 소송허가 결정, 소송불허가 결정, 소취하(상소취하를 포함한다)·화해·청구포기(상소권포기를 포함한다)의 허가신청·결정 및 판결의 사실 등을 확인한 때

(1) 유가증권시장주권상장법인이 발행한 상장 또는 상장대상 증권의 발행에 대한 효력, 그 권리의 변경 및 그 증권의 위조

또는 변조에 관한 소송

(2) 청구금액이 자기자본의 100분의 5(대규모법인의 경우 1,000분의 25) 이상인 소송 등

(3) 임원의 선임 · 해임을 위한 소수주주의 법원에 대한 주주총회 소집허가 신청, 임원의 선임 · 해임 관련 주주총회결의의 무효 · 취소의 소, 임원의 직무집행정지가처분 신청 등 임원의 선임 · 해임 또는 직무집행과 관련한 경영권분쟁 소송

(4) 「증권관련 집단소송법」에 따른 소송

라. 주주총회소집을 위한 이사회결의 또는 주주총회결의가 있은 때. 이 경우 사업목적 변경, 사외이사의 선임 · 해임, 감사의 선임 · 해임, 집중투표제의 도입 · 폐지 등 **투자판단**에 중대한 영향을 미칠 수 있는 사항에 대하여는 이를 구분하여 명기하여야 한다.

② 제1항에도 불구하고 다음 각 호의 어느 하나에 해당하는 유가증권시장 주권상장법인에 대하여는 제1항 제2호 다목 (2)부터 (4)까지는 이를 적용하지 아니한다.

1. 「은행법」에 따른 금융기관
2. 법에 따른 투자매매업자 또는 투자중개업자
3. 「보험업법」에 따른 보험회사
4. 법에 따른 종합금융회사
5. 「상호저축은행법」에 따른 상호저축은행
6. 「여신전문금융업법」에 따른 설립된 시설대여업자
7. 「기술신용보증기금법」에 따른 신기술사업자
8. 법 제152조제3항에 따른 공공적 법인
9. 「채무자 회생 및 파산에 관한 법률」에 따른 회생절차의 진행중에 있는 법인

〔본조 전면 개정, 2009. 1. 28〕

8항목의 익일공시사항이 있다.

흥미로운 부분은 공시사항이 될 수 있는 내용에 대해서 중요성을 규정

하고 있다는 점이다. 이는 중요하지 않는 정보가 공시됨을 미연에 방지하려는 것이다. 공시의 남발도 공시 미이행에 못지 않을 정도로 공시에서는 부정적인 것이다. 이는 회계정보에 있어서의 중요성(materiality)과도 연관된다.

정기공시에서의 중요성은 회계기준원에서 중요성과 관련된 용역이 수행된 적은 있지만 재무회계에서의 중요성은 기준으로서는 존재하지 않는다. 금융감독원의 양정기준이 대안적으로 사용될 수 있다. 감독기관이 사용하는 양정기준이란 분식회계가 수행될 경우에 이를 얼마나 중하게 조치할 것인지를 결정하는 기준이다. 물론, 기업회계기준에서 중요성을 정한 것은 아니지만 어느 정도로 회계금액을 위반했을 경우에 어느 정도의 제재가 가해진다는 원칙이므로 회계정보의 중요성에 대한 대안으로 사용될 수 있다.

금융감독원은 2001년 10월에 감리양정기준을 발표하였으며 이 규정에서 정한 징계조치 중요성기준을 감리징계조치에 엄격하게 적용하기 시작했다. 이후 국내기업 및 감사인들이 감리양정기준을 사용하여 회계·감사 중요성 기준을 정하게 되었고, 따라서 감리양정기준은 중요성기준에 대한 권위있는 지침(authoritative guidance)이 되었다. 2001년 10월 17일 개정 '외부감사 및 회계 등에 관한 규정 시행세칙'의 별표 2호에 '금감원 감리결과 조치 양정기준(감리양정기준)'을 제정하였다.

양정기준이 적용될 수는 있지만 기준 자체에서의 중요성이 수시공시에서와 같이 수치적으로 정의되지는 않는다.

공시의 대상이 규정에 열거된 내용에만 국한하는지에 대해서는 오래된 논란이 진행되었다. 해답은 제한적 열거가 아니라 예시에 불과하므로 예시된 내용 이외에 대해서도 공시의무가 있다고 해석하여야 한다. 다음은 주요 경영사항을 공시하지 않은 한 기업이 이 사안이 공시할 내용이 아니라는 주장을 인용한 것이다.

> 유가증권시장공시규정 제7조 제1항 제23호 제라목은 제한적 열거규정으로서 해석해야 하며 따라서 **동 조항에서 규정한 이외의 사항**에 대해서는 공시의무가 발생한다 할 수 없으므로 본 건은 **공시불이행에 해당하지 아니함이다**.

거래소는 이에 대한 다음과 같이 답신한다.

수시공시는 예시규정의 형식을 띠고 있다. 공시규정에는 예시를 나열하면서 … 등으로 표현하는 경우도 있으므로 이는 영어의 etc의 개념이지 제한적 열거의 개념은 아니다.

전부를 일일이 나열하는 것은 불가능하므로 이를 포괄적으로 규정하되 예시규정을 통해 그 규율범위를 예측 가능하도록 구체화한 규정한다. 즉, 이를 회계에 적용하자면 원칙중심(principle based)이라 할 수 있다. 원칙중심으로 변경된다면 이의 적용과 관련된 판단은 기업의 공시담당자의 몫이다. 즉 거래소의 주장은 수시공시는 규정(rule based)이 아니라 원칙만을 제시한 것이다. 공시의무 발생판단과정의 본질은 규정의 취지 및 해석이 있는 것이므로 그 공시과정을 간과한 채 그 '형식'만을 두고 해석함은 타당하지 않다. 즉, 이례적인 사안에 대해서 이를 모범으로 삼아서는 안 된다.

일부에서는 이에 해당하는 수시공시의 내용이 다른 기업에서는 자율공시의 서식으로 공시되었고 그렇기 때문에 이 내용이 주요 경영사항이 아니라는 주장을 하기도 하지만 이는 잘못된 접근이다.

이는 거래소 실무자가 공시 여부에 대해서 질의를 받았을 경우에 기업이 공시를 주저하면 자율공시라도 하라고 답을 할 수도 있으며 이는 단지 공시서식의 차이이다. 중요한 것은 공시하는지 여부이지 형식이 아니다.

위에서도 많은 항목의 주요 경영사항이 나열된다. 라에 보면 "등 투자판단에 중대한 영향을 미칠 수 있는 사항에 대하여는 이를 구분하여 명기하여야 한다"고 기술하고 있다.

이러한 내용은 자본시장법이 통과되기 이전에는 주로 자율공시에서 많이 지적된 내용이었는데 주요 경영사항공시에 있어서도 어떠한 특수한 공시항목에 있어서 강제공시사항으로 규정되어 있지 않기 때문에 공시하지 않았다고 주장할 수도 있어서 상당히 민감한 법적인 문제이다.

특히나 자본시장법 시행 이전에 자율공시에서 이 부분이 문제가 되었던 이유가 자율공시는 제1항과 제2항으로 나뉘면서 제1항에서는 "신고하여야 한다", 제2항에서는 "신고할 수 있다"라고 기술되어 있었으며 특히나 제1항과 관련되어서는 신고하여야 할 항목을 나열하였기 때문에 이와 관련된 해석이 애매하였다.

어떻게 보면 공시하여야 하는 내용을 조항에 포함하지 않음으로 인해 해당 기업에 면죄부를 주는 오류를 범할 수도 있다. 이러한 문제 때문에 강제공시규정이 계속적으로 증가하였으나 규정이 모든 경우의 수를 원천적으로 포괄적으로 포함할 수는 없으므로 일부의 강제공시를 과거의 증권거래법이 적용되던 시점에 자율공시로 이관한 것이다. 그러나 모든 공시규정이 제한적으로만 열거된다고 이해된다면, 즉 공시항목으로 규정된 내용만을 공시하는 것으로 이해된다면 강제공시의 항목 수를 감소하는 것은 잘못된 정책이다. 단, 항목의 나열이 예시적이라고 이해된다면 항목 수를 축소하는 정책은 적절한 정책 방향이다. 이에 대한 학술적 연구는 Chapter 4에 기술한다.

다음과 같은 판례가 공시의 나열을 제한적 열거주의로 이해할 것인지 아니면 단순한 예시인지를 법원이 어떻게 판단하는지에 대한 좋은 참고 내용이다.[10] 이 판례는 자율공시에 대한 판결이지만 주요 경영사항공시에도 그대로 적용된다.

대미실업사건을 통해 법원은, 비록 우리 증권거래법이 기업의 공시의무를 규정함에 있어 열거주의를 취하여 증권거래법 제186조(상장법인 등의 신고공시의무, 제186조에는 항목이 나열되고 있으나 자본시장법 제391조에는 이러한 나열이 없음)에 공시의무대상이 되는 정보를 나열하고 있으나 이것이 곧 중요한 정보 전부를 의미하는 것은 아니며, 어떤 정보가 제186조(자본시장법 제391조으로 내용은 이관)에 해당하지 않는다고 하여, 미공개정보 이용을 금지하고 있는 제188조의2(자본시장법 제174조, 미공개중요정보 이용행위 금지)에서 규정하고 있는 중요한 정보로 볼 수 없는 것이 아님을 명백하게 확인하고 있다. 대법원은 판결요지에서 열거주의라는 표현을 사용하고 있는데, 이는 증권거래법에서의 내용이 열거적으로 증권거래법에 공시되어야 하는 내용을 나열하고 있기 때문이다. 공시 관련된 문헌에서 열거주의란 예시주의와 같은 의미

10) 이미 자본시장법이 적용되고 증권거래법은 폐지되었지만 기존의 판례에 나타나는 내용을 설명하기 위해서는 옛 거래법의 내용과 조항을 이용하여 설명한다.

로, 공시할 항목으로 제시된 내용은 단지 예시에 불과함을 의미한다. 따라서 열거되지 아니한 정보라고 하여도 정보로서의 가치가 인정될 수 있다. 위의 판례는 증권거래법에 해당되지만 거래소의 유가증권상장규정에 자본시장법에서 위임되어 규정을 강제하므로 위의 판례가 동일하게 적용된다고 할 수 있다.

단, 열거주의라는 표현에 제한적 열거주의라는 '제한적'이라는 수식어가 추가되면 그 의미는 완전히 바뀐다. 즉, 제한적 열거주의란 열거된 내용만이 공시되는 것이다.

즉, 거래법 제188조의2(미공개정보 이용행위의 금지)에 보면 "일반인에게 공개되지 아니한 중요한 정보라 함은 제186조 제1항 각호의 1에 해당하는 사실 등에 관한 정보 중 투자자의 투자판단에 중대한 영향을 미칠 수 있는 것으로서"라고 기술하고 있다. 즉, 제186조와 제188조를 연관시키면 "제186조제1항 각호의 1에 해당하는 사실 등에 관한 정보 중 …"이라고 기술하고 있어 제186조에 나타난 항목만이 한정적이고 배타적으로 미공개정보 이용행위의 금지에서 금하는 항목으로 이해할 수 있으나 대법원이 판단하기는 제186조의 열거된 항목이 일반인에게 공개되지 아니한 중요한 정보의 모든 열거가 아님을 보여주는 판례이다. 즉, 위의 판례는 우리나라에서의 열거는 예시적인 열거이지 배타적(제한적)인 열거는 아님을 보여주는 판례이다. 즉 열거를 너무 문자 그대로 한정해서 판단하면 안 된다는 뜻이다. 즉, 이 판례는 열거된 내용이 모든 것을 열거한 것은 아님을 의미한다.

자본시장법 제174조(미공개중요정보 이용행위 금지)에는 거래법 제188조의2에서 사용한 표현인 "일반인에게 공개되지 아니한 중요한 정보"라기보다는 "투자자의 투자판단에 중대한 영향을 미칠 수 있는 정보로서 대통령령으로 정하는 방법에 따라 불특정 다수인이 알 수 있도록 공개되기 전의 것을 말한다"고 기술하고 있다.

어떠한 내용을 기업이 반드시 공시하여야 하는지에 대한 가장 좋은 접근방법은 시장운영기관인 거래소의 공시팀에 문의하는 것이다.

대법원의 판결문에는 현재의 규제가 "제한적 열거주의의 입법을 취하고 있는 것이 아닌가 하는 **의문이 있을 수 있다**"고 기술하고 있어 규정에 어느 정도 해석상의 혼란이 있을 수 있다는 개연성을 부정하지는 않는다.

위의 공시내용은 주요 경영사항 중, 특히나 중요한 사항은 이사회의 결의를 거쳐야 한다는 것이 흥미롭다. 사실 또는 결정(이사회의 결의 또는 대표이사 그 밖에 사실상의 권한이 있는 임원·주요주주 등의 결정을 말하며…)이라고 기술하였으므로 모든 사항이 이사회의 의결을 거쳐야 하는 것은 아니다.

회사의 많은 주요한 의사결정이 집행임원에 의해서도 결정되므로 집행임원이 의사결정한 부분도 공시의 대상이 될 수 있다. 2009년부터 적용되는 자본시장법에서 지분공시-임원/주요주주 보고에 등기임원뿐만 아니라 집행임원까지 포함함도 같은 맥락에서 이해할 수 있다.

투자판단에 대해서도 공시하여야 한다고 하였지만 이 내용도 증권관련 집단소송법으로 국한하였으므로 일반적으로 모든 영역의 투자판단에 대한 공시도 아니다.

다음에는 코스닥시장공시규정을 기술하고 있는데, 유가증권상장의 경우와는 약간의 차이가 있다. 대부분의 코스닥시장 관련된 내용은 유가증권상장과 유사한 내용이라서 별도로 기술되지 않지만 공시규정일 경우는 예시적으로 보인다.

코스닥시장공시규정 제6조 (공시신고 사항) ① 코스닥시장상장법인은 다음 각 호의 어느 하나에 해당하는 경우에는 그 사실 또는 결정(**이사회의 결의 또는 대표이사 그 밖의 사실상의 권한이 있는 임원·주요주주 등의 결정**을 말한다. 이 경우 이사회의 결의는 「상법」 제393조의2의 규정에 의한 이사회내 위원회의 결의를 포함한다. 이하 같다)의 내용을 그 사유발생일 **당일까지** 거래소에 신고하여야 하며, 부득이한 사유로 세칙에서 정하는 바에 따라 신고한 경우에는 당일에 신고한 것으로 본다(이하 제7조 제1항 단서, 제12조 제4항 및 제30조에서 같다). 다만, 제1호 다목, 제2호 가목의 (9), 제2호 나목의 (7), 제2호 다목의 (4) 중 채무자가 제3호 나목의 (1) 내지 (3)의 어느 하나에 해당하는 때, 제2호 라목의 (7), 제3호 가목의 (3), 제3호 나목의 (5)에 해당하는 경우에는 **사유발생일 다음날까지** 신고하여야 한다. <개정 2005. 12. 23, 2009. 1. 28>

1. 해당 코스닥시장상장법인의 영업 및 생산활동에 관한 다음 각 목의 어느 하나에 해당하는 사실 또는 결정이 있은 때 <개정 2009. 1. 28>
   가. 최근 사업연도 매출액의 100분의 10 이상에 해당하는 영업 또는 주된 영업의 일부 또는 전부가 정지되거나 그 정지에 관한 행정처분이 있은 때(그 영업의 인가·허가 또는 면허의 취소·반납과 그에 상당하는 생산품에 대한 판매활동의 정지를 포함한다) <개정 2005. 12. 23>
   나. 최근 사업연도 매출액의 100분의 10 이상을 차지하는 거래처와의 거래가 중단된 때 <개정 2005. 12. 23>
   다. 최근 사업연도 매출액의 100분의 10 이상의 단일판매계약 또는 공급계약을 체결하거나 그 계약을 해지한 때 <개정 2005. 12. 23>
   라. 최근 사업연도 매출액의 100분의 10(최근 사업연도말 자산총액이 2조원 이상인 법인의 경우에는 100분의 5)에 해당하는 제품에 대한 수거·파기 등을 실시하기로 결정한 때 <개정 2005. 12. 23, 2009. 1. 28>
   마. 최근 사업연도 생산액의 100분의 10 이상을 생산하는 공장에서 생산활동이 중단되거나 폐업된 때 및 해당 중단 또는 폐업사유가 해소되어 생산활동이 정상적으로 재개된 때 <개정 2005. 12. 23>
2. 해당 코스닥시장상장법인의 재무구조에 중대한 변경을 초래하는 다음 각 목의 어느 하나에 해당하는 사실 또는 결정이 있은 때 <개정 2009. 1. 28>
   가. 해당 코스닥시장상장법인이 발행하는 증권에 관한 다음에 해당하는 사실 또는 결정이 있은 때 <개정 2009. 1. 28>
      (1) 증자 또는 감자에 관한 결정이 있은 때

(2) 이익소각에 관한 결정이 있은 때 <개정 2005. 12. 23>

(3) 법 제165조의2의 규정에 의한 자기주식 취득 또는 처분(신탁계약 등의 체결 또는 해지를 포함한다)에 관한 결정이 있은 때, 신탁계약 등의 체결을 통해 취득한 자기주식의 코스닥시장 밖에서의 처분에 관한 결정이 있은 때 <개정 2005. 12. 23, 2006. 9. 8, 2009. 1. 28>

(4) 주권 또는 증권예탁증권(이하 "주권등"이라 한다. 이하 같다)의 분할 또는 병합(자본감소를 위한 주식병합은 제외한다)에 관한 결정이 있은 때 <개정 2009. 1. 28>

(5) 주식매수선택권을 부여하거나 취소하기로 결정한 때 <개정 2005. 12. 23, 2009. 1. 28>

(6) 전환사채 · 신주인수권부사채 · 교환사채 또는 증권예탁증권(외국에서 이와 유사한 증권 또는 증서가 발행되는 경우를 포함한다)의 발행에 관한 결정이 있은 때 <개정 2005. 12. 23, 2009. 1. 28>

(7) <삭제 2005. 12. 23>

(8) <삭제 2005. 12. 23>

(9) 해외증권시장에 주권등의 상장을 추진하거나 이미 상장한 코스닥시장상장법인이 다음에 해당하는 때 <개정 2009. 1. 28>

(가) 해외증권시장에 주권등을 상장하기 위한 결정이 있은 때 및 해당 주권등을 상장한 때 <개정 2009. 1. 28>

(나) 해외증권시장에 상장 후 해당국 증권감독기관 또는 증권거래소 등에 기업내용을 정기 또는 수시로 신고, 공시할 것을 결정하거나 보고서 그 밖에 관련 서류를 제출하기로 결정한 때. 다만, 국내 증권관계법령 및 이 규정에 의하여 신고 또는 공시하거나 제출하는 사항과 중복되는 경우는 제외 <개정 2009. 1. 28>

(다) 해외증권시장에서의 상장폐지를 결정하거나 해당국 증

권감독기관 또는 증권거래소로부터 매매거래정지, 상장폐지, 그 밖의 조치를 받은 때 또는 상장폐지된 때 <개정 2009. 1. 28>

(10) 해당 법인이 상장을 폐지하기로 결정한 때 <개정 2009. 1. 28>

(11) 발행한 어음의 위·변조된 사실을 확인한 때 [본호 신설 2009. 1. 28]

나. 해당 코스닥시장상장법인의 투자활동에 관한 다음에 해당하는 사실 또는 결정이 있은 때 <개정 2009. 1. 28>

(1) <개정 2005. 12. 23> <삭제 2009. 1. 28>

(2) <삭제 2005. 12. 23>

(3) <삭제 2005. 12. 23>

(4) 자기자본의 100분의 10(최근 사업연도말 자산총액이 2조원 이상인 법인의 경우 100분의 5) 이상의 신규시설투자, 세칙에서 정하는 시설외 투자, 시설증설 또는 별도 공장의 신설에 관한 결정이 있은 때 <개정 2005. 12. 23, 2009. 1. 28>

(5) 최근 사업연도말 자산총액의 100분의 10 이상의 유형자산의 취득 또는 처분[법상의 특정금전신탁 또는 사모집합투자기구(해당 법인이 자산운용에 사실상의 영향력을 행사하는 경우에 한한다)에 의한 취득 또는 처분을 포함한다. 이하 이 목 (6)에서의 취득 또는 처분에서 같다]에 관한 결정이 있은 때 <개정 2005. 12. 23, 2009. 1. 28>

(6) 자기자본의 100분의 10(대기업의 경우 100분의 5) 이상의 출자(타법인이 발행한 주식 또는 출자증권의 취득을 말한다. 이하 같다) 또는 출자지분 처분에 관한 결정이 있은 때. 다만, 다음 어느 하나에 해당하는 때에는 그러하지 아니하다. <개정 2005. 12. 23, 2009. 1. 28>

(가) 공개매수에 의한 출자. 다만, 외국기업이 발행한 주권을 대상으로 하는 외국 법률에 의한 공개매수의 경우

해당 국가에서 공개매수신고서 또는 이에 준하는 서류를 제출하는 때에 신고하여야 한다. [본세목 신설 2009. 1. 28]

(나) 금융기관(「금융위원회의설치등에관한법률」 제38조 각 호의 어느 하나에 해당하는 기관을 말한다. 이하 같다)의 단기매매증권의 취득 · 처분(담보권 등 권리실행에 의한 출자 · 출자지분 처분을 포함한다) [본세목 신설 2009. 1. 28]

(7) 자기자본의 100분의 10(대기업의 경우 100분의 5) 이상을 출자(최근 사업연도말 재무상태표상의 가액을 기준으로 한다)하고 있는 경우로서 유가증권시장주권상장법인이나 코스닥시장상장법인이 아닌 법인이 제3호나목의 (1) 내지 (3)의 어느 하나에 해당하는 때 <개정 2005. 12. 23, 2009. 1. 28>

(8) 자기자본의 100분의 10(대기업의 경우 100분의 5) 이상의 기술도입 또는 기술이전에 관한 계약을 체결하거나 계약이 중도 해지된 때 [본세호 신설 2009. 1. 28]

다. 해당 코스닥시장상장법인의 채권 · 채무에 관한 다음에 해당하는 사실 또는 결정이 있은 때 <개정 2009. 1. 28>

(1) 자기자본의 100분의 10 이상에 해당하는 단기차입금의 증가에 관한 결정이 있은 때. 이 경우 단기차입금에는 모집 외의 방법으로 발행되는 만기 1년 이하의 사채금액을 포함하며, 기존의 단기차입금 상환을 위한 차입금은 제외한다. <개정 2005. 12. 23>

(2) <삭제 2005. 12. 23>

(3) 자기자본의 100분의 10(대기업의 경우 100분의 5) 이상의 채무를 면제 · 인수하기로 결정한 때 <개정 2005. 12. 23>

(4) 자기자본의 100분의 10(대기업의 경우 100분의 5) 이상의 담보제공(타인을 위하여 담보를 제공하는 경우에 한한다)

또는 채무보증(입찰·계약·하자·차액보증 등의 이행보증 및 납세보증을 위한 채무보증을 제외한다)에 관한 결정이 있은 때 및 그 채무자가 제3호 나목의 (1) 내지 (3)의 어느 하나에 해당하는 때. 다만, 건설업을 영위하는 법인이 공사시행을 위하여 발주처 또는 입주예정자 등에게 제공하는 담보 또는 채무보증을 제외하며, 이 목에 의한 신고시 그 결정일 또는 사유발생일 현재의 채무자별 담보제공 또는 채무보증잔액을 함께 신고하여야 한다. <개정 2005. 12. 23, 2009. 1. 28>

(5) 자기자본의 100분의 10(대기업의 경우 100분의 5) 이상의 타인에 대한 금전의 가지급, 금전대여 또는 증권(법 제4조 제2항 각 호의 증권, 어음 또는 양도성예금증서를 말한다)의 대여에 관한 결정이 있은 때. 다만, 건설업을 영위하는 법인이 공사시행을 위하여 발주처 또는 입주예정자 등에 대여하는 경우 및 종업원·우리사주조합에 대한 대여의 경우에는 그러하지 아니하다. <개정 2005. 12. 23, 2009. 1. 28>

(6) 발행한 사채와 관련하여 자기자본의 100분의 10(대기업의 경우 100분의 5) 이상의 금액에 상당하는 원리금의 지급을 이행하지 못한 때. 이 경우 신고금액의 산정은 해당 사업연도에 발생한 미지급금액 중 기신고분을 제외한 미지급된 누계금액을 기준으로 한다. [본세호 신설 2009. 1. 28]

라. 해당 코스닥시장상장법인의 손익에 관한 다음에 해당하는 사실 또는 결정이 있은 때 <개정 2009. 1. 28>

(1) 천재·지변·전시·사변 또는 화재 등으로 인하여 최근 사업연도말 자산총액의 100분의 10(대기업의 경우 100분의 5) 이상의 재해(최근 사업연도말 재무상태표상의 가액을 기준으로 한다)가 발생한 때 <개정 2005. 12. 23>

(2) <삭제 2005. 12. 23>

(3) <개정 2005. 12. 23, 삭제 2007. 5. 11>

(4) 자기자본의 100분의 5(대기업의 경우 100분의 3) 이상의 벌금·과태료·과징금 또는 추징금 등이 부과된 사실을 확인한 때 <개정 2005. 12. 23>

(5) <삭제 2005. 12. 23>

(6) 임원·직원등(퇴직한 자 포함)의 횡령·배임혐의를 확인한 때 및 횡령금액 상환(고소취하 포함) 등의 진행사항이 확인되거나 횡령·배임혐의가 사실로 확인된 때. 이 경우 직원등의 경우에는 자기자본의 100분의 5(대기업의 경우 100분의 3) 이상의 금액에 한한다. <개정 2005. 12. 23, 개정 및 단서 신설 2008. 9. 12>

(7) 파생상품의 거래(위험회피 목적의 거래로서 한국회계기준원이 정하는 "기업회계기준등에관한해석"에 의한 높은 위험회피효과를 기대할 수 있는 경우는 제외한다)로 인하여 자기자본의 100분의 10(대기업의 경우 100분의 5) 이상의 손실(미실현분을 포함한다)이 발생한 때. 이 경우 신고금액의 산정은 해당사업연도에 발생한 손실 중 기 신고분을 제외한 누계손실을 기준으로 하며, 다수의 파생상품 거래가 있는 경우에는 손실과 이익을 상계한다. <개정 2005. 12. 23, 2009. 1. 28>

마. 해당 코스닥시장상장법인의 결산에 관한 다음에 해당하는 사실 또는 결정이 있은 때 <개정 2009. 1. 28>

(1) 외감법 제8조 제1항의 규정에 의하여 회계감사인으로부터 감사보고서를 제출받은 때. 다만, 해당 감사보고서상 다음의 어느 하나에 해당하는 사실이 확인된 때에는 이를 함께 신고하여야 한다. <개정 2009. 1. 28>

(가) 감사의견이 부적정, 의견거절 또는 감사범위의 제한으로 인한 한정

(나) 최근 사업연도말의 자본잠식률이 100분의 50 이상(자본전액잠식 포함) 또는 자기자본 10억원 미만 <개정 2006. 9. 29>

(다) 최근 사업연도의 매출액이 30억원 미만이거나 법인세비용차감전계속사업손실인 사실이 확인된 때 <개정 2007. 5. 11>

(2) 회계감사인의 반기검토(감사)보고서상 다음의 어느 하나에 해당하는 사실이 확인된 때 <개정 2005. 12. 23, 2006. 9. 29, 2009. 1. 28>

(가) 회계감사인의 검토의견(또는 감사의견)이 부적정, 의견거절 또는 감사범위의 제한으로 인한 한정 <조문이관 2006. 9. 29><개정 2009. 1. 28>

(나) 최근 반기말의 자본잠식률이 100분의 50 이상(자본전액잠식 포함) 또는 자기자본 10억원 미만 <조문이관 및 신설 2006. 9. 29>

(3) 최근 사업연도 매출액, 영업손익, 당기순손익이 직전 사업연도 대비 100분의 30(최근 사업연도말 자산총액이 2조원 이상인 법인의 경우 100분의 15) 이상 증가 또는 감소한 사실이나 결정이 있은 때. 이 경우 결산주주총회의 소집을 통지·공고하기 이전까지 하여야 하며, 매출액·영업손익·당기순손익 항목 중 하나의 항목 이상에 해당되어 신고하는 경우에는 여타 항목 및 자산·부채·자본총계 현황을 함께 신고하여야 한다. <개정 2005. 12. 23, 2009. 1. 28>

(4) 주식배당에 관한 결의를 한 때

(5) 현금배당(분기·중간배당을 포함한다)에 관한 결의를 한 때 및 분기·중간배당을 위한 주주명부폐쇄기간(기준일을 포함한다)을 결정한 때. 이 경우 해당 배당신고는 시가배당률에 의하여야 하며 액면배당률은 표시하지 아니한다. <개정

2005. 12. 23, 2009. 1. 28>

(6) 해당 코스닥시장상장법인 또는 그 임원 · 직원(퇴직한 자를 포함한다)을 검찰이 외감법 제13조 제3항 위반행위(이하 "회계처리기준 위반행위"라 한다)로 기소하거나 증권선물위원회가 「외부감사및회계등에관한규정」 제56조 제1항의 규정에 의하여 검찰고발 또는 검찰통보하기로 의결한 사실이 확인된 경우 <개정 2005. 12. 23, 2009. 1. 28>

3. 해당 코스닥시장상장법인의 기업경영활동에 관한 다음 각 목의 어느 하나에 해당하는 사실 또는 결정이 있은 때 <개정 2009. 1. 28>

가. 해당 코스닥시장상장법인의 지배구조 또는 구조개편에 관한 다음에 해당하는 사실 또는 결정이 있은 때 <개정 2009. 1. 28>

(1) 최대주주(매매의 예약 등의 방법으로 사실상 변경된 경우를 포함한다) 또는 대표이사가 변경된 때. 이 경우 최대주주 또는 대표이사에 대한 세칙이 정하는 사항을 포함하여 신고하여야 한다. <개정 2009. 1. 28>

(2) <삭제 2005. 12. 23>

(3) 사외이사 및 감사(감사위원회 위원을 포함한다)가 임기만료 이외의 사유로 퇴임한 때

(4) <삭제 2005. 12. 23>

(5) <삭제 2005. 12. 23>

(6) 지주회사인 코스닥시장상장법인이 새로이 자회사를 편입하거나 탈퇴시키기로 결정한 때 <개정 2009. 1. 28>

(7) 「상법」 제3편 제4장 제2절 제2관 및 제3관의 규정에 의한 주식교환 또는 주식이전의 결정이 있은 때

(8) 「상법」 제374조, 제522조, 제527조의2, 제527조의3, 제530조의2 및 제530조의12에서 규정한 사실에 관한 결정이나 이사회결의가 있은 때 <개정 2005. 12. 23>

나. 해당 코스닥시장상장법인의 존립에 관한 다음에 해당하는 사실

또는 결정이 있은 때 <개정 2009. 1. 28>

(1) 발행한 어음 또는 수표가 부도로 되거나 은행과의 거래가 정지 또는 금지된 때 <개정 2005. 12. 23>

(2) 「채무자회생및파산에관한법률」에 의한 다음 어느 하나에 해당하는 때 <개정 2005. 12. 23, 2006. 9. 8, 2009. 1. 28>

(가) 회생절차 개시신청 · 개시신청 기각 [본세호 신설 2009. 1. 28]

(나) 회생절차 개시결정 · 개시결정 취소 [본세호 신설 2009. 1. 28]

(다) 회생계획 인가 · 불인가 [본세호 신설 2009. 1. 28]

(라) 회생절차 종결신청 · 종결결정 · 폐지신청 · 폐지결정 [본세호 신설 2009. 1. 28]

(마) 파산신청 · 파산신청 기각 · 파산선고 [본세호 신설 2009. 1. 28]

(3) 「상법」 제517조 또는 그 밖의 법률에 의한 해산사유가 발생한 때

(4) 거래은행 또는 채권금융기관이 법인의 경영관리를 개시하거나 그 경영관리를 중단 또는 해제한 사실을 확인한 때

(5) 채권금융기관협의회와 경영정상화 계획의 이행을 위한 약정을 체결한 때

(6) 주채권은행 또는 채권금융기관협의회로부터 회생절차 · 해산 · 청산 및 파산신청을 요구받은 때 <개정 2006. 9. 8>

(7) <삭제 2005. 12. 23>

다. 해당 코스닥시장상장법인에 대하여 다음의 소송 등의 절차가 제기 · 신청되거나 그 소송 등이 판결 · 결정된 사실을 확인한 때. 다만, (5)의 경우에는 소송의 제기(상소를 포함한다) · 허가신청, 소송허가 결정, 소송불허가 결정, 소취하(상소취하를 포함한다) · 화해 · 청구포기(상소권포기를 포함한다)의 허가신청 · 결

정 및 판결의 사실 등을 확인한 때 <개정 2009. 1. 28>

(1) 코스닥시장상장법인이 발행한 상장 또는 상장대상 증권의 발행에 대한 효력, 그 권리변경 및 그 증권의 위조 또는 변조 <개정 2005. 12. 23, 2009. 1. 28>

(2) 청구금액이 자기자본의 100분의 5(대기업의 경우 100분의 3) 이상인 소송(비송사건을 포함한다) <개정 2005. 12. 23>

(3) <삭제 2005. 12. 23>

(4) 임원의 선임 · 해임을 위한 소수주주의 법원에 대한 주주총회 소집허가 신청, 임원의 선임 · 해임 관련 주주총회결의의 무효 · 취소의 소, 임원의 직무집행정지가처분 신청 등 임원의 선임 · 해임 또는 직무집행과 관련한 경영권분쟁 소송 <개정 2009. 1. 28>

(5) 증권관련집단소송법의 규정에 의한 소송

라. 주주총회 소집을 위한 이사회 결의 및 주주총회에서의 결의가 있은 때. 이 경우 사업목적 변경, 사외이사의 선임 · 해임, 감사(감사위원회 위원을 포함한다)의 선임 · 해임, 집중투표제의 도입 · 폐지 등 **투자판단**에 중대한 영향을 미칠 수 있는 사항에 대하여는 이를 구분하여 명기하여야 한다. <신설 2005. 12. 23>

4. <삭제 2005. 12. 23>

② <삭제 2005. 12. 23>

③ 다음 각 호의 어느 하나에 해당하는 코스닥시장상장법인에 대하여는 제1항 제2호 다목 (3) 내지 (5)의 규정을 적용하지 아니한다. <개정 2009. 1. 28>

1. 「은행법」에 의한 금융기관
2. 법에 의한 투자매매업자 또는 투자중개업자 <개정 2009. 1. 28>
3. 「상호저축은행법」에 의한 상호저축은행
4. 「여신전문금융업법」에 의해 설립된 시설대여업자
5. 법 제152조 제3항의 규정에 의한 공공적 법인 <개정 2009. 1. 28>

6. <삭제 2006. 9. 8>
7. 「여신전문금융업법」에 의하여 등록된 신기술사업금융업자

④ <삭제 2005. 12. 23>

이 경우도 유가증권시장공시규정과 같이 8항목이 익일까지 공시되어야 하는 내용이다.

상장기업에 대해서도 코스닥기업의 공시규정과 유가증권상장기업의 공시규정은 차등화되어 있다. 이와 같이 규정이 차등화되어 있다는 점이 적절한 정책인지에 대해서 고민하여야 한다. 또한 동일한 기업이라고 해도 기업 규모별로 차등적인 규정이 적용되는 것에 대해서도 고민해야 한다.

예를 들어 비상장기업의 회계기준에 대해서도 대기업과 중소기업에 대해서도 중소기업회계특례기준서가 존재한다. 즉, 대기업에 대한 기준과 중소기업에 대한 기준이 차등화되어 있다.

반면에 시가총액이나 자산규모 면에서 유가증권상장기업의 규모를 상회하는 코스닥기업이 있으므로 이러한 시장별 규제의 차별화는 규모만의 문제는 아니다.

유가증권시장공시규정에서 자회사와 관련하여 흥미로운 부분을 아래에 기술한다. 단, 자회사의 공시와 관련해서 자율공시에 대해서는 별도의 규정이 존재하지 않는다.

第8條 (자회사의 주요경영사항) ① 지주회사인 유가증권시장주권상장법인은 소유하고 있는 자회사 주식의 최근사업연도말 재무제표상 가액(사업연도 중 편입하는 경우에는 그 취득가액)이 지주회사의 최근사업연도말 자산총액의 100분의 10 이상인 자회사가 제7조 제1항 각호의 어느 하나에 해당하는 때에는 그 사실 또는 결정 내용을 그 사유발생일 **다음 날까지** 거래소에 신고하여야 한다. (개정 2009. 1. 28)

第16條 (자회사의 공정공시대상정보) 지주회사인 유가증권시장주권상장법인

은 해당 유가증권시장주권상장법인의 공정공시정보제공자가 자회사의 공정공시대상정보를 공정공시정보제공대상자에게 제공하는 경우 제15조 및 제17조에 따라 거래소에 신고하여야 한다. 이 경우 자회사의 범위는 지주회사가 소유하고 있는 자회사 주식의 최근 사업연도말 재무상태표상 가액(사업연도중 편입하는 경우에는 그 취득가액)이 지주회사의 최근 사업연도말 자산총액의 100분의 10 이상인 자회사로 한다. (개정 2009. 1. 28)

주요 경영사항이 당일공시와 익일공시로 구분되는 것에 비해서 자회사의 주요 경영사항공시는 익일공시사항이다.

위에 기술된 유가증권시장공시규정의 자회사의 공시내용은 매우 흥미롭다. 모회사와 자회사의 관계에 있어서 이들 기업들이 법적으로 별개의 실체이기 때문에 공시의 대상이 아니라고 할 수 있으나 위의 경우에서와 같이 100분의 10 이상의 지분을 갖는 경우는 자회사의 공시정보가 모회사의 공시정보와 무관하다고 할 수 없다.

여기에서 제시하는 100분의 10 이상의 지분의 경우는 다른 회계기준에서 사용되던 지분은 아니다.

예를 들어 회계에서의 지분법의 적용에 있어서의 기준이 되는 지분율은 20%로서 물론, 실질지배력기준에 의해서 지분법의 적용을 결정할 수도 있지만 지분법 적용에 있어서는 어느 정도 이상의 영향력을 미치는 경우는 20%의 수치로 결정하였다.

또한 지주회사법 등에서는 30% 초과 기준이 사용되기도 한다. 물론, 피투자회사에 대한 영향력을 가늠할 때에 각 법안/규정/기준의 제정취지에 따라 이에 대한 측정치가 달라질 수 있다.

자회사에 대한 공시규정에서 10/100의 지분을 잣대로 삼은 것은 공시기준에서는 지배회사의 자회사에 대한 지분이 10/100 이상일 경우는 자회사의 공시내용이 지배회사의 경영내용에 영향으 미치므로 이 내용이 반영되어야 한다. 자회사의 공시는 자회사의 공시담당자의 몫이다.

연결재무제표를 작성하는 기준도 30% 이상의 지분을 갖고 있으면서 최대주주인 경우에는 연결재무제표를 작성한다. 국제회계기준에서는 연결재무제표를 작성하는 기준이 피투자회사에 대한 지분 50% 이상의 지분을 갖고 있을 경우이다.

물론, 국제회계기준에서도 실질적 지배(de factor control)라고 해서 50%의 지분을 갖지 않을 경우에도 예외적으로 연결재무제표를 작성하는 경우가 있다. 무시할 수 없는 정도의 영향을 미치는 예외적인 경우를 지칭한다.

이는 다음과 같은 논리가 전개될 수도 있다. 주요 경영사항으로 보고하여야 할 자회사의 내용은 10/100의 지분만 만족하면 보고하게 되는데, 지분법의 경우는 단지 한 번의 수시공시로 그치는 것이 아니라 재무제표에 남게 되므로 그 파급효과는 정기공시보다 크다고 할 수 있다. 예를 들어 지분법에 근거한 재무제표를 이용하여서는 시계열분석도 가능하므로 정기공시는 수시공시에 비해서 영향이 길게 간다고도 할 수 있다. 이렇게 지분율이 낮아도 무방한 것이 수시공시는 공시 cost가 크게 발생하지 않으나 지분법을 적용하거나 연결재무제표를 작성함은 많은 작성 cost가 발생하기 때문이다.

이와 같은 자회사의 공시에 대한 책임의 문제는 일반적인 정기공시의 문제와도 연관된다.

국제회계기준의 도입과 동시에 연결재무제표가 주 재무제표가 되면서 한 가지 이슈로 등장하였던 내용이 투자회사가 어느 정도까지 피투자회사에 대해서 책임을 질 것인지의 문제였다. 연결대상이 되는 기업의 재무제표가 연결회사 재무제표의 감사인과 동일하지 않다면 연결하는 회사 및 연결회사의 감사인이 피연결회사의 재무제표 및 감사의견의 적정성을 전제하여 연결재무제표를 작성하여야 하는데 이에 대한 책임의 문제가 대두되는 것이다.

연결대상기업에 대한 감사인이 연결기업의 감사인과 동일감사인이라고 하면 어느 정도 신뢰하고 재무제표를 연결할 수 있을 것이다. 특히나 연결대상기업이 해외 자회사일 경우는 해외 회계법인이 수행하였던 업무를 전혀 알 수 없는 상황에서 이들이 감사한 재무제표를 신뢰하고 또 이에 대한 책임까지 져야 한다면 이는 연결기업이나 연결기업의 감사인으로서는 큰 부담이 아닐 수 없다.

감사인이(회계법인이) 동일 감사인이라고 하여도 동일 감사인 내에서도 많은 감사팀이 존재하기 때문에 연결대상 기업의 감사를 맡았던 감사팀이 연결기업의 감사팀과 동일한 팀이 아니었다고 하면 실제적으로 감사시에 어느 정도 내부정보가 있어서 연결감사가 도움이 되었는지는 의문사항이다.

특히나 동일 감사인이라고 하여도 같은 법인명만을 사용하는 것이지 실질적으로 감사본부만 달라져도 거의 다른 감사인일 경우도 있으므로 감사인이 동일하다는 점이 완전한 정보 공유를 보장하는 것은 아니다. 물론, 이는 감사인의 조직화 정도에 따라서 달라진다.

국제회계기준 도입시점에, 연결재무제표가 주 재무제표가 되면서 여러 가지 정기공시에서의 복잡한 문제가 발생한다. 예를 들어 내부통제제도의 인증에 있어서도 종속회사에 대한 책임의 문제가 나타나며, 비감사서비스 병행의 금지에 있어서도 종속회사의 비감사서비스까지도 지배회사의 감사인이 병행하지 못하는지의 문제, 지배회사와 종속회사의 감사인이 동일화되어 있는 경우, 감사인이 지정될 때에 이 모든 지배/종속회사의 감사인을 지정할 것인지의 문제 등이 개입된다. 또한 최근 회계법인의 주업무로 부각하는 국제회계도입과 관련된 용역의 경우도 회계법인이 국제회계도입에 주도적으로 작업한 후, 이에 대한 인증을 수행한다는 것이 문제의 소지가 있다고 지적되었다. 이러한 것이 문제가 된다면 지배회사의 감사인은 모든 종속회사의 국제회계기준도입 용역에 대해서 제외되어야 하며 종속회사의 국제회계기준 용역을 수행하는 감사인 또한 지배회사의 감사인으로부터 배제되어야 한다. 금융위원회에서는 국제회계기준용역일 경우는 이와 같은 비감사서비스의 영역이 아니라는 유권해석을 내렸다. 아마도 이는 국제회계기준 도입과 관련된 용역은 주관이 개입되는 다른 비감사서비스와는 달리 명백한 기준의 도입에 대한 용역을 수행하는 것이므로 이해상충이 아니라고 결론을 도출한 것이 아닌가라고 그 해답을 추정할 수 있다. 한편으로는 2011년 강제도입을 앞두고 많은 기업들이 막판에 국제회계기준 도입과 관련된 용역을 수행할 것이며 회계법인의 인력도 많이 부족할 것인데 이러한 과정에서 감사와 이러한 용역을 분리하라는 것이 현실을 감안하지 않은 무리한 요구일 수 있다는 점도 반영된 정책일 수 있다.

이러한 문제는 감사인에게 피감사기업의 주식소유를 금하는 경우에도 문제를 복잡하게 만든다. 연결하는 기업과 연결대상기업이 밀접하게 연관되는 경우, 연결대상기업의 주식소유까지를 금지하여야 하는지도 결정되어야 한다.

그렇기 때문에 감독기관이나 회계기준원의 입장에서는 연결재무제표의 본격적인 도입에 있어서 연결대상기업의 감사인을 약 60~70%까지 연결기업과 동일 감사인으로 하는 정책을 고려하고 있는데 연결대상기업의 의사결정은 그들 나름대로의 기업지배구조에 의해서 결정되어야 되고 또한 감사인의 선임은 감사위원회(자산규모 2조원 이상의 경우) 또는 감사인선임위원회의 고유 의사결정사항이므로 연결기업의 감사인과의 일치가 현 제도상에서 어떻게 가능한 것인지는 아직도 명확하지 않다. 연결하는 기업의 감사인과 연결대상기업의 감사인의 일치하는 경우가 10% 등의 매우 낮은 정도도 발생하는데 이 경우에 연결하는 기업의 감사인에게 연결대상기업의 감사를 책임지라는 것도 무리한 요구이며 기대이다. 예를 들어 SK의 감사는 삼정이 맡고 있는데 SK의 거의 80%를 차지하고 있는 SK텔레콤의 감사인은 안진이다.

이를 법적으로 규제하지 않아도 지배회사의 입장에서 종속회사 회계정보의 적정성에 대한 책임을 지지 않기 위해서는 지배회사의 감사인으로 동일 감사인을 선임할 것을 지배회사가 종속회사에 영향력을 행사할 수 있다. 물론, 영향력의 행사는 제한적일 수밖에 없는데, 위의 유가증권시장 공시규정의 내용을 검토한다면 10% 정도의 지분이 있을 경우에도 자회사의 공시에 대해서도 책임을 지는 것으로 기술되어 있다.

자회사의 공시에 대한 지배회사의 책임의 문제는 위의 이러한 논란과도 맥을 같이한다.

즉, 이러한 지배/종속 회사 간의 문제는 원천적으로는 재무제표에 있어서의 정기공시에서의 문제이지만 이러한 동일한 문제가 수시공시에도 동일하게 적용된다.

연결재무제표가 주 재무제표화하면서 지배회사에 종속회사 회계정보 요구권이 부여되었다. 이는 지배회사가 부담하는 연결종속회사에 대한 리스크 부담을 줄이기 위한 것이다. 또한 앞으로는 비재무사항도 연결기준으로 공시하도록 검토하고 있다.

이와 같이 지배하는 회사가 재무제표가 되었건, 수시공시가 되었건, 내부통제제도에 대한 부분이 되었건 책임을 진다는 것은 이러한 기업을 규제하여야 하는 규제기관의 입장에서는 큰 도움이 된다. 지배회사와 종속회사를 통제하여야 하는 감독기관의 입장에서는 지배회사에 의한 책임이 커질 때 지배회사만을 집중적으로 감독하여서 종속회사의 적정성이 확보된다면 이러한 환경이 가장 이상적일 수도 있다.

따라서 연결재무제표가 주 재무제표화된다는 것이 기업의 지배구조에도 큰 영향을 미치게 되며 연결재무제표가 주 재무제표가 되기 이전과 비교해서 지배회사는 종속회사에 대해서 상당히 많은 부분을 간섭하게 된다. 간섭할 수밖에 없는 것이 지배회사에 대한 책임을 묻게 되므로 당연히 지배회사는 본인들을 보호하는 과정이라고 이해할 수 있다.

공시범위 및 기한

자회사 주식의 최근사업연도 말 가액(사업년도 중 편입시 그 취득가액)이 지주회사의 최근사업연도 말 자산총액에 대한 비중에 따라 공시의무 범위 및 기한이 상이하다.

표 2-1 자회사의 비중별 정보의 보고

공시사항 / 자회사의 비중	부도, 해산, 회사정리절차 개시	여타 주요 경영사항
자산총액의 10% 이상	당일동시	익일공시
자산총액의 10% 미만	익일공시	(공시대상에서 제외)

원천: 공시규정 제8조.

외환위기 이후 투자자보호 및 주권의 공정한 가격형성에 대한 요구에 따라 수시공시항목은 지속적으로 증가하였다. 공시의무사항에 대해 여러 가지 복잡한 상황이 증가하면서 이러한 항목을 누적적으로 추가함에 따라 공시의무사항이 과다하고 공시기준이 불합리하여 기업의 공시부담 과중 및 정보가치 하락현상이 발생하였다고 할 수 있다. 이에 2004년 7월 정부는 기업의 공시부담을 완화하기 위해 공시사항 정비 및 제재 차등화 등의 제도개선을 포함하는 '수시공시 선진화방안'을 내놓았다.

수시공시항목이 줄었음에도 불구하고 상장회사들이 공시부담을 호소하며 상장비용을 경감해 줄 것을 요구했다. 또한 수시공시의무사항이 과거에는 법령(거래법), 금융위원회규정(유가증권의 발행 및 공시규정), 거래소규정(공시규정)에 중복적으로 열거되어 발행공시규정과 거래소공시규정상 수시공시 의무사항의 86%가 중복되었다. 이에 따라 동일한 규정의 적용 및 해석상 이견이 발생할 가능성이 있었고 기업의 부담이 가중되어 업무수행의 지연 가능성이 높고, 시장상황 변화 및 상장기업·투자자 요구에 따른 탄력적인 규정개정에도 어려운 문제점이 발생했다. 또한 1년에 한 번도 공시되지 않는 공시항목도 있는 등 불필요한 항목들이 있었다. 기업이 제도를 악용하지 못하도록 발생 가능한 사건을 모두 나열하여야 하는 정책당국의 입장에서는 완벽하게 모든 항목(event)을 나열하고자 하는 과정에서 거의 발생하는 않은 사건까지 주요 경영사항 열거에 포함되었던 것이다. 그러나 주요사항보고서(current report)가 새롭게 도입되면서 이러한 많은 문제점은 해결되었다.

기업의 공시 담당자가 정부의 공시정책에 충실하려고 하여도 해당 공시내용이 금융위원회의 규정에 포함되어 있는지 아니면 거래소규정에 포함되어 있는지를 구분한다는 것도 매우 어려운 업무라는 불만이 팽배하였다. 즉, 중복되는 규정이 문제로 제기되었다.

반면에 1년에 한 번도 공시되지 않는 항목이 포함된 것도 충분히 이해는 할 수 있다. 이는 특정기업의 상황에 따라서는 반드시 공시할 항목이 존재할 경우는 이를 주요 경영사항공시항목으로 포함하였는데 이 사건이 발생하지 않는다면 이 항목은 결국은 사문화(死文化)하는 결과를 초래할 것이다.

언젠가는 발생할 수도 있는 사건 때문에 항목에 포함한 것이므로 이러한 이유 때문에 수시공시에 해당하는 항목이 지속적으로 증가한 것이다. 그러나 이렇게 거의 발생하지 않는 항목일 경우는 특수한 산업분야에서 특수한 상황에서만 발생할 수 있는 것이므로 이를 별도의 항목으로 구분하지 않고 오히려 일반적으로 기술하면서 주요 경영사항공시사항으로 포괄적으로 나타냄이 가장 최선의 방향일 수 있다. 즉, 예시적으로 대표적인 내용만 나열하고 나머지 사항에 대해서는 원칙만을 정해주는 것도 좋은 대안일 수 있다.

따라서 의무공시사항은 점진적으로 축소되고 있다. 물론, 이러한 추세에 대해 규제기관의 일부에서는 우려의 의견이 없는 것도 아니다. 아무래도 규제의 측면에서는 의무사항 이외로 분류한다는 것은 공시의 많은 부분이 직접적인 규제의 영역 밖에 놓이게 되는 것이다.[11)]

따라서 주요 경영사항은 자본시장법, 동 시행령, 시행규칙, 유가증권시장공시규정 순으로 단계적으로 나열된다. 주요사항보고서는 자본시장법에서 증권의 발행 및 공시 등에 관한 규정에 위임한다.

유가증권시장공시규정 제7조에 열거된 정보도 이들 정보로 제한하려는 취지에서가 아니라, 중요한 정보인지의 여부를 판단하는 기준인 '투자자의 투자판단에 영향을 미칠 수 있는 정보'를 예시하기 위한 목적으로 보아야 한다. 즉, 이를 단순예시로 보아야 한다.

수시공시항목에 위의 내용대로 여러 부문에 분산되어 있으므로 거래소에서는 수시공시를 다음과 같이 web에서 정리한다. 주요 경영사항은 kind에서 공시된다.

kind.krx.co.kr>공시>상세검색>수시공시

반기검토/감사보고서	거래처와 거래중단	유형자산취득/처분
공개매수	기업설명회	사외이사/감사 등
기타안내공시	기타주요경영사항	단일판매/공급계약
담보제공/채무보증	대표이사변경	배당

11) 정윤모 · 이주혜 · 박기령, 전의 책.

벌금/과징금/행정조치 부도/은행거래정지 부동산투자회사
사업목적 주식관련사채 상장폐지결정
상호저축은행 선박투자회사 소송
손익구조변경 시설투자/자원개발 주식분할/병합
영업양수도/분할/합병 영업임대/경영위임/손익공유 영업정지/조업중단
은행/공동관리 이익소각 임직원횡령등
자기주식(신탁포함) 기술도입 장래계획
재해발생 제품수거/파기 조회공시답변
주식매수선택권 주주총회관련 증여/수증
증자/감자 지주회사관련 차입
채무인수/면제 최대/주요주주/계열회사변경 최대주주등과의거래
출자/피보증법인 타법인출자/처분 특별손익
특허 파생상품 해산/파산
해외주권상장 회계기준등변경 회계처리기준위반
회생절차 DR 금전 또는 유가증권 대여
사채 주식교환/이전 공정거래 자율준수프로그램
외국법인 어음 위·변조 거래소의 공시

위의 내용 중에서 사유발생 당일 또는 다음 일자까지 거래소에 자진하여 신고하여야 한다는 부분이 다음에 설명되는 미국의 제도에 비해서 매우 신속하게 정보의 전달을 강조하는 우리나라 제도의 특징이다. 정기공시에 비해서 수시공시의 핵심은 그야말로 신속한 공시가 되어야 공시로서의 정보가치를 갖게 된다.

이와 같이 수시공시사항이 축소되며 자율공시사항이 증가할 때, 감독기관와 거래소의 이에 대한 견해는 상반되었다. 감독원은 기본적으로 기업으로 하여금 공시부담을 경감하기 위해서 수시공시 폭을 축소하여야 한다는 주장이고 거래소는 그러할 경우 중요한 정보가 투자자에게 전달되지 못할 것이라는 점을 염려한다. 감독기관은 태생적으로 규제를 선호할 터인데 위

의 이견일 경우 감독기관은 오히려 자율로 맡기자는 입장이고 거래소는 투자자를 보호하기 위해서 주요 공시사항을 축소하지 말자는 입장이다. 감독기관의 입장에서는 자율규제기관이 이 업무를 맡아준다면 이 업무를 맡는 자율규제기관만을 감독하면 되므로 그들의 업무 및 부담 자체가 많이 감소하게 된다.

공시 잦은 기업, 실적 주가는 부진. 빈수레가 요란하다

한국경제신문, 2007. 1. 15.

'공시 건수와 실적은 반비례' 실적주에 비해 경영상태가 부실한 종목들의 공시건수가 압도적으로 많은 것으로 나타났다. 특히 경영권 분쟁을 겪는 업체들의 공시가 잦아 투자자들에게 주의가 요망된다. 14일 증권선물거래소에 따르면 지난해 코스닥 상장사 가운데 최다 공시업체와 최소업체 간 공시건수 차이는 무려 11배에 달했다. 시가총액 상위 종목과 실적주들의 연간 공시가 70건 안팎인 데 반해 경영권 분쟁 등의 분란이 있는 업체의 공시건수는 평균 190건을 넘어섰다.

이는 분란이 많은 기업은 공시할 거리가 많다고 이해할 수 있으며 이러한 기업의 공시건수가 규모가 큰 대기업보다 많을 수 있음을 기사화하고 있다. 통상적으로는 기업규모가 큰 기업이 공시할 건수가 많다고 생각할 수 있다.

위의 신문기사는 공시의 남발이 얼마나 심각한 문제를 유발시키는 지를 단적으로 보여주고 있다. 공시를 수행하지 않는 것도 문제지만 공시를 남발하여 투자자를 혼란시킴도 매우 심각한 문제이다. 공시를 남발하는 기업의 정보를 이용할 때에는 공시정보 이용자는 어떠한 정보가 참 정보인지에 대한 구분이 선행되어야 한다. 특정기업이 공시를 남발하게 되면 해당 기업에 대한 정보 이용자는 당연히 공시되는 정보의 내용을 감안하여 해석하게 되며 동시에 공시되는 많은 정보 중에 어떠한 정보가 의미있는 정보인가에 대한 고민을 하게 된다. 정보를 남발한다 함은 공시와 관련되어 물타기를 한다는 것과 동일하다. 따라서 공시의 건수도 중요하지만 품질도 동시에 중요하다.

특히나 공시의 건수는 어느 정도 기업의 규모와도 연관될 수 있는데, 위의 기업들은 정황상 큰 규모의 기업이 아닐 듯하며 따라서 공시할 건이 통상적으로 많지 않을 것임에도 빈수레가 요란한 것이다.

수시공시 건수가 일반적으로 기업규모와 비례할 것이라는 추정은 기업의 이사회의 개최 건수를 보아서도 알 수 있다. 대기업은 통상적으로 한 달에 한 번 정도의 정기이사회를 개최하는데 중/소기업의 경우는 이사회를 빈번하게 개최하려고 하여도 의결하거나 보고할 안건 자체가 거의 없을 수 있다. 물론, 의결사항 없이도 보고사항만으로 이사회를 진행할 수도 있기는 하다.

올빼미공시는 공시내용을 거래가 없는 주말을 앞둔 시점에 공시하는 등의 행태를 지칭한다. 이는 공시로부터의 충격을 줄이려는 동기에서 시작된 것이다.

유가증권시장공시규정의 제7조에서 모든 정보가 공시의 대상일 수는 없는 것이고 많은 정보 중, 중요한 정보만이 공시의 대상이어야 하는데, 이를 제한하는 내용을 기술한다. 자본시장법이 적용되는 시점부터 예를 들어 다음 규정의 내용이 2009년 2월 개정되었다.

> 나. 해당 유가증권시장주권상장법인의 투자활동에 관한 다음의 어느 하나에 해당하는 사실 또는 결정이 있은 때
>
> (1) 자기자본의 100분의 10(대규모법인의 경우 100분의 5) 이상에 상당하는 신규시설투자, 시설증설 또는 별도공장의 신설에 관한 결정이 있은 때,

개정 전후의 비교 표는 다음과 같다.

신규시설투자 및 제품 수거・파기의 경우 금액기준(1천억원 이상) 공시의무를 삭제하고 비율기준만 적용

표 2-2 신규시설투자의 공시내용 변경

현 행	개 정
• 신규시설투자 - 자기자본의 10%(대 5%)이상 - **절대금액 1천억원 이상** • 제품 수거・파기 - 매출액의 10%(대 5%)이상 - **절대금액 1천억원 이상**	• 신규시설투자 - 자기자본의 10%(대 5%)이상 **(삭 제)** • 제품 수거・파기 - 매출액의 10%(대 5%)이상 **(삭 제)**

주1) 현행 규정은 대규모법인 공시기준을 강화(일반법인의 2배)하고 있음에도 불구하고, 절대금액 기준도 적용하여 과도한 규제로 작용

주2) 공시기준인 1천억원은 유가증권시장 대규모법인의 평균 자기자본 및 매출액의 각각 2.3% 및 1.6%에 불과

마지막으로는 '중대한' 영향의 해석이다. 모든 내용이 주관적인 판단의 대상이지만 특히 중대성의 판단은 회계에서도 논란의 대상이다. 물론, 공시와 관련되어서도 매출의 몇 %에 해당하는 내용이 중요한 내용이므로 공시하여야 할 것인가 등의 판단은 중요성과 관련된 판단이다.

절대금액을 둔다는 것은 기업규모를 고려하지 않은 부분으로서 이를 개정한 것이다. 공시뿐만 아니라 다른 규제에도 절대금액으로 할 것인지 상대금액으로 할 것인지가 이슈가 된다. 예를 들어, 사외이사들의 주식 소유도 한정되어 있는데 과거에는 상대적인 금액과 절대적인 금액을 모두 사용하다가 상대적인 주식보유비율만을 사용한다. 기업규모에 큰 차이가 있는데 이를 절대적인 금액으로 규제한다는 것은 이해하기 어렵다.

공정공시 (Fair Disclosure, FD)

chapter 03

증권선물거래소의 공시와 관련된 web 정보에 보면 공정공시를 다음과 같이 기술하고 있다.

공정공시 의의

공정공시란 상장기업이 증권시장을 통해 공시되지 아니한 중요정보를 기관투자자 등 특정인에게 선별적으로 제공하고자 하는 경우 모든 시장참가자들이 동 정보를 알 수 있도록 특정인에게 제공하기 전에 증권시장을 통해 공시하도록 하는 제도이다. 공정공시는 불공정거래의 예방, 수시공시제도의 보완, 합리적 기업분석을 유도하는 증시환경 조성 등의 기능을 담당한다. 뒤에 기술될 공시유보제도와는 상반되는 성격의 공시이다.

공정공시의무의 발생요건

— 공정공시 대상정보를

장래계획 또는 경영계획, 매출액 등 영업실적에 대한 전망, 잠정 영업실적, 중요 경영사항 등 관련 내용

— 공정공시 정보제공자가

공정공시 대상 정보에 접근할 수 있는 포괄적인 지위를 가진 자와 업무상 동 정보에 대한 접근이 가능한 직원 등

— 공정공시 정보제공 대상자에게

국내외 증권업 종사자 및 다른 자들에 비해 공정공시 대상 정보에 보다 용이하게 접근할 수 있는 자 등

— 선별적으로 제공하는 경우

공시시한

원칙적으로는 정보를 선별 제공하기 전까지이나, 경미한 과실·착오로 제공하는 경우에는 제공 당일까지 공시하도록 하며, 정보의 선별적 제공사실을 임원이 알 수 없었음을 소명하는 경우에는 임원이 이를 알게 된 당일에 신고하면 된다.

이 경우에 어떠한 이유에서 정보의 접근을 임원으로만 국한하는지도 명확하지 않다. 오히려 직원에 의한 내부자거래가 임원에 의한 내부자거래보다 심각한 문제를 유발시킬 수도 있다. 이는 임원의 지분공시는 공시사항으로 보고되지만 직원에 의한 지분공시는 단기매매차익 정보가 아닌 이상, 공시사항으로 보고되지 않는 것과도 연관된다.

아마도 내부자거래와 관련된 내용은 임원이 기업의 경영을 책임지고 있으며 파악할 수 있는 소수이기 때문에 이렇게 진행되기는 하여도 직원까지 포함하는 것이 옳다고 판단된다. 정보의 성격에 따라서는 직원이 모르고 임원만이 인지하고 있는 정보도 있을 수 있지만 그 반대로 실무자선에서 생성된 정보도 있을 수 있으므로 직원의 내부자거래도 문제가 될 수 있으며 공정공시에 대한 위의 내용도 고민할 부분이다.

공정공시의무위반에 대한 제재

공정공시의무를 위반한 경우에는 불성실공시법인 지정, 매매거래정지, 불성실공시사실의 공표, 불성실공시법인에 대한 의무교육, 매매심리 착수 등 현행 수시공시의무위반과 동일한 제재조치를 취하고 있다.

공정공시사항 중 예측정보에 면책조항(Safe Harbor) 적용:

공정공시 대상 정보 중에서 전망·예측정보에 대해서는 면책조항을 적

용한다. 따라서 예측정보의 공시방법으로 공시하는 경우에는 사후에 실제치가 공시한 내용과 다른 경우에도 공시번복 및 공시변경에 따른 불성실공시법인으로 지정하지 않는다.

이러한 면책조항의 적용은 상장기업의 주요 경영상의 예측·전망정보의 공시를 활성화하여 투자자들에게 보다 폭넓은 투자판단정보를 제공하기 위함이다.

자본시장법에서 면책조항과 관련된 내용은 다음과 같다.

자본시장법 제119조 (모집 또는 매출의 신고) 제3항 ③ 발행인은 제1항의 신고서와 제2항의 일괄신고서(이하 "증권신고서"라 한다)에 발행인(투자신탁의 수익증권 및 투자익명조합의 지분증권의 경우에는 그 투자신탁 및 투자익명조합을 말한다. 이하 이 항에서 같다)의 **미래의 재무상태나 영업실적 등에 대한 예측 또는 전망에 관한 사항으로서 다음 각 호의 사항**(**이하 "예측정보**"라 한다)을 기재 또는 표시할 수 있다. 이 경우 예측정보의 기재 또는 표시는 제125조 제2항 제1호·제2호 및 제4호의 방법에 따라야 한다.

1. **매출규모·이익규모 등 발행인의 영업실적, 그 밖의 경영성과에 대한 예측 또는 전망에 관한 사항**
2. **자본금규모·자금흐름 등 발행인의 재무상태에 대한 예측 또는 전망에 관한 사항**
3. **특정한 사실의 발생 또는 특정한 계획의 수립으로 인한 발행인의 경영성과 또는 재무상태의 변동 및 일정시점에서의 목표수준에 관한 사항**
4. **그 밖에 발행인의 미래에 대한 예측 또는 전망에 관한 사항으로서 대통령령으로 정하는 사항**

자본시장법 제125조 (거짓의 기재 등으로 인한 배상책임) ① 증권신고서(정정신고서 및 첨부서류를 포함한다. 이하 이 조에서 같다)와 투자설명서(예비투자설명서 및 간이투자설명서를 포함한다. 이하 이 조에서 같다) 중 중요사항에 관하여 거짓의 기재 또는 표시가 있거나 중요사항이 기재 또는 표시되지 아니함으로써 증권의 취득자가 손해를 입은 경우에는 다음 각 호의 자는 그 손해에 관하여 배상의 책임을 진다. 다만, **배상의 책임을 질 자가 상당한 주의를 하였음에도 불구하고 이를 알 수 없었음을 증명하거나 그 증권의 취득자가 취득의 청약을 할 때에 그 사실을 안 경우에는 배상의 책임을 지지 아니한다.** <개정 2009. 2. 3>

1. 그 증권신고서의 신고인과 신고 당시의 발행인의 이사(이사가 없는 경우 이에 준하는 자를 말하며, 법인의 설립 전에 신고된 경우에는 그 발기인을 말한다)
2. 「상법」 제401조의2 제1항 각 호의 어느 하나에 해당하는 자로서 그 증권신고서의 작성을 지시하거나 집행한 자
3. 그 증권신고서의 기재사항 또는 그 첨부서류가 진실 또는 정확하다고 증명하여 서명한 공인회계사 · 감정인 또는 신용평가를 전문으로 하는 자 등(그 소속단체를 포함한다) 대통령령으로 정하는 자
4. 그 증권신고서의 기재사항 또는 그 첨부서류에 자기의 평가·분석·확인 의견이 기재되는 것에 대하여 동의하고 그 기재내용을 확인한 자
5. 그 증권의 인수계약을 체결한 자(인수계약을 체결한 자가 2인 이상인 경우에는 대통령령으로 정하는 자를 말한다)
6. 그 투자설명서를 작성하거나 교부한 자
7. 매출의 방법에 의한 경우 매출신고 당시의 그 매출되는 증권의 소유자

② 예측정보가 다음 각 호에 따라 기재 또는 표시된 경우에는 제1항에 불구하고 제1항 각 호의 자는 그 손해에 관하여 배상의 책임을 지지 아니한다. 다만, 그 증권의 취득자가 취득의 청약 시에 예측정보 중 중요사항에 관하여 거짓의 기재 또는 표시가 있거나 중요사항이 기재 또는 표시되지 아니한 사실을 알지 못한 경우로서 제1항 각 호의 자에게 그 기재 또는

표시와 관련하여 **고의 또는 중대한 과실이 있었음을 증명한 경우에는 배상의 책임**을 진다.

1. **그 기재 또는 표시가 예측정보라는 사실이 밝혀져 있을 것**
2. **예측 또는 전망과 관련된 가정이나 판단의 근거가 밝혀져 있을 것**
3. **그 기재 또는 표시가 합리적 근거나 가정에 기초하여 성실하게 행하여졌을 것**
4. **그 기재 또는 표시에 대하여 예측치와 실제 결과치가 다를 수 있다는 주의문구가 밝혀져 있을 것**

③ 제2항은 주권비상장법인이 최초로 주권을 모집 또는 매출하기 위하여 증권신고서를 제출하는 경우에는 적용하지 아니한다.

자본시장법 제125조 ②의 내용과 유가증권시장공시규정과 코스닥시장공시규정의 다음은 거의 동일하다. 자본시장법이 유가증권시장공시규정의 상위조항이라는 점에서는 이미 상위규정이 존재하는데 별도로 동일한 내용이 규제될 필요가 있는지에 대해서는 논란이 있을 수도 있다.

유가증권시장공시규정 제47조 (예측정보의 공시방법 등) ① 유가증권시장주권상장법인은 이 편에 따른 공시의무사항과 그 밖에 주가에 영향을 미칠 수 있는 기업내용에 관한 사항에 법 제119조 제3항에 따른 예측정보를 포함하여 공시할 수 있다. (개정 2009. 1. 28)

② 제1항에 따라 유가증권시장주권상장법인이 예측정보를 포함하여 공시하는 경우에는 다음 각호의 방법으로 하여야 한다.

1. 당해 기재 또는 표시가 예측정보라는 사실이 명시되어 있을 것
2. 예측 또는 전망과 관련된 가정 또는 판단의 근거가 명시되어 있을 것
3. 당해 기재 또는 표시가 합리적 근거 또는 가정에 기초하여 성실하게 행하여졌을 것
4. 당해 기재 또는 표시에 대하여 예측치와 실제 결과치가 다를 수 있다는 주의문구가 명시되어 있을 것

〔본항 개정 2008. 9. 12, 2009. 1. 28〕

코스닥시장공시규정 제16조 (예측정보에 대한 면책) 거래소는 코스닥시장상장법인이 향후의 예측 또는 전망과 관련한 공정공시 의무사항에 대하여 다음 각 호의 방법으로 공정공시하는 경우 그 결과가 해당 예측 또는 전망과 일치하지 않더라도 제32조의 규정에 의한 제재조치를 하지 아니할 수 있다. <개정 2009. 1. 28>

1. 해당 기재 또는 표시가 예측정보라는 사실이 명시되어 있을 것 <개정 2009. 1. 28>
2. 예측 또는 전망과 관련된 가정 또는 판단의 근거가 명시되어 있을 것
3. 해당 기재 또는 표시가 합리적 근거 또는 가정에 기초하여 성실하게 행하여졌을 것 <개정 2009. 1. 28>
4. 해당 기재 또는 표시에 대하여 예측치와 실제 결과치가 다를 수 있다는 주의문구가 명시되어 있을 것 <개정 2009. 1. 28>

그러나 면책조항과 관련된 이러한 내용이 법정소송에서 문제가 된다고 하면 사법부에서는 위의 조건을 만족하였으므로 면책이 된다 또는 조건을 만족하지 못하였으므로 면책이 되지 않는다를 판단하여야 하는데 이러한 판단이 용이한 판단은 아니다. 예측정보를 공시하는 것이 긍정적인 측면이 있는 반면에 예측정보의 속성상 전혀 달성 불가능한 정보를 예측하고 예측시에 통제할 수 없는 변수들 때문에 예측이 정확하지 않았다고 주장한다면 이를 반박하기도 어려운 문제점이 있다.

다음의 자본시장법 제125조의 내용이 가장 핵심적이라고 판단되는데,

배상의 책임을 질 자가 상당한 주의를 하였음에도 불구하고 이를 알 수 없었음을 증명하거나 그 증권의 취득자가 취득의 청약을 할 때에 그 사실을 안 경우에는 배상의 책임을 지지 아니한다.

이 중에서도 상당한 주의(due care)를 하였는지가 핵심이며 또한 "배상의 책임을 질 자가 … 증명하거나"라고 기술하고 있어서 그 입증의 책임이 배상의 책임을 질 자에게 있음을 분명히 하였다. 법에서는 입증책임이 누구에게 있는지가 매우 중요하다. 이는 사회적인 현상에서 무엇을 입증한다는 것이 매우 어려운 일이기 때문이다. 이러한 사안이 소송으로 진행된다면 기업의 공시담당자가 피고일 것이고 피고는 due care를 하였는데, 예측이 어긋났다는 것을 입증하여야 한다. 이를 입증하는 것이 어려울 경우에 입증의 당사자, 즉 이 경우는 피고가 법안의 체계상 불리할 수도 있다.

또한 취득자가 취득의 청약을 할 때에 그 사실을 안 경우에는 배상의 책임을 지지 아니한다고 기술되어 있는데 취득자가 그 사실을 알고 취득한 것인지 모르고 취득한 것인지를 파악한다는 것은 매우 어려운 일이고, 당사자만이 이를 알 것이므로 이는 정황상으로 판단하여야 한다.

원고에게 이러한 부분에 대한 입증책임이 있다면 수시공시에 대해서는 원고도 입증책임을 주장하기가 어려울 것이다. 즉, 원고는 많은 정보 중 예측정보에 근거하여 주식을 매수하였음을 보여야 한다.

동일한 논리의 전개가 수시공시와 무관하지 않은 집단소송제도에도 적용된다. 2005년부터는 허위공시에 대해서 집단소송제도가 도입된다. 집단소송의 대상은 분식회계, 시세조작, 허위공시 및 내부자거래이다. 이 법은 수년간 전혀 소가 제기되지 않아서 결국 사장되는 것이 아닌가 하는 우려마저 일으켰으나 2009년 4월 13일 세계 1위 건설중장비궤도부품 제조회사가 통화옵션거래상품 KIKO의 손실을 감추고 실적을 발표했다며 소송이 제기되는 첫 사례가 발생하였다. 허위공시가 집단소송의 대상이 되므로 불성실공시로 기업이 조치를 받는다는 것이 단순히 매매거래정지 등의 조치에서 그치는 것이 아니고 엄청난 파장을 유발시킬 수도 있는 것이다. 즉, 집단소송제도에 의해서 기업에 대해서 소송이 제기되고 또한 패소한다면 그 보상금액이 엄청나서 기업의 생존에까지 영향을 미칠 수도 있다. 아직까지는 집단소송제도가 도입되고 기간이 얼마 경과되지 않아서 이 제도가 어떻게 전개될지는 의문사항이다.

집단소송도 입증책임이 피고에게 있다고 해서 원천적으로 법 자체가 기업에 불리하게 되어 있다고 비판을 받았던 법안이다.

이러한 집단소송이 분식회계와 연관된다면 분식으로 인한 재무제표에 근거하여 투자를 수행하였고 그 결과 투자손실을 입었다는 방향으로 소송이 진행될 것인데, 원고에게 입증책임이 있다면 투자의사결정에 영향을 미치는 여러 가지 요인이 있을 것이고 다른 요인이 아니라 재무제표에 근거하여 투자의사결정을 수행하였다는 것을 보여야 할 것이다. 결코 용이하지만은 않다. 또한 이러한 입증책임이 피고, 즉 분식회계의 주체인 기업이나 감사인에게 있다면 피고는 원고가 분식이 포함된 재무제표가 아니고 다른 투자의 정보원천에 기초하여 주식투자를 수행하였다는 것을 보여야 한다. 이를 보이는 것 또한 용이한 것은 아니다. 이러한 이유에서 입증이 어려운 경우, 입증책임이 누구에게 있다는 점 자체가 소송이 진행될 때, 원천적으로 유리/불리한 입장에서 소송이 진행될 수 있다. 물론, 이러한 논리는 회계정보에 분식이 포함되어 있다는 가정하에서의 논리전개이다. 법정에서 회계정보에 분식이 포함되어 있다는 자체에 대해서도 판단하여야 한다면 이는 더욱 복잡한 소송일 것이다.

면책조항과 관련되어 다음의 내용이 흥미롭다.

코스닥 공시 '허황된 실적전망' 등 차단

한국경제신문, 2007. 12. 31.

"새해부터 코스닥기업의 무책임한 공시가 차단된다. 허황된 실적전망을 내놓을 수 없으며 자원개발과 같은 시간이 소요되는 사업에 대한 공시도 함부로 할 수 없게 된다.

30일 증권선물거래소 코스닥시장본부에 따르면 코스닥기업이 내년 예측, 전망공정공시를 하려면 **합리적 근거**를 반드시 첨부해야 한다. 실적달성률이 저조한 기업에 대한 정정공시도 의무화된다. 또한 사업추진에 1년 이상 소요되는 판매공급계약 및 장래산업계획을 공시하는 기업은 반드시 **진행사항**을 공시해야 한다.

코스닥시장본부는 특히 최대주주와 대표이사의 부도나 횡령, 배임 이력 등을 데이터베이스로 만들어 내년 3월부터 투자자들에게 공개할 예정이라고 밝혔다. 이 같은 공시제도 강화는 2007년 코스닥시장에서 각종 사고가 급증했기 때문이다.

반면 바이오산업 등 신산업기업의 경우 임상실험 진입 및 중단 등을 자율공시할 수 있는 길이 열린다. 다만, 허위내용을 자율공시할 경우엔 제재수위를 높인다는 방침이다."

위의 신문기사에서 합리적 근거가 첨부되어야 한다는 내용은 새로운 사실이 아니며, 특히나 흥미로운 부분은 "사업추진에 1년 이상 소요되는 판매공급계약 및 장래산업 계획을 공시하는 기업은 반드시 진행사항을 공시해야 한다"는 내용이다. 이는 Chapter 7에서 기술될 사업보고서에서 수시공시 내용 중 현재진행형, 즉 진행/변경사항이 있을 경우는 사업보고서에서 수시공시의 내용을 반복하는 것과 맥을 같이한다. 공시를 수행한 후, 사후적으로 이를 확인하는 작업이 거래소로서도 쉬운 업무가 아니다. 무척이나 많은 형태의 공시가 상장기업에 의해서 수행되기 때문이다. 특히나 1년 이상의 기간이 소요되는 내용일 경우는 이를 update하도록 제도로 규제하지 않는다면 이를 누가 기억하기는 쉽지 않다.

이 신문기사는 많은 것을 시사한다. 합리적인 근거를 첨부해야 한다는 것에 대해서 기술한다. 과거에는 증권거래법에 의한 면책조항에 근거해서 예측정보가 예측에 불과하므로 실제 보고되는 정보와는 차이가 있을 수 있다는 문구만 포함하면 이 두 수치 간에 차이가 있더라도 법적인 책임을 지지 않았다. 그러나 특히나 이러한 법규가 악용되는 사태가 발생할 수 있으므로 면책조항은 완전한 해결책이 될 수 없었다. 실질적으로는 의도가 있는 오류였지만 "예측정보가 예측에 불과하므로 실제 보고되는 정보와는 차이가 있을 수 있다"는 한 문구만으로 예측수치가 과장된다면 이는 과장된 예측정보에 면죄부를 주는 결과를 초래할 것이다.

면책조항이 악용될 소지가 다분히 있다. 예측은 여러 가정에 근거하기 때문에 정확히 예측대로 되리라고는 정보이용자들도 생각하지 않지만 어쨌거나 예측정보도 제도권 안에서의 정보라서 이를 가치 있는 정보로서 이용하는 정보이용자들은 나름대로 이를 이용할 것이다.

정정공시를 강제함은 두 가지 취지를 가지리라 기대된다. 정정공시를 수행함이 이를 정정하는 기업에게 부담으로 작용할 것이며 또한 과장되고 허황된 정보를 공시한 기업에게는 이를 정정하는 내용 자체에 대해서 큰 부담을 느낄 수 있다.

코스닥 실적예측공시 대부분 '뻥튀기'

한국경제신문, 2008. 1. 21.

거래소는 예측치와 실적 간 현저한 차이가 발생했을 때 합리적인 설명을 하지 못할 경우 심의를 거쳐 불성실공시법인으로 지정키로 했다.

또한 사업추진에 1년 이상이나 소요되는 사업에 대해 공시의 사실 진위를 확인한다는 것이 매우 어렵다고도 할 수 있다. 공시사항이 한, 두 건이 있는 것도 아니고 공시사실을 확인할 수 있는 사업의 기간이 긴 경우에는 이를 모두 자율규제기관이 점검한다는 것은 매우 어려운 일이다. 사유발생일로부터 지정일까지의 기간이 긴 경우도 많이 존재하겠지만 저자가 연구를 수행하면서 접했던 경우만 아래에 기술한다.

정기공시의 전기오류수정에서 수년 전에 발생하였던 오류를 수정하는 것이나 동일하다. 물론, 정기공시에서의 오류의 수정과 수시공시에서의 예측치의 수정을 동일선상에서 둘 수는 없지만 기존의 발표되었던 내용의 수정이라는 측면에서는 같이 기술할 수 있다.

저자가 접했던 국내의 경우에는 회계정보와 관련된 오류로는 9년 전의 전기오류를 수정하는 경우도 관찰하였다. 어떠한 경로를 통해서 이다지도 오래 전의 오류를 발견할 수 있는지는 상당한 의문이다. 미국의 경우는 16년 전의 전기오류가 정기공시에서 수정되는 경우도 있다(Scholz 2008). 물론, 정기공시와 수시공시는 차이가 있지만 맥을 같이한다.

그러나 쌍용양회공업의 경우, 사유발생일이 1998년 9월 23일이고 최대주주 등과의 부동산매매에 대해서 사유발생일인 9월 23일 이후 1일 이내에 수시공시가 이행되지 않았다. 지정일은 2003년 4월 22일로 거의 4년 반이 경과된 이후에 불성실공시가 지적된 경우이다. 이와 같은 경우가 매우 특이한 경우일 것이고 대부분의 경우에서의 불성실공시에 대한 지적은 사유발생일 이후, 수 개월 이내에 발생할 것이다.

지난 수년간의 경우에 사유발생일에서 지정일까지의 기간이 가장 긴 경우는 동부건설의 최대주주를 위한 담보대출 및 채무보증의 경우인데 사유발생일은 1996년 6월 23일이고 지정일은 2004년 11월 15일이다. 즉, 거의 8년 반의 기간이다. 이렇게 긴 기간 이전의 공시를 추적하여 불성실공시를 지적한다는 것이 용이한 일이 아니다. 이는 기간으로도 그렇고 거래소의 불성실공시 지적에 있어서의 제도의 변경을 보아서도 그러하다. 과거 증권거래법/유가증권의 발행 및 공시 등에 관한 규정/유가증권시장(코스닥시장)공시규정이 변경되면서 지속적으로 수시공시사항이 개정되어 왔다. 8년 반 전의 공시사항에 대해서 조치를 하려고 하면 당시에 적용되던 공시규정을 검토하여야 하는데 용이한 작업이 아니다. 예를 들면 유가증권시장공시규정은 2005년 제정된 이후에 2009년까지 7번이나 개정되었다.

불성실공시 지적에 8년 이상도 경과될 수 있다는 사실은 거래소에서 한 번 수시공시된 사실은 8년 이상씩이나 공시된 정보를 추적하므로 거래소가 상당한 정도로 심층적인 작업을 수행하고 있다는 측면에서는 긍정적으로 평가받을 수도 있다.

공시의 내용을 확인하는 데 불가피하게 긴 기간이 걸리는 경우는 예를 들면 단기간의 매출성장률이 몇 %가 될 것이라고 공시할 수 있는데, 단기간이라는 기간이 몇 년을 의미하는지를 정확하게 수치화할 수는 없지만 2, 3년 이내에 이러한 성장률을 달성할 수 없다면 이는 공시가 잘못된 것이다. 따라서 이러한 내용의 확인은 적어도 2, 3년이 걸리는 것이다.

실적달성률이 저조한 기업에 대한 정정공시도 의무화된다는 점도 흥미롭다. 공시가 사후적으로 너무 낙관적인 정보를 포함할 경우는 이를 현실화하라는 것인데, 저조한 경우라고만 기술하고 있어서 어느 정도 저조할 경우에 이를 공시하여야 하는지는 역시 주관적인 판단이다. 다만, 공시의 속성상 여러 가지 상황에 근거하여 예측한 수치에 근접할 수 없는 경우는 바로 이를 정정하여야 한다는 것이다. 이는 예측의 한계를 인정하면서도 이에 대응하는 조치를 조속히 취하기를 요구하는 것이다. 즉, 예측공시가 무방비적으로 공시를 혼란스럽게 만드는 것을 예방하려는 정책적인 의미를 갖는다.

이러한 보완된 정책하에서는 예측이 적절하지 않을 경우에, 정정공시를 수행하여야 하며 이를 정정하지 않을 경우에는 조치를 받을 수 있다. 단, 달성하기 어렵다는 사실을 어느 시점에서 인지하였는지를 판단하는 것도 용이하지는 않다.

공정공시와 관련된 규정을 인용한다.

제15조 (공정공시대상정보 등) ① 유가증권시장주권상장법인은 공정공시정보제공자가 다음 각 호의 어느 하나에 해당하는 사항(이하 "공정공시대상정보"라 한다)을 공정공시정보제공대상자에게 선별적으로 제공하는 경우에는 그 사실 및 내용을 거래소에 신고하여야 한다. (개정 2009. 1. 28)

1. 장래 사업계획 또는 경영계획
2. 매출액, 영업손익, 법인세비용차감전계속사업손익 또는 당기순손익 등에 대한 전망 또는 예측 (개정 2007. 5. 11)
3. 제21조의 규정에 의하여 사업보고서, 반기보고서 및 분기보고서(이하 "사업보고서등"이라 한다)를 제출하기 이전의 당해 사업보고서 등과 관련된 매출액, 영업손익, 법인세비용차감전계속사업손익 또는 당기순손익 등 영업실적 (개정 2007. 5. 11)
4. 제7조 내지 제10조의 규정에서 정하는 사항과 관련된 것으로서 그 신고시한이 경과되지 아니한 사항 (개정 2005. 12. 23)

② 이 편에서 "공정공시정보제공자"라 함은 다음 각 호의 어느 하나에 해당하는 자를 말한다. (개정 2009. 1. 28)

1. 해당 유가증권시장주권상장법인 및 그 대리인
2. 해당 유가증권시장주권상장법인의 임원(이사 · 감사 또는 사실상 이와 동등한 지위에 있는 자를 포함한다. 이하 이 조에서 같다)
3. 공정공시대상정보에 대한 접근이 가능한 해당 유가증권시장주권상장법인의 직원(공정공시대상정보와 관련이 있는 업무수행부서 및 공시업무 관련부서의 직원을 말한다)

③ 이 편에서 "공정공시정보제공대상자"라 함은 다음 각 호의 어느 하나에 해당하는 자를 말한다. (개정 2009. 1. 28)

1. 법에 의한 투자매매업자 · 투자중개업자 · 투자회사 · 집합투자업자 · 투자자문업자 · 투자일임업자와 그 임 · 직원 및 이들과 위임 또는 제휴관계가 있는 자 (개정 2009. 1. 28)
2. 전문투자자(제1호에서 정하는 자를 제외한다) 및 그 임 · 직원 (개정 2007. 5. 11, 2009. 1. 28)
3. 제1호 및 제2호의 규정에 따른 자의 업무와 동일하거나 유사한 업무를 수행하는 외국의 전문투자자 및 그 임 · 직원 (개정 2009. 1. 28)
4. 방송법에 의한 방송사업자 및 신문등의자유와기능보장에관한법률에 의한 신문 · 통신 등 언론사(이와 동일하거나 유사한 업무를 수행하는 국내외 법인을 포함한다) 및 그 임 · 직원 (개정 2007. 5. 11)
5. 정보통신망이용촉진및정보보호등에관한법률에 의한 정보통신망을 이용하는 증권정보사이트 등의 운영자 및 그 임 · 직원
6. 공정공시대상정보를 이용하여 유가증권시장주권상장법인의 증권을 매수하거나 매도할 것으로 예상되는 해당 증권의 소유자 (개정 2009. 1. 28)
7. 제1호 내지 제6호에 준하는 자로서 거래소가 정하는 자

④ 제1항에 따른 신고는 당해 정보가 공정공시정보제공대상자에게 제공되기 이전까지 하여야 한다. 다만, 공정공시정보제공자가 경미한 과실 또는

착오로 제공한 경우에는 **제공한 당일**에 이를 신고하여야 하며, 해당 유가증권시장주권상장법인의 임원이 그 제공사실을 알 수 없었음을 소명하는 경우에는 **이를 알게 된 날**에 신고할 수 있다. (개정 2009. 1. 28)

第16조 (자회사의 공정공시대상정보) 지주회사인 유가증권시장주권상장법인은 해당 유가증권시장주권상장법인의 공정공시정보제공자가 자회사의 공정공시대상정보를 공정공시정보제공대상자에게 제공하는 경우 제15조 및 제17조에 따라 거래소에 신고하여야 한다. 이 경우 자회사의 범위는 지주회사가 소유하고 있는 자회사 주식의 최근 사업연도말 재무상태표상 가액(사업연도중 편입하는 경우에는 그 취득가액)이 지주회사의 최근 사업연도말 자산총액의 100분의 10 이상인 자회사로 한다. (개정 2009. 1. 28)

第17조 (신고방법) ① 유가증권시장주권상장법인은 제15조 제1항 제4호에 따른 신고사항이 제7조부터 제10조까지의 규정에 따른 공시의무사항과 중복되는 경우에는 제7조부터 제10조까지의 해당 규정에 따라 신고하여야 한다. 다만, 이 경우 그 신고시한에 관하여는 제15조 제4항을 적용한다. (개정 2005. 12. 23, 2009. 1. 28)

② 거래소는 제6조의 규정에 불구하고 제15조 또는 제16조에 따른 신고내용이 방대한 경우에는 유가증권시장주권상장법인이 이를 요약하여 신고하도록 하고, 그 신고서류와 원문을 해당 유가증권시장주권상장법인의 홈페이지 등에 게재하게 할 수 있다. (개정 2009. 1. 28)

第18조 (공정공시의무의 적용예외) 제15조 및 제16조에도 불구하고 다음 각 호의 어느 하나에 해당하는 경우에는 이 절의 다른 규정을 적용하지 아니한다. (개정 2009. 1. 28)

1. 공정공시정보제공자가 보도목적의 취재에 응하여 제15조 제3항 제4호에서 규정하는 자에게 공정공시대상정보를 제공하는 경우 (개정

2009. 1. 28)

2. 공정공시정보제공자가 다음 각 목의 어느 하나에 해당하는 자에게 공정공시대상정보를 제공하는 경우 (개정 2009. 1. 28)
   가. **변호사 · 공인회계사 등 해당 유가증권시장주권상장법인과의 위임계약에 따른 수임업무의 이행과 관련하여 비밀유지의무가 있는 자**
   나. 합법적이고 일상적인 업무의 일환으로 제공된 정보에 대하여 비밀을 유지하기로 명시적으로 동의한 자
   다. 「신용정보의 이용 및 보호에 관한 법률」에 따라 금융위원회로부터 신용평가업무에 관한 허가를 받은 자
   라. 가목 내지 다목에 준하는 자로서 거래소가 정하는 자

흥미로운 점은 공정공시적용의무의 예외에 변호사 및 공인회계사의 수임업무와 관련된 내용이 있다. 공인회계사도 기업 내의 비공개정보에 접근할 수 있기 때문에 해당 기업의 주식의 소유를 금지시키고 있다. 단, 변호사나 공인회계사에게는 배타적으로 정보가 제공될 수 있다. 공인회계사일 경우는 감사를 수행하는 기업에 대해서는 주식소유가 불가하여 정보의 배타적인 이용은 불가한 것으로 보이지만 변호사는 이와 관련된 구체적인 법규는 없다.

변호사에 대하여 자문대상기업의 주식소유자체를 금지하는 규정은 없고 고객을 자문하는 과정에서 얻은 정보가 내부정보이고 변호사가 이를 이용하여 주식을 거래하였다면 민형사상의 책임을 져야 한다. 미국에서는 변호사들이 내부자거래금지규정에 위반하여 처벌받은 사례가 많다. 변호사이건, 공인회계사이건 우리나라는 내부자거래금지규정의 집행이 아직 미미하여서 최근 자본시장통법의 시행을 앞두고 금융위 규정들을 개정하면서 집행노력을 과거보다는 강화하겠다는 신문보도가 있다. 이러한 부분에 대해서도 많은 연구가 수행되어야 하지만 이러한 내용은 본서의 범주를 넘는다.

변호사와 공인회계사의 주식보유를 같은 범주에서 논의하기 어려운 것이 감사인의 경우 최소 3년간의 계약으로 감사업무를 수행하는데 변호사의 경우, 자문변호사 등이 아닌 경우 소송건마다 업무를 수임할 수 있으므로 건마다 다를 수 있다.

또한 공정공시에 있어서도 주요 경영사항공시에서와 같이 자회사의 공정공시에 대해서도 기술하고 있다. 또 하나 흥미로운 사항은 공시시한과 관련된다. 주요 경영사항공시는 중요성의 항목별로 당일에 공시하거나 익일까지 공시하도록 되어 있으며 자율공시는 그 다음날까지 공시하게 되어 있는데, 공정공시는 당해 정보가 공정공시 정보제공 대상자에게 제공되기 이전까지 하여야 한다. 다만, 공정공시 정보제공자가 경미한 과실 또는 착오로 제공한 경우에는 제공한 당일에 이를 신고하여야 하며, 해당 유가증권시장 주권상장법인의 임원이 그 제공사실을 알 수 없었음을 소명하는 경우에는 이를 알게 된 날에 알리도록 되어 있다. 즉, 내부자와 같은 일자에만 공시하면 되는 것이지 주요 경영사항공시, 자율공시와 같이 사건 발생일이 기준이 되지 않는다.

유가증권시장공시규정에는 다음과 같이 기업설명회가 공정공시와 관련되는지에 대해서 규정하고 있다. 기업설명회(투자설명회, IR, Investor Relations)는 정보소유자와 정보비소유자의 정보불균형(information asymmetry)의 문제를 해결할 수 있는 좋은 해결책으로 권장할 만하다. 즉, 자발적으로 정보가 전달되는 좋은 장(場)이 기업설명회이다.

그러나 90년대 중반에 기업설명회가 활성화되기 시작하자 유관기관에서 제재를 가하기 시작하였다. 한 가지는 기업설명회에서 전달되는 정보의 신뢰성과 관련되며 또 하나는 기업설명회의 초대 대상이 대부분 기관투자자이기 때문에 이 모임에 초대를 받는 기관투자자와 일반 개인투자자 간에 제공받는 정보와 제공받지 않는 정보 간의 또 하나의 정보의 불균형을 유발시킬 수 있다. 위에서의 정보불균형은 기업 내부자와 기업 외부의 경제주체 간의 정보불균형이었는데, 후자의 정보불균형은 투자자 중에서 정보에 접근할 수 있는 경제주체와 그렇지 않는 경제주체 간의 정보불균형이다.

기업설명회가 이와 같은 정보불균형의 문제를 유발시키기 때문에 공정공시의 문제가 초래된다. 관련된 규정을 아래에 인용한다.

제41조 (기업설명회 관련자료 신고 등) ① 유가증권시장주권상장법인은 이 편에 의한 공시의무사항 외에 해당 유가증권시장주권상장법인의 경영내용, 사업계획 및 전망 등에 대한 설명회(이하 "기업설명회"라 한다)를 개최할 경우 이를 공개적으로 하여야 하며, 이와 관련한 제공자료의 내용은 공정성과 객관성을 유지하여야 한다. (개정 2009. 1. 28)

② 유가증권시장주권상장법인은 제1항에 따른 기업설명회를 개최할 경우에는 일시, 장소, 설명회 내용 등을 거래소에 문서로 통보하여야 하며, 거래소는 해당 설명회 내용을 공시실 등을 통하여 투자자에게 제공할 수 있다. 이 경우 거래소는 그 설명회 내용이 사실과 상당히 다르다고 인정하는 때에는 사실여부의 확인을 요구할 수 있으며, 그 결과 중대한 차이가 인정되는 경우에는 제29조 내지 제31조의 규정을 적용할 수 있다. (개정 2009. 1. 28)

③ 유가증권시장주권상장법인은 기업설명회에서 제공하는 자료중 공정공시대상정보가 포함되는 경우에는 그 정보를 제15조부터 제17조까지에서 정하는 바에 따라 거래소에 신고하여야 한다. 이 경우 제2항에 따른 통보가 이루어진 것으로 본다. (개정 2009. 1. 28)

④ 거래소 및 한국상장회사협의회(이하 "협의회"라 한다)는 유가증권시장주권상장법인에 대하여 기업설명회의 운영에 대한 권고, 지도 및 후원 등을 할 수 있다. (개정 2009. 1. 28)

오원정, 손성규(2006)는 공정공시제도의 시행이 애널리스트 예측행위와 기업들의 공시행위에 어떠한 영향을 미쳤는지 알아보고자 한다. 구체적으로 공정공시제도 시행 전·후 애널리스트 예측편의를 비교하고 공정공시제도 시행 전·후 및 공정공시제도를 통한 정보제공 여부에 따른 애널리스트 예측오차와 예측분산을 비교한다. 또한 공정공시제도를 통한 정보제공 여부와 관련된 기업유인을 분석한다.

이 연구의 표본은 12월 결산 상장제조법인으로서 동일 기업에 대한 동일 월, 동일 애널리스트의 예측치가 공정공시제도 시행 전·후에 모두 존재하는 경우이다. 실증분석 결과 공정공시제도의 시행 이후 애널리스트들의 과대예측하는 정도가 감소하였다. 이는 애널리스트들이 기업에 대해 사적으로 정보를 얻을 유인이 사라짐에 따라 나타난 결과로 해석된다. 공정공시제도 시행 전·후 애널리스트의 예측오차와 예측분산을 살펴본 결과, 공정공시제도 시행 이후 예측오차 및 예측분산이 감소하였다. 공정공시제도를 통한 정보제공 여부를 기준으로 예측오차 및 예측분산을 살펴본 결과, 공정공시제도를 통해 정보를 제공한 기업들의 경우에만 예측오차와 예측분산이 감소한 결과를 보였다. 이는 공정공시제도의 시행 이후 기업과 애널리스트 간 정보불균형이 감소했음을 의미하는 결과이다. 그리고 공정공시제도를 통한 정보제공 여부에 영향을 미치는 기업특성은 외국인 투자자지분율, 외부자금 조달 필요성, 이익의 변동성 등인 것으로 나타났다.

이 연구결과에 따르면 공정공시제도는 기업의 선별적 정보제공 차단이라는 효과를 갖고 있으며, 공정공시제도를 통해 정보를 제공하는 경우 기업 대 정보이용자 간의 정보불균형이 감소한다. 기업의 자율적인 판단에 따라 공정공시제도를 통한 정보제공 여부가 결정되고, 공정공시제도를 통해 정보를 제공하고 있지 않은 기업들의 정보불균형이 해소되지 않는 점을 고려해 볼 때 현재 공정공시제도를 통해 정보를 제공하고 있지 않은 기업들이 공정공시제도를 통해 정보를 제공하도록 유도하기 위한 정책이 필요하다는 점을 시사한다. 또한 이 연구는 공정공시제도를 통해 정보를 제공하려는 유인과 관련된 기업특성에 대해 고찰해 보았다는 데 의의가 있다.

또한 주요 경영사항수시공시와 조회공시일 경우는 금융감독당국에서 조치를 취하지만 자율공시와 공정공시는 감독당국에 의한 이러한 조치가 존재하지 않으므로 기업의 공시담당자들이 공정공시와 자율공시는 주요 경영사항수시공시와 조회공시에 비해서 덜 중요한 형태의 공시로 여길 수 있다.

수시공시유보제도는 공정공시제도와는 반대적인 성격을 갖는 제도이다. 물론, 다른 취지에서 시작된 제도이지만 그러한 상반된 성격의 제도로 나타날 수 있다.

정부당국이 공정공시를 철저하게 지켜면서도 수년 전 특정기업이 외국에서 이 기업을 방문한 투자자들에게 독점적인 meeting을 하면서 삼성전자를 소개하는 행사를 진행하여 이러한 내용이 공정공시를 위반하는 것은 아닌지에 대한 논란이 진행된 적이 있다. 규제당국에서는 공정공시에 문제될 것이 아니라는 답을 하였지만 일부 언론에서는 규제당국이 국내 투자자 및 금융기관에 대해서는 강력한 규제를 수행하고 있지만 외국의 큰손에 대해서는 약한 모습을 보이는 불균형적인 정책을 펴고 있다는 비난을 받았다.

캐피탈그룹엔 달려가 IR 개인투자자엔 꼭꼭 숨겨. 공시위반 아닌가?

매일경제신문, 2004. 9. 16.

"공정공시 위반 아니냐" 개인투자자들이 미국계 자산운용사로 세계 증권계에서 최고 큰손으로 꼽히는 캐피탈그룹에 쏟아내는 불만사항이다. 이 같은 불만은 지난 14일부터 서울신라호텔에서 투자전략회의를 겸해 삼성전자 등 국내 대기업 최고경영자를 차례로 면담하고 경영현황에 대한 설명을 들었던 캐피탈그룹이 면담내용을 개인투자자에게 전혀 공개하지 않았다는 점에서 비롯됐다. 이 때문에 15일 국내증시는 캐피탈그룹 공정공시위반 논란으로 뜨거웠다.

캐피탈그룹이 대주주라는 우월적인 지위를 이용해 비공개간담회에서 독점적으로 경영계획 등에 대한 정보를 취득했다면 공정공시위반 가능성을 배제할 수 없다는 지적이다. ...

여기에 기업설명회 때마다 개인소액주주 목소리에 귀를 기울이지 않았던 대기업 CEO들이 대규모 지분을 보유하고 있는 외국계펀드라는 점에서 직접 방문해 회사에 대한 깊은 사정까지 설명했다는 것 때문에 대기업을 비난하는 개인투자자 목소리가 커지고 있다. ...

거래소 관계자는 "삼성전자, 현대차, SK, 신한지주 경영진과 캐피탈그룹이 면담하는 과정에서 오간 내용들을 현재까지 파악한 결과 공정공시위반사항은 없었던 것으로 확인됐다"고 설명했다.

다만 거래소는 앞으로 캐피탈그룹 외에도 외국 기관투자자들이 상장사 경영진을 면담하는 사례가 잇따를 가능성을 고려해 상장법인에 공정공시준수에 대한 주의를 당부하는 협조공문을 발송하는 방안 등을 검토하고 있다.

이러한 판단의 관건은 이러한 독점적인 meeting에서 시장이 알고 있는 정보 이외의 정보가 전달되었는지에 관한 것인데, 규제기관도 이러한 meeting에 참석하지 못하면서 이러한 제재를 논한다는 것 자체가 어렵다. 어떠한 정보전달이 수행되었는지에 대한 판단을 규제기관이 할 수 없는 상황이라면 아예 외관적으로 판단하여 이러한 행사를 인정하지 않는 것도 방법이지만 이 또한 이러한 행사가 규제기관이 공식적으로 인정하는 행사가 아닌 기업차원에서 진행되는 행사라서 이도 쉽지만은 않은 내용이다.

또한 많은 기관투자자들이 기업을 직접 방문하여 CEO 등을 만나는 경우가 있다. 당연히 이러한 meeting에서는 미래의 경영예측 등의 정보가 교환될 것인데 이러한 경우와 위에 기술된 신문기사의 내용의 차이는 전자는 사적으로 진행되고 후자는 사적인 모임이기는 하지만 어느 정도 공개되었기 때문에 문제가 된다면 이 양자 간에도 형평성이 없다.

공정공시사항은 kind에서 공시된다. 공시항목은 다음과 같다.

원천: kind.krx.co.kr>공시>상세검색>공정공시

장래사업계획 및 경영계획
수시공시의무관련사항
매출액 영업손익 등 전망/예측
매출액 영업손익 등 영업실적
공정공시의무(종합) 관련사항 기타

자율공시 (Voluntary Disclosure)

chapter 04

증권선물거래소의 web에는 자율공시의 내용을 다음과 같이 기술하고 있다.

의 의

자율공시란 상장기업의 공시능력을 제고하고자 자진공시 및 일부항목에서 제한적으로 운용되던 자율공시항목을 확대하여 주요 경영사항 이외의 사항(일부는 세칙에서 정함)에 관하여 상장기업의 자율적인 판단에 의해 당해 기업에 관한 주요 경영상의 정보 또는 장래계획 등을 공시할 수 있도록 하는 제도이다.

주요 경영사항 이외의 세칙에서 정하는 사항 : 사유발생일 **다음날까지** 신고
장래계획 또는 공시의무사항 이외의 주요 경영사항 : 사유발생일 **다음날까지** 자진하여 신고

이 내용에서 흥미로운 점은 자율공시에 해당하는 내용일 경우, 사유발생일 다음날까지 신고하는 것으로 되어 있다. 주요 경영사항에 해당하는 내용은 당일에 발표하는 사항도 있는데, 자율공시에 해당하는 내용은 자율적인 공시의 형태이기 때문에 주요 경영사항공시에 비해서는 상대적으로 덜 중요한 공시의 내용이며 따라서 공시 자체가 덜 시급한 성격이라고도 할 수 있

다. 위에서도 기술하였듯이 공정공시는 주요 경영사항공시나 자율공시와는 달리 경제주체 간의 공시의 균형을 맞추는 성격의 공시이므로 공시시점이 이보다는 복잡하다.

또한 중요성에 있어서 차이가 있기 때문에 자율공시는 금융감독원 차원에서는 제재가 수행되지 않는다고 할 수도 있다.

기존의 자율공시는 중요성에 대한 기업의 자율적 판단이 필요한 사항과 종전의 자진공시 및 장래계획공시를 수용하는 사항으로 이원화되었다. 그러나 이러한 자율공시의 성격이 자본시장법이 적용되면서 변화하게 된다.

본서의 대부분의 내용은 현행 법률만을 소개하지만 본 Chapter의 경우는 자율공시가 어떻게 변화되고 있는지를 보이는 것이 자율공시에 대한 전체적인 윤곽을 이해하는 데 도움이 되기 때문에 이와 같이 진행한다. 이미 폐지된 증권거래법이지만 그 내용을 아래에 기술한다.

증권거래법 제28조 (자율공시) ① 주권(코스닥)상장법인은 주요경영사항 이외의 세칙에서 정하는 사항에 대하여 회사의 경영·재산 및 투자자의 투자판단에 중대한 영향을 미칠 수 있다고 판단되는 사항의 발생 또는 결정이 있는 때에는 그 내용을 사유발생일 다음날까지 거래소에 신고하여야 한다.

② 주권(코스닥)상장법인은 장래계획에 관한 사항 또는 공시의무사항 외의 주요경영사항에 대하여 투자자에게 알릴 필요가 있다고 판단하는 경우에는 그 발생사실 또는 결정내용을 사유발생일 다음 날까지 거래소에 자진하여 신고할 수 있다.

규정 제28조 제2항은 의무비율 미만의 자진공시로 주로 활용되었다. 자율공시는 상장법인의 자율적 판단에 기초한 공시임에도 제28조의 제1항은 "신고하여야 한다"로 규정되어 의무공시사항처럼 되어 있어서 어느 정도 혼란이 있었던 것이 사실이다.

2009년 1월 28일 개정된 공시규정은 다음과 같다.

유가증권시장공시규정 제28조 (자율공시) 유가증권시장주권상장법인은 제7조에 따른 주요경영사항 외에 **투자판단에 중대한 영향을 미칠 수 있거나 투자자에게 알릴 필요가 있다고 판단되는 사항으로서 '세칙'에서 정하는 사항의 발생 또는 결정이 있는 때**에는 그 내용을 거래소에 신고할 수 있다. 이 경우 그 신고는 사유발생일 다음 날까지 하여야 한다. (개정 2009. 1. 28)

유가증권시장공시규정시행세칙

제8조 (자율공시) 규정 제28조에서 "세칙에서 정하는 사항"이란 다음 각 호의 어느 하나에 해당하는 사항을 말한다. (개정 2009. 2. 3)

1. 기술도입 · 이전 · 제휴 (개정 2009. 2. 3)
2. 자원개발 투자 · 개발자원 경제성 판명
3. 특허권 취득 또는 양수 · 양도 (개정 2009. 2. 3)
4. 단기차입금 감소
5. 파생상품거래 이익발생
6. 채무면제 이익발생
7. <삭제 2009. 2. 3>
8. 증여 · 수증
9. 상호저축은행법의 규정과 관련한 다음 각 목의 어느 하나에 해당하는 사항 (개정 2009. 2. 3)
   가. 과점주주가 되거나 그 지위변경
   나. 당해 법인이 과점주주로 있는 상호저축은행의 국제결제은행이 정한 자기자본비율이 낮아진 사실
   다. 당해 법인이 과점주주로 있는 상호저축은행의 매분기별 재무제표
10. 회사의 합병, 영업양수 · 도, 분할 · 분할합병 또는 주식의 포괄적 교환 · 이전을 위한 주주총회결의의 무효 또는 취소소송이 제기 · 신청되거나 그 소송에 대한 판결 · 결정사실
11. 금전 또는 증권대여 (개정 2009. 2. 3)
12. 금융지주회사가 금융지주회사법에 의한 경영개선조치를 요구받은

사실

13. 금융기관이 관계법규 또는 감독기관으로부터 경영개선권고, 요구 또는 명령을 받거나 경영개선협약체결 등조치를 받은 사실
14. 주요주주 또는 계열회사의 변경 (본호신설 2009. 2. 3)
15. 제1호부터 제14호까지 외에 투자자의 투자판단에 중대한 영향을 미칠 수 있다고 판단되는 사항 (개정 2009. 2. 3)
16. 규정 제7조 제1항에 따른 주요경영사항 중 신고의무비율에 미달하는 사항 등 투자자에게 알릴 필요가 있다고 판단되는 사항 (본호신설 2009. 2. 3)

코스닥시장공시규정

제26조 (자율공시) 코스닥시장상장법인은 제6조 규정에 의한 주요경영사항 이외에 회사의 경영·재산 및 투자자의 투자판단에 영향을 미칠 수 있다고 판단되는 세칙에서 정하는 사항의 발생 또는 결정이 있는 때에는 그 내용을 사유발생일 다음날까지 거래소에 신고할 수 있다. [본조 신설 2005. 12. 23] <개정 2009. 1. 28>

코스닥시장공시규정세칙

제13조 (자율공시) 규정 제26조에서 "세칙에서 정하는 사항"이라 함은 다음 각 호의 어느 하나에 해당하는 사실 또는 결정을 말한다. <개정 2009. 2. 3>

1. 코스닥시장상장법인의 경영·재산 등에 영향을 미칠 신물질·신기술에 관한 특허권 또는 중요한 자산을 취득·양수·양도하기로 결정한 때 <개정 2009. 2. 3>
2. <삭제 2009. 2. 3>
3. 코스닥시장상장법인의 경영·재산 등에 영향을 미칠 자원개발에 투자하기로 결정한 때 또는 그 자원개발과 관련하여 매장량·생산량 등에 대한 경제성이 판명된 때 <개정 2009. 2. 3>

4. 코스닥시장상장법인의 재무상태에 영향을 미칠 단기차입금 감소, 채무면제·수증 및 파생상품 거래 등으로 인한 이익이 발생하거나 증여를 하기로 결정한 때 <개정 2009. 2. 3>
5. 코스닥시장상장법인 또는 해당 법인의 최대주주에 대하여 다음 각 목의 어느 하나에 해당하는 사실이 발생한 때 <개정 2009. 2. 3>
   가. 상호저축은행의 「국세기본법」 제39조 제2항에서 규정하는 과점주주가 되거나 그 지위가 변경된 때
   나. 상기의 자가 과점주주로 있는 상호저축은행의 국제결제은행이 정한 자기자본 비율이 100분의 8 미만으로 낮아진 때
   다. 매 분기별로 나목에서 규정하는 상호저축은행의 재무제표가 확정된 때
   라. 「상호저축은행법」 제37조의3 제2항과 관련하여 소송이 제기된 때
6. 코스닥시장상장법인이 금융기관인 경우 관계 법규에 따라 경영개선 권고·요구 및 경영개선명령을 받거나 금융감독원장과 경영개선 협약을 체결하는 등 경영개선을 위하여 필요한 조치를 받은 때 <개정 2009. 2. 3>
7. 합병, 영업의 양수·도, 분할·분할합병, 주식의 포괄적 교환·포괄적 이전 또는 그 승인 주주총회 결의의 무효 또는 취소 소송 등의 절차가 제기·신청되거나 그 소송 등이 판결·결정된 사실을 확인한 때
8. 주요주주 또는 계열회사가 변경된 때 [본항 신설 2009. 2. 3]
9. 중요한 임상시험 단계를 개시하거나 종료(중도 포기·취소를 포함한다)한 때 [본항 신설 2009. 2. 3]
10. 매출액에 영향을 미치는 과금체계를 결정하거나 변경한 때 [본항 신설 2009. 2. 3]
11. 유상증자 또는 주식관련사채 등의 발행결과를 확정한 때 [본항 신설 2009. 2. 3]
12. 제1호 내지 제11호에 준하는 사항 또는 규정 제6조의 공시신고사항에서 정하는 비율기준에 미달하는 사항으로서 회사의 경영·재산

및 투자자의 투자판단에 영향을 미칠 수 있다고 판단되는 사항 <개정 2009. 2. 3>

〔본조 신설 2005. 12. 26〕

따라서 개정된 규정에는 이를 모두 임의규정 형식 "신고할 수 있다"고 기술하고 있다. 단, 그 신고는 사유발생일 다음날까지 하여야 한다고 기술하고 있어서 일단, 자율공시하는 것으로 결정될 경우, 공시기한에는 선택의 여지가 없다.

장래계획에 관한 사항의 자율공시를 폐지하되, 공정공시로 수용하였다고 볼 수 있다. 장래계획공시는 공시건수 면에서 발생빈도가 희박하며, 공정공시의 장래사업계획 또는 경영계획 공시로 대부분 이행하고 있어 사실상 사문화되었다고 볼 수 있다.

이러한 차원에서 2009년 2월부터의 변화에서는 세칙에서의 예시가 예시에 불과함을 명확히 한 것이다. 즉, 어떠한 내용이 공시되어야 한다는 점에 대해서는 완전히 그 공시의 범주가 개방되었다고 할 수 있다.

자율공시는 2000년 4월에 기업의 부담을 줄여주며 투자자보호를 위해서 또한 수시공시 경감방안의 하나로 도입되었다. 자진공시제도가 도입되었다가 자진공시제도가 2006년에는 자율공시제도로 전환되었다.

공시를 여러 가지로 분류할 수 있는데, 예를 들어 머리말에서 구분한 것과 같이 정기공시와 수시공시로 형식별로 구분할 수 있으며, 성격적으로는 강제적 공시와 자발적 성격의 공시로 구분할 수 있다. 또한 유통공시와 발행공시로 구분하면서 유통공시는 다시 정기공시, 수시공시, 특수공시로 구분할 수 있다.

기업이 정보를 공유하지 않으려는 속성을 갖고 있으므로 대부분의 공시는 강제적인 성격을 갖는다. 즉, 어떠한 정보는 반드시 어떠한 형태로 정보이용자에게 전달되어야 한다는 식이다. 이러한 측면에서 자율공시는 흥미롭다. 이는 재무제표로 대표되는 정기공시도 그러하고 주요 경영사항공시도 그러하다. 주요 경영사항공시일 경우는 위에서도 기술되었듯이 자본시장법, 증권의 발행 및 공시 등에 관한 규정, 유가증권시장공시규정, 코스닥시장공시규정 등에서 규정하고 있다. 단, 증권의 발행 및 공시 등에 관한 규정에는 강제공시로서의 주요사항보고서에 주안점이 맞추어져 있으며 유가증권시장공시규정에서는 수시공시에 주안점이 주어져 있다.

재무제표일 경우는 기업회계기준에서 재무제표표준양식에 따라 공시되어야 할 정확한 형식까지 정해주고 있다. 작성과 표시기준서가 그러한 기준서이다.

정기공시와 관련되어서도 자발적으로 진행되는 경우가 있다. 예를 들어 자산규모 5,000억원이 넘는 기업의 경우에만 분기검토가 강제되는데, 자산규모가 그 이하인 기업일 경우에도 자발적으로 검토를 받는 기업이 있으며, 자산규모 2조원이 넘는 기업의 경우에만 감사위원회가 강제되는데 자발적으로 감사위원회를 설치하는 기업이 있다. 또한 자산규모 2조원이 넘는 기업에는 사외이사 비율이 과반수이어야 하며 또는 최소인원 3인인데, 3인을 초과하며 또한 과반수 최소인원을 넘도록 사외이사를 선임하기도 한다. 자산규모가 2조원 이하인 상장기업은 사외이사 비율이 1/4 이상이 되어야 하는데 자발적으로 사외이사를 최소인원 이상으로 선임하는 기업이 있다. 또한 감사인 강제교체가 예외인데도 불구하고 감사인을 7년 만에 강제교체하는 기업의 경우 등과 동일선상에서 생각할 수 있다. 외국주식시장에 상장한 기업의 경우 감사인강제교체를 하지 않아도 되지만 교체를 하는 기업도 정책의 자발적인 적용이다.

자산규모 2조원 이상인 기업들은 2007 사업연도부터 연결재무제표를 개별과 동일하게 3개월 이내에 공시해야 하며, 2조원 미만 기업들은 연결을 4개월 이내에 공시하여야 하는데 2조원이 넘지 않는 기업들도 2007년과 2008년에 3개월 이내에 연결재무제표를 작성하여 공시하는 기업들이 있다.

기업의 속성상 규제받기를 부담스러워 하는데 이러한 기업은 의도적으로 강한 규제를 자발적으로 선택한 경우이다.

유가증권시장공시규정의 자율공시 내용은 다음과 같다.

즉, 자본시장법에서 공시할 사항이 거래소에서 관리되도록 위임되어 있으며 자율적인 공시가 포괄적 의미에서의 공시의 범주에 포함된다는 사실을 암시하고 있다. 기업경영에 주요한 내용을 공시하면 되는 것이므로 이러한 공시의 형태가 주요 경영사항과 관련된 공시가 되었거나 자율공시의 형태가 되었거나 공시의 형태가 중요한 것은 아니다.

자율공시는 시장압력에 기반을 둔 정책이라고 할 수 있다. 경제학에서 언급하는 시장의 보이지 않는(invisible) 자율기능에 의한 규제이다. 시장압력이라 함은 두 가지를 생각할 수 있다. 첫째는 시장에서의 가격결정에 의한 자율적인 통제 메커니즘이고, 둘째는 법적인 소송에 의한 해결을 생각할 수 있다. 그러나 시장기능에 맡기는 방향으로 정책이 설정된다고 하여도 이러한 기능을 맡을 시장이 활성화되어야 가능한 것이다. 정부가 이러한 시장을 타율적으로 형성할 수도 없다. 이는 자본주의가 성숙하다는 점과도 무관하지 않다. 단, 이러한 시장기능이 제 역할을 수행하지 않는다면 정부가 법적으로 이를 뒷받침할 수는 있다.

투자기간이 단기화되면서 수시공시가 갈수록 중요하게 이용되고 있다. 이러한 차원에서 정기공시에 있어서도 분기 검토기업이 확대되는 추세이다. 수시공시에 있어서는 공시를 강제화할지 아니면 자율에 맡겨 놓을지가 오래된 이슈이다. 자율공시의 형태로 공시를 확대한다면 정보의 신뢰성이 확보될 수 있는지가 의문이지만 기업 자율에 맡기고 자율적으로 규제하도록 하는 대안이 선호되므로 이러한 방향으로 최근 정책이 변화되었다.

김연화, 손성규(2007)는 자율공시에 정보효과가 존재하는지를 검증하며 또한 최근에 강제공시사항이었다가 자율공시로 전환된 공시사항에 대해서 정보효과에 차이가 존재하는지를 검증한다.

실증분석결과는 자율공시에는 정보효과가 존재하며 동일한 공시사항에 대해서는 강제/자율공시 여부에 무관하게 정보효과에 차이가 없음을 보인다. 동시에 공시사항이 강제에서 자율로 전환될 때에는 공시건수가 감소됨을 보인다. 즉, 공시가 수행되며 그 내용에 따라 시장이 이를 이해하고 이용하는 것이지 공시의 형태가 중요한 것은 아니라는 것을 보이는 결과이다. 이는 충분히 이해할 수 있는 것이 수시공시, 자율공시, 조회공시, 공정공시 등이 있지만 특별히 이들 공시 간에 경중의 차이가 있다고 생각하기 어렵다. 또한 강제공시만이 중요하고 자율공시는 중요하지 않다는 차이도 없다. 공시내용을 이해하고 이용하는 투자자는 공시의 내용이 중요한 것이지 공시의 분류는 중요하지 않다는 결과이다.

이러한 실증분석결과는 정보공개를 강제하기 위해서는 이를 강제함이 최선이지만 강제하지 않고 자율로 남겨준다고 반드시 신뢰성이 낮아지는 것은 아님을 의미한다. 정부당국에서 많은 공시사항을 자율공시로 전환하면서 아마도 자율적인 기능으로 공시를 남겨두어도 공시의 행태에는 큰 변화가 없을 것이라고 기대하였을 수 있다. 그러나 나타난 현상은 공시건수가 감소하는 것을 보여서 자율기능이 항상 적절하게 작동하는 것은 아님을 동시에 알 수 있다. 이는 강제공시가 자율공시화하면서 감독기관의 규제기능에서 벗어난다는 점에도 영향을 받았을 수 있으나 나타난 현상만을 분석하여서는 그 이유를 알기 어렵다.

어떠한 공시가 강제공시여야 하고 어떠한 공시가 자율적인 형태의 공시여야 하는지에 대해서는 많은 연구가 진행되지 않았다. 이는 규제기관에서 결정할 내용이기 때문이기도 하였다. 그러나 이는 공시의 범주를 결정한다는 측면에서 매우 흥미로운 주제이기도 하다. 다만, 상대적으로 더 중요한 정보에 대해서는 공시를 강제하여야 한다는 일반적인 원칙만이 존재할 수 있지만 이 또한 공시항목이 예시에 불과하므로 이를 명확히 구분할 수 없다. 그렇기 때문에 지속적으로 강제공시의 수가 증가하다가 수년 전 많은 강제공시를 정리하면서 이를 자율공시로 이월하였다.

정보효과에 차이가 없음을 달리 해석하면 정보가 강제공시로 전달되거나 아니면 자율공시의 형태로 전달되거나 정보로서 내재가치에 미치는 영향은 동일하다. 동일하지 않을 수 있는 요인으로는 주요 경영사항공시일 경우는 법적 규제의 대상이며 자율공시는 그렇지 않기 때문에 신뢰성에 있어서 차이가 있을 수 있다. 단, 이 두 형태의 공시 모두 거래소에 의한 자율적인 규제의 대상이므로 신뢰성에 차이가 없다고 할 수 있다. 법적 규제기관의 제재나 자율규제기관의 제재나 제재가 부담된다는 점에서는 동일하다. 마지막

장에서도 기술되지만 거래소가 퇴출이라는 막강한 권한을 갖는 한, 자율규제가 결코 법적 규제에 비해서 약하지 않다. 이 연구의 결과를 다시 정리하면 강제/자율 형태의 차이는 공시건수에는 영향을 미치지만 이러한 정보가 정보이용자에 의해 해석되는 데 있어서는 차별화되지 않는다.

경영자의 자발적 공시는 경영자가 기업 내부의 정보를 발표하였다는 점에서 투자자들에게 많은 관심을 끈다. 손성규(1997b)는 IR과 경제신문에 나타나는 경영자의 자발적 공시, 특히 회계정보예측을 중심으로 이 정보가 지니는 의미가 무엇이며 이를 시장이 어떻게 해석하는지를 검토한다. 이 실증분석결과는 (ⅰ) 경영자의 자발적인 정보공시가 투자자들에게 얼마나 중요한지와 (ⅱ) 임의성이 개입될 수 있는 경영자의 정보에 투자자들이 어느 정도의 신뢰성을 부여하는지를 판단하는 근거가 된다. 실증분석결과에서 IR과 경제신문에 나타나는 정보는 정보효과가 존재하지 않음을 보이며 따라서 IR 정보를 공시로 보아 규제하려는 관계당국의 의도는 불필요하다는 판단을 할 수 있다.

기존의 연구(손성규 1997a)에서 이미 IR에 나타난 경영자의 회계정보예측이 중요한 정보로 사용되어 재무분석가가 이 정보에 근거하여 기업에 대한 예측치를 수정한다는 사실과 비교한다면 IR에 나타나는 정보는 이 정보에 세밀한 관심을 보이는 경제주체인 재무분석가에게는 의미있는 정보로 작용하나 전체적인 투자자에게는 정보전달효과가 없는 것으로 나타난다. 이 결과는 임의성이 개입될 수 있는 IR과 경제신문에서의 경영자의 자발적 정보는 기업의 내재가치에 영향을 주는 실질적인 정보가 될 수 없다는 투자자의 해석이다.

손성규, 전영순(2000)은 손성규(1997b) 연구의 후속연구로 거래량을 이용하여 경영자예측정보의 정보효과를 검증하였다. 검증결과, 경영자예측정보공시는 공시시점을 전후하여 거래량의 비정상적인 증가를 가져오는 것으로 나타나 경영자예측정보가 시장 전체의 평균기대치에는 영향을 미치지 못하지만 개별투자자들에게는 유용한 정보를 제공한다고 주장하였다. 거래량의 증가는 유발하지만 주가반응을 동반하지 않는 경우는 IR에 포함된 정보가 정보로서의 역할을 수행하기는 하지만 정보이용자에게 같은 방향으로의 정보를 전달하는 것이 아님을 의미한다.

전영순, 손성규(1999)는 경영자가 자발적으로 공시하는 예측정보의 유형에는 이익예측정보와 매출예측정보가 있으며 이러한 예측정보는 기업의 경영내용, 사업계획 및 향후전망 등을 설명하는 투자설명회나 신문지상을 통하여 공시될 수 있다고 보고한다. 본 논문은 경영자가 자발적으로 공시하는 예측정보의 편의성 및 정확성이 정보유형별로, 공시경로별로 차이가 있는지를 실증분석한다. 실증분석결과, 이익예측정보는 매출예측정보보다 낙관적이고 부정확하게 나타난다. 이는 이익을 예측하기 위해서는 매출을 비롯해서 다른 이익항목 및 비용항목까지도 예측해야 하므로 이익정보가 매출정보보다 예측하기 어려움을 의미한다. 또한 경제신문과 일간지를 통해 공시되는 매출예측정보는 IR을 통해 공시되는 매출예측정보보다 과대예측되는 것으로 나타난다. IR의 주요 대상은 기관투자자나 재무분석가 등으로 이들 전문투자자는 경제신문 구독자나 일간지 구독자보다 정보의 분석·해석 능력이 뛰어나며 전문성을 가지고 나름대로 미래의 이익인 매출액을 예측할 수 있다. 따라서 경영자는 이러한 전문투자자를 대상으로 예측정보를 공시하는 경우 신중을 기함으로써 예측정보가 보다 중립적으로 나타남을 의미한다. 매출예측정보의 정확성은 공시경로와 일반적으로 무관한 것으로 나타난다. 이는 경영자의 임의적인 결정이 예측정보의 정확성보다는 편의성의 결정에 보다 큰 영향을 미칠 수 있기 때문인 것으로 추측된다.

호재성 혹은 악재성 내용(good or bad news)과 관련되어서는 자율공시가 자발적 공시의 성격이기 때문에 임의성이 개입될 수 있다. 최근의 개정에서 자율공시로 넘겨 예시된 사항도 주로 호재성 내용이기 때문에 악재성 내용이 자율공시에서 배제될 위험이 존재하였다.

미국의 NYSE manual에도 풍문 및 이상 움직임에 대해서는 발행회사에게 불리한 정보(unfavorable facts or news)라도 정직하게 공시하도록 명시적으로 요구하고 있다.

나쁜 성격의 공시에 대해서 우리나라는 미국과 같이 나쁜 성격의 공시임에도 불구하고 공시하여야 한다고 명시적으로 기술된 것은 없다.

기존 연구들은 경영자가 자발적으로 정보를 공시하는 이유를 여러 가지로 설명하고 있다. 먼저 기업 또는 경영자 자신의 상대적인 우월성을 알리기 위해서(Milgrom,1981; Verrecchia, 1983; Lev and Penman, 1990; Trueman, 1986), 나쁜 정보를 미리 공시함으로 인하여 소송위험을 줄이기 위하여(Skinner, 1994 and 1997; Kasznik and Lev, 1995; Trueman, 1997; Baginski et al., 2002; Field et al., 2005), 재무분석가의 이익예측활동을 주도하기 위하여(Ajinkya and Gift, 1984; Waymire, 1984; McNichols, 1989), 정보비대칭의 감소를 통하여 자본비용을 줄이기 위하여(Diamond and Verrecchia, 1991; Frankel et al., 1995; Botosan, 1997; Sengupta, 1998; Schrand and Verrecchia, 2005) 자발적으로 정보를 공시하는 것으로 나타났다.

Skinner(1994)는 부정적인 정보를 공시하는 유인에 대한 연구를 수행하였다. 자율공시에 포함될 부정적 정보가 어차피 공시될 성격의 정보라면 이를 굳이 나중 시점에 공시하는 것보다는 이러한 정보의 공시를 앞당김으로써 부정적 정보가 시장에 추후에 전달되면서 발생할 수 있는 충격을 완화할 수도 있다고 주장한다. Skinner(1994)에 의하면 bad news의 경우가 보다 빨리 공시된다고 본다. 그러한 이유는 이익공시일에 이러한 bad news를 공시할 경우 큰 주가하락을 가져올 것을 두려워하기 때문에 미리 bad news를 공시하여 그로 인해 발생하는 소송 등의 발생을 막고자 함이다.

부정적인 정보가 좋은 정보에 비해서 더 빨리 공시된다는 점은 조금 과장된 표현이기도 하다. 오히려 늦지 않게 공시된다는 정도의 표현이 더욱 적절하기도 하다. 자율공시를 수행하려면 당연히 정보의 선별이 해당 기관의 공시담당자에게 맡겨져 있기 때문에 임의성이 개입될 수 있다. 이는 해당 기업의 담당자 이외에는 어느 시점에 기업이 정보를 알게 되었는지를 객관적으로 판단하는 것은 거의 불가능하기 때문이다. 따라서 자율공시를 수행하는 기업은 공시내용뿐만 아니라 시점과 관련된 고민도 당연히 수행할 것이다.

공시의 타이밍과 관련한 선행연구로는 Chambers와 Penman(1984)의 연구를 들 수 있다. Chambers와 Penman(1984)의 연구에 따르면 이익을 공시함에 있어서 영업의 결과 및 자산의 상태가 양호한 연도일 경우 주주총회를 예상일보다 당겨서 일찍 시행하며 그렇지 않을 경우 주주총회일자를 늦출 것이라고 하였다. 재무회계의 공시시점은 주주총회일자로부터 역으로 결정되기 때문에 공시시점과 연계되어 있다. 즉, 주주총회 이전 6주 전에는 재무제표를 이사회가 확정하여야 한다는 등의 일정이 준수되어야 한다.

즉, 기업은 나쁜 정보일(bad news) 경우는 공시를 지연하고 좋은 정보(good news)는 가능한 한 조속히 공시한다는 연구결과를 보였다. 그러므로 이러한 풍문보도와 관련한 조회공시에 대해 정보의 내용을 good news와 bad new로 구별하여 분석하는 것 또한 흥미롭다.

미국에 상장되어 있는 기업일 경우 내용이 잘못되면 엄청난 부담을 안게 되기 때문에 수시공시사항에 대해서 변호사가 내용을 검토하게 된다. 미국에 동시상장되어 있는 10여 개 기업은 미국시장에서의 수시공시와 관련된 제도도 만족하여야 한다. 국내에서도 거래소의 담당자와 기업의 담당자가 조회공시 등에 있어서는 빈번히 의사소통하는데, 다른 국가와는 시차 등의 문제로 이러한 연락이 용이하지만은 않을 수 있다. 예를 들어 NYSE에 상장하였을 경우, 이들 기업들은 외국기업이기 때문에 외국기업들이 사용하는 양식인 6-K를 보고한다. 6-K를 보고함에 있어서 자문변호사 등의 자문을 받게 된다. KT의 경우 공시내용이 결정되면 재무팀에서 영문초안을 작성해 자문변호사와 협의 후 완결지어 form 6-K로 SEC에 file한다. 물리적인 시간은 아무래도 협의시간 등이 걸려 금융감독원보다 조금 늦기는 하지만 시차로 인해 큰 문제는 없다고 한다.

2009년 3월 현재 외국 증권거래소에 상장된 기업은 다음과 같다.[12)]

NYSE: 국민지주, LG디스플레이, SKtelecom, 신한금융지주, 우리금융지주, KT, POSCO, 한국전력공사

London Stock Exchange: LG전자, LG화학, 금호타이어, 대신증권, 롯데쇼핑, 맥쿼리한국인프라투융자회사, 삼성물산, 삼성전자, 태웅, 하나투어, 현대

12) 증권예탁원, 2009. 3. 16. 홈페이지(http://www.ksd.or.kr/) [기업정보]-[해외증권정보] .

자동차

OTC(Over the Counter): S-oil, 동양메이저, 신세계, 지러닝, 한국씨티은행

NASDAQ: 그라비티, 웹젠, 인터파크지마켓, 픽셀플러스

Luxemburg: BHK, LG전자, 기아자동차, 대우조선해양, 삼성SDI, 중소기업은행, KCC, KT&G, 하이닉스반도체, 현대자동차, 현대제철

LG전자는 Luxemburg시장과 London시장에, 현대자동차는 Luxemburg시장과 London시장에 동시상장하고 있다.

이렇게 자율공시가 확대되고 개선되었지만 상장기업과 자본시장에 미치는 영향은 아직 미지수이다. 또한 아직 드러나지 않은 문제점이 있다면 이를 시행 초기에 발견하여 개선해야 할 필요성도 있다. 더욱이 자율공시제도의 확대가 기업의 경영투명성을 약화시킬 가능성을 배제할 수 없으며 자율공시제도를 남발하거나 악용하는 경우 시장에 왜곡된 정보를 제공하여 투자자에게 피해를 줄 가능성도 있다. 강제되는 공시라는 것과 자율되는 공시라는 것의 차이는 정보효과에 차이가 없다고 하여도 공시담당자들이 이를 같은 무게로 인식할 수는 없다.

특히나 개정된 공시규정에서 “신고할 수 있다”는 표현이 사용되었다. 이는 이전의 공시규정의 제1조 ①에서 “신고하여야 한다”, ②에서 “신고할 수 있다”는 표현에서 변경되었기 때문에 자율공시의 자율성이 더욱 보장되었다고 할 수 있다. 좋은 의미에서는 자율성의 보장이며 부정적인 의미에서는 임의성의 폭이 넓어졌다고도 할 수 있다.

자율공시는 수시공시의 한 형태로 정보전달의 목적으로 진행되었다. 자율공시는 보다 많은 정보의 전달로 경영자와 투자자 사이의 정보비대칭을 해소하여 자본시장의 효율성을 증대시킬 수 있는 순기능적인 역할을 수행하지만, 반면에 제3자의 검증이 생략되어 경영자의 자의성 증가로 재무정보의 신뢰성을 저하시킬 수 있는 가능성이 존재한다. 이는 특히 자율공시가 강제공시가 아니므로 규제하기가 상대적으로 어렵기 때문이기도 하다.

손성규, 곽병진, 김연화(2008)는 자율공시가 재무분석가의 정보환경에 미

치는 영향을 재무분석가 예측분산 및 예측오차를 통하여 검증한다. 실증분석 결과 자율공시를 적극적으로 수행한 기업의 재무분석가 이익예측분산은 유의적으로 작고, 재무분석가 이익예측오차는 유의적으로 큰 것으로 나타났다. 이런 결과는 공시수준이 높으면 정보비대칭이 낮다는 선행연구결과와 상반된 결과이다. 그 이유는 자율공시는 기업에게 공시의 선택권이 부여되므로 기업이 유리한 정보만 선택적으로 공시할 수도 있고, 강제의무공시사항과 비교하여 자율공시의 감시체제가 상대적으로 약하여 편의된(biased) 정보를 공시할 가능성이 높기 때문이다. 자율공시는 강제공시에 비해서 자율규제기관인 거래소의 규제만 받는다는 점을 이미 여러 번 기술하였다.

자율공시에 기업의 재량이 많이 개입되는 경우 재무분석가들의 예측이 일정한(낙관적인) 방향으로 편의되어 기업과 투자자 사이의 정보비대칭을 증가시킬 수 있다.

현재 자율공시는 지속적으로 확대되는 추세이나, 자율공시에 대한 감시체제와 불성실 자율공시에 대한 제재가 미미한 상황이다. 이 연구는 자율공시 정보이용자들의 더 많은 주의와 정책당국의 관리가 필요함을 시사한다.

감독기관에서 이미 공시된 내용이 미래시점에 적절하였는지를 확인하는데는 한계가 있을 수밖에 없다. 또한 미래예측이라는 것이 어디까지나 예측일 수밖에 없기 때문에 이러한 예측이 실제와 상이하다고 하여도 이와 같이 수치의 고의성에 대해서는 판단을 하기 어렵다. 다만, 차이금액에 근거하여 판단을 할 수밖에 없다. 이러한 금액이 정확하지 않았다고 하면 고의성이 개입되어서 금액이 잘못되었는지 또는 경제적 환경이 변경되어서 금액이 잘못되었는지에 무관하게 금액이 적절히 예측되지 않았다는 점에서는 이견이 있을 수 없다.

주요 경영사항공시항목이었다가 자율공시로 조정되었고 다시 주요 경영사항공시로 조정된 항목도 있다. 자산재평가공시와 관련되는데 이 내용은 정기공시의 내용변화와 밀접하게 연관된다.

16일부터 상장사 자산재평가 공시 의무화

이데일리, 2009. 4. 10.

상장사가 자산재평가를 하면 오는 16일부터 의무적으로 공시해야 한다. 10일 금융감독당국 등에 따르면 한국거래소는 '유가증권시장 및 코스닥시장 공시규정 개정안'을 마련, 금융위원회에 제출했다. 상장사가 유형자산에 대한 재평가를 할 경우 반드시 공시하도록 한 게 골자로 향후 금융위 의결을 거쳐 16일부터 시행한다는 계획이다.

2008회계연도부터 기업들에 허용된 유형자산에 대한 재평가는 2000년 말까지만 한시적으로 적용돼 지난 2001년 이후 허용되지 않아왔던 회계기준이다.

하지만 자산·부채를 취득원가 외에 공정가치로 평가할 수 있도록 한 국제회계기준(IFRS)이 오는 2011년 모든 상장사에 의무적으로 도입되는 만큼 금융위기에 따른 기업 회계부담 완화차원에서 조기 도입했다.

거래소의 이번 조치는 상장사의 자산재평가 결과가 주가 파급력이 큰 재료이지만 정작 '공시 해도 그만, 안해도 그만'인 자율공시인 탓에 투자자들이 혼란을 겪고 있기 때문이다.

종전 회계기준에서는 토지·건물·기계장치 등 영업을 하기 위해 취득한 유형자산에 대해 원가법(취득 장부가)만으로 평가하도록 하고 있다. 투자수익이나 임대목적으로 취득한 투자부동산에 대해서도 마찬가지다.

하지만 기업들은 2008년도 재무제표에 보유한 부동산, 항공기, 선박 등의 유형자산을 살 때 가격이 아니라 현재 시가로 재평가해 과거 10년간 자산가치 상승분을 반영할 수 있게 됐다.

유형자산 재평가는 그만큼 부채비율 감소 등 재무지표 개선 효과를 가져오게 된다.

이에 따라 최근 12월결산 법인들의 결산시즌과 맞물려 토지, 건물 등 부동산을 보유한 상장사들이 잇단 자산재평가를 통해 막대한 평가차익을 내면서 주가에 큰 영향을 미치고 있다.

특히 은행의 국제결제은행(BIS) 비율이나 보험사의 지급여력비율 등 금융회사들의 건전성 기준을 끌어올리는 효과가 있어 앞으로 자산재평가를 도입하는 금융회사들도 잇따를 것으로 예상되고 있다.

앞으로는 상장사들의 경우 이에 대한 공시가 의무화돼 투자자들은 공시를 통해 빠짐없이 제때 관련 정보를 얻을 수 있을 것으로 보인다.

금융당국 관계자는 "2000년까지 자산재평가제도가 존속해 있을 당시에는 의무공시사항이었기 때문에 이번 조치는 이를 부활시킨 측면이 있다"고 말했다.

조회공시 (Inquiry Disclosure)

chapter 05

거래소의 web에서는 조회공시를 다음과 같이 기술하고 있다.

의 의

조회공시는 유가증권의 공정한 거래와 투자자 보호를 위하여 기업의 주요 경영사항 또는 그에 준하는 사항에 관한 풍문 또는 보도(풍문 등)의 사실여부나 당해 기업이 발행한 주권 등의 가격이나 거래량에 현저한 변동(시황)이 있는 경우 거래소가 상장기업에게 중요한 정보의 유무에 대한 답변을 요구하고 당해 기업은 이에 응하여 공시하도록 하는 제도이다.

위에서도 인용되었지만 법령의 중요성을 간과할 수 없으므로 다음을 다시 반복 인용한다. 다음의 자본시장법의 내용은 조회공시의 근거가 된다.

> 자본시장법 제391조 (공시규정) ②. 3. 주권등상장법인에 관한 풍문이나 보도 등의 사실 여부 및 그 법인이 발행한 증권의 가격이나 거래량의 현저한 변동의 원인 등에 대한 거래소의 신고 또는 확인 요구에 관한 사항

KRX.krx.co.kr의 '공시제도>공시의 종류>수시공시>공시의 종류>조회공시>조회공시의 요구대상'을 다음으로 열거한다.

조회공시의 요구대상으로는,
주요 경영사항(유가증권시장공시규정 제7조)
자회사의 주요 경영사항(유가증권시장공시규정 제8조)
부동산투자회사 등의 주요 경영사항(유가증권시장공시규정 제9조)
선박투자회사의 주요 경영사항(유가증권시장공시규정 제10조)
공정공시 대상정보(유가증권시장공시규정 제15조)/자회사의 공정공시 대상정보(제16조)
자율공시사항(유가증권시장공시규정 제28조)
상기 요구대상에 준하는 사항이다.

거래소의 조회공시에 대한 web에서의 내용에는 조회공시의 요구대상으로 자회사의 주요 경영사항을 언급하고 있으므로 자회사의 주요 경영사항에 대해서도 이를 답할 의무가 있음을 암시하고 있다.

즉, 조회공시의 대상으로 주요 경영사항, 자율공시사항, 공정공시가 모두 포함되어 있으므로 조회공시는 모든 공시의 형태를 아우르는 범주임을 알 수 있다.

주요 경영사항에 대한 내용이 조회공시의 대상이라는 점에서는 어떻게 보면 주요 경영사항을 공시하여야 할 내용이 공시가 수행되지 않았기 때문에 조회공시의 대상이 되었다고 판단할 수 있다. 주요 경영사항공시에 대한 확인은 강제공시사항이기 때문에 이러한 항목이 조회공시의 대상이라는 사실 자체만으로 불성실공시에 해당한다고 생각할 수도 있다. 그렇기 때문에 과거에는 풍문, 보도와 관련되어 조회가 없었다는 것을 성실공시기업을 판단하는 잣대로 사용하기도 하였다.

단, 주요 경영사항공시로 유가증권시장공시규정 제7조(주요경영사항)의 열거되지 않은 사항 중에서도 풍문, 보도 및 증권의 가격이나 거래량의 현저한 변동과 관련된 내용은 주요 경영사항으로 공시할 수 있기 때문에, 주요 경영사항으로 공시되지 않았고 조회공시의 대상이 되었다고 해서 공시하여야 할 내용이 공시되지 않았다고 확정적으로 판단하기는 어렵다.

모회사가 자회사에 대해서 10% 정도의 지분을 갖는 경우는 자회사의 공시내용에 대한 책임을 지는 것으로 되어 있으며 이러한 차원에서 자회사의 주요 경영사항에 대해서도 조회할 수 있다.

그림 5-1 조회공시의 흐름

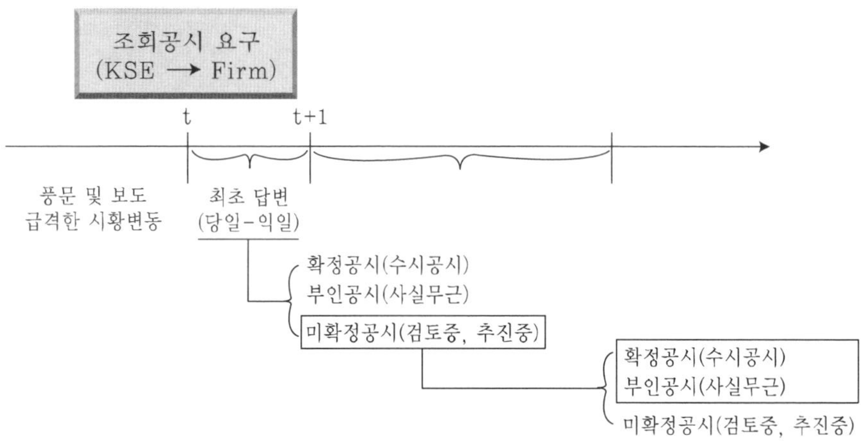

표 5-1 조회공시 요구내용과 기업의 답변시한

조회공시대상	내 용	답변시한
보도 또는 풍문	상장법인의 기업내용에 관해 거래소가 수집한 내용 및 전국 일간지에 게재된 기사	당일 또는 익일 오전
시황급변	풍문 등이 없더라도 주가 및 거래량이 급변하여 시황변동기준에 해당하는 경우	1일 이내

기업이 풍문 등과 관련하여 조회공시를 요구받은 경우에는 요구시점이 오전인 때에는 당일 오후까지, 오후인 때에는 다음날 오전까지 답변하여야 하며, 시황과 관련하여 조회공시를 요구받은 경우에는 요구받은 다음날까지

답변하여야 한다. 이와 같이 풍문 및 시황과 관련된 내용에 대해서 별도의 답변기한을 설정한 것은 정책당국이 판단하기에는 시황보다는 풍문이 좀더 시급하게 해결되어야 할 내용이라고 판단한다. 특히나 허황된 풍문일 경우는 이 영향이 증폭되기 전에 이를 조기에 진화하여야 할 의무도 거래소에는 있다. 시황은 계속 진행형일 수 있고 풍문은 단발적일 수 있다.

<표 5-1>은 조회공시대상 항목별 내용과 답변시한을 요약한 것이다. 조회공시에 대한 답변은 확정내용에 대한 공시, 미확정내용에 대한 공시로 나누어질 수 있다. 확정내용을 공시할 경우 사실일 경우는 그 내용을 확정사항으로 공시하며 사실이 아닐 경우 "사실무근"으로 공시 또는 "중요한 정보 없음"으로 공시한다. 미확정내용 공시시 "검토 중" 또는 "추진 중"으로 공시하며 공시의 내용은 검토배경, 이유, 목적, 내용, 추진상황 등 구체적 상황을 포함하여야 한다. 이러한 미확정사항을 재공시할 경우 의무시한은 당초 공시일로부터 1개월 이내에 수행해야 한다. 1개월 이내에 확정내용 또는 진척상황의 재공시가 곤란한 경우에는 당해 법인이 미확정 공시내용에 재공시기한을 명시하고, 그 기간 내에 재공시하여야 한다. 이러한 풍문・보도가 투자에 영향을 미칠 중대사항일 경우 조회공시 요구시 매매거래가 정지된다. 당해 풍문 등의 접수시부터 당해 풍문 등에 대한 조회결과가 공시된 후 30분이 경과한 때까지 매매거래가 중단된다.

이러한 조회공시제도는 미국에서도 찾아볼 수 있다. NYSE(New York Stock Exchange)에서는 풍문 또는 보도뿐만 아니라 이상매매의 양상을 보이는 종목이 있는 경우 당해 상장회사에 대해 미공개정보의 유무를 조회한다. NYSE는 매일 중요정보가 있을 것으로 판단되는 상장회사에게 전화로 중요정보의 유무를 확인하며, NYSE의 상장계약서에는 거래소가 특정정보를 합리적 수준에서 요구하는 경우 당해 회사는 이에 대한 정보를 거래소에 제공해야 한다고 명시하고 있다.

NYSE는 Market Surveillance and Evaluation Division을 통해 지속적인 시장감시프로그램을 유지하고 있다. 이 프로그램은 이상적인 가격 및 거래량 변동이 있거나 이해되지 않는 매수 또는 매도주문이 있는 경우, 당해 증권거래에 대해서 면밀한 검토를 하게 된다. 만일 어느 주식의 가격 움직임이 사전에 정해진 가이드라인을 초과하면, 동 주식에 즉시 표시되며(flagged) 그 원인을 찾기 위해 곧바로 상황검토가 이루어진다. 이러한 상황에서 NYSE는 동 회사가 공개적으로 공표되지 않았으나, 이상적 시장움직임의 원인이 될 수 있는 진전사항에 대해서 당해 상장회사에 조회한다. 시장이 미공개된 정보를 반영하는 것으로 나타나는 경우, 상장회사는 일반적으로 관련 정보를 즉시 공시해야 한다.

거래소의 유가증권시장공시규정 하에서의 조회공시의 내용은 아래와 같다.

제12조 (조회공시대상) ① 거래소는 제7조부터 제10조까지, 제15조, 제16조 및 제28조에서 정하는 사항이거나 이에 준하는 사항에 관하여 세칙에서 정하는 풍문 및 보도(이하 "풍문등"이라 한다)의 사실 여부의 확인을 위하여 조회공시를 요구할 수 있으며, 조회공시를 요구받은 유가증권시장주권상장법인은 공시요구시점이 오전인 경우에는 당일 오후까지, 오후인 경우에는 다음 날 오전까지[유가증권시장업무규정(이하 "업무규정"이라 한다) 제26조 제2항 각 호의 어느 하나에 해당하는 사유로 조회공시를 요구받은 경우에는 그 다음 날까지로 한다] 이에 응하여야 한다. 다만, 풍문 등의 내용이 1월(제7조 제1항 제3호 가목 (1)·(5)·(6) 그 밖에 이에 준하는 사항의 경우에는 3월) 이내에 이미 공시한 사항인 경우에는 조회공시를 요구하지 아니할 수 있다. (개정 2005. 12. 23, 2009. 1. 28)

② 거래소는 제1항에도 불구하고 풍문등이 없더라도 유가증권시장주권상장법인이 발행한 주권등의 가격 및 거래량이 거래소가 따로 정하는 기준에 해당하는 경우에는 해당 유가증권시장주권상장법인에 대하여 중요한 정보(제7조부터 제10조까지, 제15조, 제16조 및 제28조에서 정하는 사항에 관한 정보)의 유무에 대한 조회공시를 요구할 수 있으며, 조회공시를 요구받은 유가증권시장주권상장법인은 요구받은 다음 날까지 이에 응하여야 한다. 다만, 유가증권시장주권상장법인의 주권등의 가격 및 거래량이 본문

의 규정에 의한 최근 조회공시 요구일부터 15일 이내에 다시 본문의 규정에 의한 기준에 해당되는 경우에는 조회공시를 요구하지 아니할 수 있다. (개정 2005. 12. 23, 2009. 1. 28)

③ 유가증권시장주권상장법인이 다음 각호의 어느 하나에 해당하는 경우에는 제1항 및 제2항의 본문의 규정을 적용하지 아니할 수 있다. (개정 2009. 1. 28)

1. 다른 법령, 규정 등에 의하여 불가피한 경우
2. 천재 · 지변 · 전시 · 사변 · 경제사정의 급변 그 밖에 이에 준하는 사태가 발생하는 경우

第13조 (조회공시요구의 방법 등) ① 거래소는 유가증권시장주권상장법인의 대표이사, 제88조에 따른 공시책임자 또는 공시담당자에게 세칙으로 정하는 방법에 의하여 조회공시를 요구하고, 공시매체를 통하여 당해 조회공시 요구사실 및 그 내용을 공표한다. (개정 2009. 1. 28)

② 유가증권시장주권상장법인은 제1항에 따른 조회공시 요구사항이 제7조 제1항 제3호 가목 (1) 또는 같은 목 (5) 등에 관련되는 사항으로서 필요한 경우에는 최대주주 등의 확인을 거쳐 조회공시를 하여야 한다. (개정 2009. 1. 28)

第14조 (미확정공시에 대한 재공시) ① 유가증권시장주권상장법인이 제12조에 따른 조회공시를 해당 유가증권시장주권상장법인의 의사결정 과정중에 있다는 내용으로 공시(이하 "미확정공시"라 한다)한 경우에는 그 공시일부터 1월 이내에 해당 공시사항에 대한 확정내용 또는 진척상황을 재공시하여야 한다. 다만, 미확정공시일부터 1월 이내에 확정내용 또는 진척상황의 재공시가 사실상 곤란하다고 인정되는 경우에는 해당 유가증권시장주권상장법인이 미확정공시시에 명시한 기한 내에 재공시하게 할 수 있다. (개정 2009. 1. 28)

② 제1항의 규정에 의한 미확정공시를 재공시하는 경우에는 당해 의사결정 과정에 대한 구체적인 상황이 포함되어야 한다.

조회공시와 관련되어 시사적으로 어떠한 내용이 이슈가 되는지를 검토하기 위해서 관련된 신문기사를 인용한다.

'별일 없다' 조회공시 못 믿겠다

매일경제신문, 2002. 12. 24.

코스닥위원회 관계자는 "조회공시는 주가 급등락에 대한 사전경고 자체로서 의미를 가진다"며 "회사측이 명확한 사유를 밝히지 않더라도 투자자들에게 경각심을 일으킬 수 있다"고 말했다.

즉, 조회공시를 받는다는 것 자체가 경각심을 환기시킨다는 취지가 있다.

조회공시 있으나마나

매일경제신문, 2004. 8. 2.

"최근 시황변동에 영향을 미칠 만한 사항으로서 현재 진행 중이거나 결정된 사항은 없습니다" … 하나마나한 답변이 많아 실효성에 의문이 제기되고 있다.

조회공시 기사

매일경제신문, 2004. 10. 4.

시황변동에 대해 70%가 넘는 기업이 부인공시를 했다는 것은 개인들이 심층적인 기업분석보다는 '…하더라'식 소문을 따라 투자했음을 보여주는 증거라고 지적했다.

즉, 우리나라의 경우 대부분의 시황변동은 특별한 새로운 사건이 아닌 소문성 루머에 불과함을 보인다. 단, 이러한 논리전개는 위에 인용된 부인공시가 적법하다는 점을 가정한다.

조회공시 답변 '아리송' 주가급등 사유 '구렁이 담넘듯'

한국경제신문, 2006. 9. 18.

조회공시 답변이 투자자들의 궁금증을 해소시키지 못한다는 지적이 일고 있다. 관련 기업들은 원론적인 입장만 밝히거나 모호한 답변만 내세워 조회공시 취지를 무색케 한다는 것이다. 17일 증권선물거래소에 따르면 최근 코스닥기업 중 시나비전, 대양이엔씨, 하나로텔레컴, 케이알 등이 조회공시 답변을 내놨다. 시나비전은 최근 주가 급등과 관련, IT와 entertainment 산업을 융합시킨 신규 수익산업을 추진 중이라고 밝혔다. 하지만 시나비전은 올 초부터 엔터테인먼트 사업 추진의사를 여러 번 밝혀온 까닭에 이번 답변공시가 주가변동을 충분히 설명해 주지 못한다는 지적이다.

... 재탕한 것으로 주가변동을 설명하기에 충분치 않다.

... "자금조성을 통해 자사주 처분 및 사채발행을 검토한 바 있으나 결정된 사항은 없다"고 말했다. 자금조달을 통해 향후 어떤 사업을 할지 궁금증만 키웠다는 시각도 적지 않다.

손성규, 곽지영(2008)은 조회공시요구에 대한 기업의 공시행태, 좋은/나쁜정보에 대한 시장의 사전적인 반응이 나타나는지를 실증분석하였다. 또한 조회공시요구에 대한 답변내용을 세부적으로 구분하여 이에 대한 시장의 차별적인 반응이 나타나는지를 실증분석하였다.

실증분석결과 좋은/나쁜 정보에 따른 공시지연 정도는 차이가 없는 것으로 나타났다. 또한 조회공시 요구시점과 정보가 추후 확인되는 시점에서의 확정/부인되었는지 여부에 따라 좋은/나쁜 정보별 누적추가수익률의 추이를 분석한 결과 좋은 정보에 대해서는 조회공시요구일 이전에 급등하다가 요구일 이후 지속적으로 하락하는 데 비해 나쁜 정보의 경우 뚜렷한 반응을 보이지 않다가 +1일부터 +3일까지 하락하는 것으로 나타났다. 확인시점의 경우 당일 또는 익일에 확정된 표본의 경우 좋은 정보, 나쁜 정보에서 전반적으로 예상과 일치하는 유의적인 상관관계를 보였다. 그러나 이에 비해 당일 또는 익일 이후에 확정된 표본의 경우, 예상과 반대의 결과를 보이거나 뚜렷한 주가반응이 나타나지 않았다. 이는 확인시점이 당일 또는 익일 이후로 길어질 경우 시장의 투자자들은 관심을 지속하고 있지 않아 뚜렷한 주가반응을 보이지 않는 것으로 생각된다. 더불어 조회공시요구에 대한 확인시점 전후의 주식수익률의 변동성을 분석한 결과 주식수익률의 변동성이 조회공시요구 전후에 변동이 없었다.

이 연구는 조회공시와 관련되어 제도의 시행에 대한 체계적인 연구가 수행되지 않았기 때문에 조회공시가 시장에서 어떻게 인식되는지를 검토하는 첫 연구라는 점에서 의의가 있다.

조회공시를 수행하는 부서는 아래와 같다. 공시를 담당하는 공시부서와 시장을 감사하는 감시본부 사이에 그 역할이 명확하게 구분되어 차단의 벽을 쌓고 있다.

표 5-2 조회공시 제재과정

구분	시장감시본부	유가증권시장본부(공시팀)
풍문	• 수집한 풍문정보 중 신뢰성이 있어 조회가 필요한 경우 → 시장본부(유가 · 코스닥)에 전달	• 전달받은 내용에 의해 상장법인에게 조회공시를 요구 • (필요시)매매거래정지
보도	–	• 자체적으로 확인한 후 상장법인에게 조회공시를 요구 • (필요시)매매거래정지
시황	• 시황급변기준 해당 종목을 적출 → 시장본부(유가 · 코스닥)에 전달	• 전달받은 내용에 의해 상장법인에게 조회공시를 요구

거래소를 공공기관으로 지정하는 데 대해서 많은 논란이 있다. 거래소의 입장은 엄연히 주주가 있는 민간기업을 공공기업으로 지정한다는 것이 전혀 설득력이 없다는 입장이고 정부 일각에서는 거래소는 공공성이 매우 강한 조직인데 특히나 독점적인 위치를 점하고 있기 때문에 공공기관이어야 한다는 입장이다. 이러한 논쟁 중에도 시장감시위원회의 위상과 관련된 논의도 포함된다. 시장감시위원회운영규정 제3조(구성)에 의하면 "위원회는 자본시장법 제402조(시장감시위원회) 제2항 및 한국거래소 정관 제49조 제1항(시장감시위원회의 구성 및 업무)에 따라 시장감시위원장 및 다음 각호의 자로서 이사회에서 임명하는 비상임위원으로 구성한다.

1. 금융위원회 위원장이 추천하는 2인
2. 한국금융투자협회가 추천하는 2인으로 되어 있다.

위원은 이사회에서 추천한다. 이것만으로는 독립성을 담보하기가 불충분하다는 의견이 제시되었다.

이사회나 감사위원회가 회사 내의 구성원으로 조직된 것에 비해서는 독립성은 제고될 수 있지만 회사 내의 조직에 비해서 더욱 생산적으로 업무를 수행할 수 있는지에 대해서는 이론이 있을 수 있다. 독립된 위원회의 위원은 비상근외부인사로 구성될 수밖에 없는데, 이들이 위원회 활동에 참여하는 시간은 제한될 수밖에 없으며 또한 상근임직원에 비해서 해당 업무의 파악 및 정보획득에 뒤질 수밖에 없다. 그렇기 때문에 독립성과 전문성을 동시에 추구하기는 어렵다.

조회공시는 공시번복과 밀접하게 연관되어 있는데, 공시번복과 관련되는 내용은 다음 장에서 종합적으로 기술한다.

참고로 최근 수년간, 조회공시건수, 확정·부인·미확정 답변건수는 다음과 같다.

표 5-3 조회공시건수, 확정 · 부인 · 미확정 답변건수

구 분		2006년	2007년	2008년
답변공시	확정	8	15	8
	부인	105	173	184
	미확정	111	152	154
조회공시 총건수		224	340	346

* 답변공시는 조회공시 후 최초의 답변을 기준으로 분류.

불성실공시

chapter 06

불성실공시에 대해서 증권선물거래소 web에서는 다음과 같이 설명하고 있다.

위반에 대한 제재

상장법인이 자본시장법 및 유가증권시장공시규정에 의한 공시의무를 성실히 이행하지 않을 경우, 불성실공시법인지정은 자본시장법상의 허위공시 등에 대한 제재나 금융위의 공시의무위반에 대한 제재 외에 자율규제기관인 거래소의 제재조치로서 상장법인의 성실한 공시의무이행을 위해 두고 있는 제도라고 할 수 있다. 이 제도는 1988년 7월부터 시행되었다.

정기공시인 재무제표가 불성실할 경우도 감독원의 감리에 의해서 제재받을 수 있는 것이나 수시공시가 거래소나 감독기관으로부터 제재를 받는 것이나 동일하다.

지정절차

거래소는 불성실공시에 해당하는 상장법인에 대하여 당해 위반건에 대한 충분한 의견 개진의 기회를 부여하여 절차적 타당성 및 공정성을 기하고 있다. 유가증권상장공시위원회와 코스닥상장공시위원회를 가동 중에 있다.

불성실공시법인의 지정예고

주권상장법인이 불성실공시에 해당하는 경우에는 먼저 당해 법인에 대하여 불성실공시법인 지정예고를 한다.

불성실공시법인의 지정예고에 대한 이의신청

불성실공시법인 지정예고된 법인이 해당 내용에 대하여 이의가 있는 때에는 불성실공시법인 지정예고를 통보받은 날부터 7일 이내에 이의신청을 할 수 있다.

불성실공시법인 지정

불성실공시법인 지정예고된 법인이 이의신청을 하지 않는 경우 이의신청 마감일에 당해 법인을 불성실공시법인으로 지정·공표하게 된다. 불성실공시법인 지정예고된 법인이 이의신청을 하는 경우, 이의신청을 받은 날로부터 12일 이내에 별도의 독립 심의기구인 공시위원회의 심의를 거쳐 당해 법인의 불성실공시 해당 여부를 결정하게 되어 있었다.

그러나 이러한 내용이 자본시장법이 시행되는 2009년 2월 시점에 수정되어,

불성실공시업인 지정예고에 대한 이의신청이 있는 경우에 한하여 공시위원회의 심의절차를 거치는 절차에서 불성실공시법인 지정예고에 대한 이의신청의 유무와 상관없이 공시위원회의 심의절차를 거치는 것으로 내용이 변경되었다. 다만, 위반의 내용 등을 감안하여 위원회의 심의가 필요하지 않다고 인정되는 경우 위원회의 심의를 생략할 수도 있다.

현재의 공시위원회 위원 구성은 다음과 같다.

증권 및 시장운영에 전문지식과 경험이 풍부한 자(위원장)

회계전문가

법률전문가

기관투자자상근임원

상장사협의회 임원 -> 상장회사재무담당임원으로 2009년 4월부터 교체

거래소공시담당임원

불성실공시법인 조치 유형

매매거래정지

불성실공시법인 지정되어 부과받은 벌점이 5점 이상인 경우에는 매매거

래일을 기준으로 불성실공시법인 지정일 당일 1일간 매매거래정지

불성실공시 사실 공표

불성실공시법인 지정일부터 5회 연속 증권시장지에 당해 사실과 경위 게재

또한 과거에는 증권시장지 및 증권정보 단말기 등의 시세표상에 1개월간 '不' 또는 '불성실공시법인'을 표시하였고, 전자공시시스템에 명단, 지정사유 및 부과벌점 등을 1년간 게재하였는데, 자본시장법이 적용되는 시점에 불성실공시법인 지정사실 공표기간이 다음과 같이 차별화되었다.

증권정보단말기 등의 시세표상 '不' 또는 '불성실공시법인' 공표기간을 부과벌점 수준에 따라 차별화(유가증권시장공시규정시행세칙 제14조 ②의 내용)하여 2009년 2월부터 다음과 같이 변경되었다.

표 6-1 불성실공시 공표기간

현 행	개 정
• 최초로 공표되는 날을 포함하여 1월간(벌점수준에 관계없음)	• 최초로 공표되는 날을 포함하여 부과벌점 수준에 따라 차별화 – 5점 미만: 1주일간 – 5점 이상 10점 미만: 2주일간 – 10점 이상: 1월간

불성실공시 법인에 대한 교육

거래소는 불성실공시법인의 공시책임자 및 공시담당자에 대하여 불성실공시 예방을 위한 교육실시

개선계획서 제출요구 등

거래소는 불성실공시법인이 부과된 벌점의 누계가 10점 또는 관리종목으로 지정되는 경우 불성실공시의 재발방지를 위한 개선계획서의 제출을 요구할 수 있으며, 당해 법인은 10일 이내에 제출

공시제재금 부과

거래소는 불성실공시법인 지정, 벌점부과, 개선계획서 요구 및 관리종목 지정 등 시장조치를 통하여 간접적 제재를 수행하고 있었는데, 간접 제재만으로의 한계 및 직접적 제재수단이 필요하여 자본시장법이 통과되는 2009년 2월부터 공시위반제재금을 부과하기 시작하였다. 감독기관에서는 이전부터 과징금 등으로 제재를 가하는 데 비해서 거래소에서는 적절한 제재수단의 부족을 느끼고 있었다.

공시의무 위반에 대하여 금융위원회에 의한 공적 규제와 거래소에 의한 자율규제가 가능하다. 거래소는 불성실공시법인 지정, 벌점부과, 개선계획서 요구 및 관리종목 지정 등 시장조치를 통하여 간접적 제재를 수행하였는데, 공시위반 유형별로 거래소가 상장법인에게 공시위반제재금을 부과할 수 있는 근거를 신설하였다(유가증권시장공시규정 제35조의2).

> 제34조 (불성실공시법인 지정 등의 예고에 대한 이의신청) ② 거래소는 특별한 사유가 없는 한 제33조 제1항에 따른 불성실공시법인 지정예고일로부터 12일 이내에 제89조에 따른 유가증권시장공시위원회(이하 "위원회"라 한다)의 심의를 거쳐 심의일로부터 3일 이내에 해당 유가증권시장 주권상장법인에 대한 불성실공시법인지정 여부, 부과벌점 및 제35조의2에 따른 **공시위반제재금의 부과** 여부 등을 결정하여야 한다. 다만, 위반의 내용 등을 감안하여 위원회의 심의가 필요하지 않다고 인정하는 경우에는 위원회의 심의를 거치지 아니할 수 있다. (개정 2005. 12. 23, 2009. 1. 28)

> 제35조의2 (공시위반제재금) ① 거래소는 제35조에 따라 유가증권시장주권상장법인을 불성실공시법인으로 지정하는 경우 벌점부과 이외에 3천만원 이내에서 공시위반제재금(이하 "제재금"이라 한다)을 부과할 수 있다.
> ② 제1항의 제재금 부과와 관련하여 부과기준, 부과금액, 벌점과 제재금의 병과 또는 선택 부과 등 필요한 사항은 거래소가 따로 정한다.

③ 거래소는 유가증권시장주권상장법인이 납부기한 내에 제1항에 따른 제재금을 납부하지 아니한 경우 벌점의 가중 또는 지급명령의 신청 등 필요한 절차를 취할 수 있다.
〔본조 신설 2009. 1. 28〕

공시규정시행세칙

제13조의3 (공시위반제재금의 부과기준 등) ① 규정 제35조의2 제2항에 따른 제재금의 부과기준 등은 다음 각 호와 같다.

1. 부과대상 : 고의, 중과실 또는 **상습적으로** 공시의무를 위반하여 공익과 투자자 보호에 중대한 영향을 미치는 경우
2. 부과금액 : 규정 제35조 제2항에 따라 부과받은 벌점을 기준으로 다음 각 목의 사유별로 이에 해당하는 금액을 곱한 금액
   가. 고의 또는 중과실 : 100만원
   나. 상습 : 100만원
   다. 가목 및 나목에 모두 해당하는 경우 : 200만원
3. 부과방법 : 별지 제5호의 서식에 따른 "공시위반제재금 부과 통지서"를 유가증권시장주권상장법인에게 통보
4. 납부기한 : 부과 통지일로부터 1월 이내

② 그 밖에 제재금의 사용 및 관리에 관한 사항은 거래소가 정한다. (본조신설 2009. 2. 3)

상습적인 공시 위반기업에서 상습적이라는 것을 어떻게 정형화하는지에 대해서는 수치화되어 있지 않다. 예를 들어 성실공시법인은 5년간 불성실공시가 없는 법인이라고 정하고 있는 데 비하면 이 경우는 주관적인 판단에 맡긴다.

관리종목 지정

불성실공시법인 지정 등으로 인한 벌점부과일로부터 기산하여 과거 1년

이내의 누계벌점이 15점 이상이 되는 경우 관리종목으로 지정한다. 관리종목으로 지정됨은 투자자에게 유의해서 투자하라는 신호를 보내는 것이다.

정기공시인 회계의 문제에 대해서도 관리종목으로 지정되며 정기공시에 대해서도 관리종목으로 지정된다. 코스닥증권시장에는 관리종목만 존재하는 것이 아니라 투자유의종목이라는 분류도 별도로 존재한다. 관리종목으로 지정될 경우는 감사인이 지정되는 등의 불이익을 받게 된다. 엄밀하게 따지면 관리종목으로 지정되면서 감사인이 지정되는 경우는 회계적인 이슈와 관련될 경우에 더욱 정당성을 갖는데, 정기공시에 기인하여 관리종목으로 지정된 경우도 포괄적으로 공시에 문제가 있어서 관리종목으로 지정된 것이므로 감사인이 지정되는 데 큰 문제가 있는 것은 아니다.

매매거래정지

상장주권에 대한 중대한 영향이 미치는 사항이 발생하는 경우 그 사실을 투자자에게 주지시키거나 기타 공익과 투자자보호 및 시장관리를 위해 취하는 조치이다.

매매거래정지가 penalty인가에 대해서는 이견이 있을 수 있다. 매매거래정지는 물론, 매매거래정지라는 조치를 받았다는 데 있어서는 penalty라고 할 수 있으나 매매거래의 의의는 불성실공시한 법인에 대해서 시장이 해당 기업을 재평가하는 시간을 허락하는 것이다. 후자의 의미에 있어서는 penalty라고 할 수 없다. 단, 매매거래 정지조치를 받았다는 사실 자체가 부정적으로 해석될 수 있다.

코스닥공시 뜯어보고 투자를

매일경제신문, 2007. 10. 13.

공시번복이 빈번하게 일어나는 이유는 뭘까. 제재 강도가 약하다는 것도 한 이유로 꼽히지만 코스닥기업의 특성상 지나치게 엄한 잣대를 대기 어렵다는 것이 딜레마이다. **불성실공시 지정시 1거래일 거래가 정지될 뿐이다**.

즉, 이 신문기사는 매매거래 정지가 진정한 penalty인지에 대해서 위에 제기된 의문과 관련된 신문기사 내용이다.

매매거래정지 대상 및 기간은 다음과 같다.

— 불성실공시로 인한 매매거래정지
  불성실공시법인 지정일 당일 1일간 매매거래정지조치
— 조회공시 요구에 대하여 그 신고시한까지 응하지 아니한 경우
  신고시한 이후부터 조회공시 답변시까지 매매거래정지조치
— 주요 내용공시로 인한 매매거래정지
  당해 공시시점부터 30분간 매매거래정지조치

자율규제기관인 거래소가 취할 수 있는 조치 이외에도 금융위원회가 취할 수 있는 법적 조치는 다음과 같다.

자본시장법시행령

제138조 (금융위원회의 조치) 법 제132조 각 호 외의 부분 전단에서 "대통령령으로 정하는 조치"란 다음 각 호의 어느 하나에 해당하는 조치를 말한다.

1. 1년의 범위에서 증권의 발행 제한
2. 임원에 대한 해임권고
3. 법을 위반한 경우에는 고발 또는 수사기관에의 통보
4. 다른 법률을 위반한 경우에는 관련 기관이나 수사기관에의 통보
5. 경고 또는 주의

임원해임의 주체는 민간기업의 몫이므로 이는 권고사항은 되어도 강제사항이 될 수는 없다. 권고하면 해당 기업에서 이에 대해 조치를 취해야 한다는 의미일 수도 있다. 그러나 이 조치는 권고에 불과하다. 물론, 기업에서 감독기관의 해임권고를 무시하기도 어렵지만 과거에는 주주총회에서 해임권고를 수용하지 않은 경우도 있으며 임원을 해임 후 어느 정도 기간이 경과한 후 이 임원을 다시 임원으로 임명하는 경우도 있다. 본인이 해임에 동의

하여 사직하지 않는다면 민간기업 차원에서도 등기임원을 해임하는 것이 용이하지 않다.

유가증권발행제한이 실효성이 있는 제도인지에 대해서는 이견이 있다. 유가증권의 발행계획이 없는 기업이거나 여러 가지 어려운 기업환경에 처한 기업일 경우는 유가증권에 대한 발행제한은 그다지 효과가 없는 계획이다.

임원해임권고도 이 임원이 최대주주의 실세 임원이 아니라면 실질적인 제재의 효과가 있는지에 대해서는 의문이 제기될 수 있다. 어차피 임원이 고용이 보장되지 않는 신분이라면 현재의 임원을 대신할 수 있는 대안은 항상 찾을 수 있다. 따라서 임원해임권고는 해임되는 임원 개인에게는 제재로 작용할 수 있지만 이러한 제재가 해당 기업에 대한 제재인지에 대해서는 의문이 제기될 수 있다.

단, 최대주주가 임원을 겸하고 있는 경우에는 최대주주가 소유와 경영이 분리되지 않은 상황에서 실질적인 경영권을 행사하고 있으므로 큰 영향을 미칠 수 있다. 과거에 분식회계와 관련되어 최대주주/대표이사가 감독원으로부터 제재를 받아서 수년간 등기임원으로 복귀할 수 없었던 경우도 있었다.

과거에는 불성실공시법인에 대해서 3진 out 제도가 시행된 적이 있다. 불성실공시의 경중에 무관하게 세 번 불성실공시로 지적받은 기업이 퇴출되는 제도이다. 미약한 수준의 불성실공시와 심각한 수준의 불성실공시가 동일한 수준으로 평가받았기 때문에 제도가 시행될 때도 엄청나게 강한 제도라는 점이라는 우려의 의견이 있었다. 물론, 그러한 이유에서 벌점제도로 제도가 변경되었다.

'불성실공시 벌점제 효과 있네'

매일경제신문, 2006. 6. 13.

지난 2004년 10월 불성실공시제도 강화 이후 시장에서 불성실공시행위가 대폭 감소하는 것으로 나타났다. ... 1988년 7월 처음 도입된 불성실공시제도는 꾸준히 규제 강화되었고 2005년 12월 이후 벌점 누적으로 인한 퇴출제도는 폐지했지만 벌점으로 인해 관리종목으로 지정되는 제도는 여전히 시행 중이다.

실질적으로 위반의 경중에 무관하게 3진 out 제도가 시행되었고 이 제도에 의해서 실질적으로 퇴출된 기업도 있었다. 3진 out 제도는 불성실공시에 대한 적극적 대응을 통해 증권시장의 건전성 제고를 위해 퇴출제도 강화방안의 일환으로 2002년 1월 도입되었다.

단, 기업실체와 무관한 단순실수 등에 의한 공시위반을 상장폐지 요건으로 적용하는 것은 과도한 제재로 보아 2005년 12월에 폐지되었다.

3진 out 제도에 따라 불성실공시 사유로 상장폐지된 기업은 코스닥시장 2개사(다른 사항까지 고려하여)가 있으며 유가증권시장은 없다.

① 세림아이텍(상장폐지일: 2002년 10월 26일)

발생일	사 유	시장조치	조치일자
'01.11.19	공시번복(유상증자결의 취소)	불성실공시법인 지정	'01.11.30
'02.02.19 '02.02.26	공시번복(공급계약 취소) 공시불이행(최대주주 변경)	투자유의종목 지정	'02.03.05
'02.10.26	공시불이행(대주주 자금거래)	등록취소사유 발생	'02.10.26

② 카리스소프트(상장폐지일: 2002년 9월 11일)

발생일	사 유	시장조치	조치일자
'02.03.31	공시불이행(대주주 자금거래)	불성실공시법인 지정	'02.06.11
'02.08.01	공시번복(차입계약 취소)	투자유의종목 지정	'02.08.13
'02.06.11 '02.06.11	공시불이행(대주주 담보제공) 공시불이행(타인 금전대여)	등록취소사유 발생	'02.09.11

第29조 (공시불이행) 거래소는 유가증권시장주권상장법인이 다음 각 호의 어느 하나에 해당된 때에는 공시불이행으로 본다.

1. 제7조부터 제10조까지, 제12조, 제14조 제1항, 제15조부터 제17조까지 및 제45조에 따른 신고기한까지 이를 신고하지 아니하거나 제12조에 따른 신고내용이 제43조 제3호에 해당한 경우
2. 제7조부터 제10조까지, 제12조, 제14조, 제15조부터 제17조까지, 제28조 및 제45조에 따른 공시사항을 허위로 공시하는 경우 (개정 2008. 9. 12)
3. 제43조의2 제3항에 따른 유보기간이 경과하거나 유보조건이 해제된 다음 날까지 이를 공시하지 아니한 경우

〔본조 개정 2009. 1. 28〕

第30조 (공시번복) 거래소는 유가증권시장주권상장법인이 다음 각호의 어느 하나에 해당된 때에는 공시번복으로 본다. (개정 2009. 1. 28)

1. 제7조부터 제10조까지, 제12조, 제15조, 제16조 및 제28조에 따라 이미 공시한 내용의 전면취소, 부인 또는 이에 준하는 내용을 공시한 때 (개정 2005. 12. 23, 2009. 1. 28)
2. 제12조제1항에 따른 조회공시 요구에 대하여 풍문 등의 내용을 부인공시하거나 제45조에 따라 공시한 후 1월 (제7조 제1항 제3호 가목 (1)·(5)·(6) 그 밖에 이에 준하는 사항의 경우에는 3월) 이내에 이를 전면취소, 부인 또는 이에 준하는 내용을 공시한 때 (개정 2009. 1. 28)
3. 제12조 제2항에 따른 조회공시 요구에 응하여 답변공시 한 후 그 날로부터 15일 이내에 답변공시한 사항외의 세칙에서 정하는 사항을 공시한 때 (개정 2005. 12. 23, 2009. 1. 28)

공시번복항목 내용이 방대하므로 이를 다음과 같이 요약한다. 조항은 모두 유가증권시장공시규정 내의 조항이다.

— 주요 경영사항(제7~10조), 조회공시(제12~13조), 공정공시(제15~19조), 자율공시(제28조) 내용의 전면 취소 또는 부인
— 풍문 등의 조회공시에 대한 부인(제12조 제1항) 또는 기공시내용의 변동사항신고(제45조) 후 1월 이내 전면 취소 또는 부인
— 합병 등(제7조 제1항 제3호 가 목(1)), 최대주주 변경 등(제7조 제1항 제3호 가목 (6)) 사항은 3월 이내(제12조) 전면 취소 또는 부인
— 현저한 시황관련(제12조 제2항) 조회공시 답변 후 15일 이내에 답변공시사항 외에 세칙에서 정하는 사항 공시(13항목)

원천: 유가증권 공시제도 가이드(2007. 7).

관련된 공시규정은 Chapter 2와 Chapter 5에 인용되어 있으며 아래에는 제45조만을 인용한다.

제45조 (기공시내용의 변동사항 신고) 유가증권시장주권상장법인은 제7조부터 제10조까지, 제15조부터 제17조까지, 제25조 또는 제28조에 따라 확정공시한 후 해당 공시내용을 취소 또는 변경하는 경우에는 사유발생일 다음 날(기공시내용이 사유발생일 당일에 신고하도록 규정되어 있는 경우에는 당일. 다만, 제15조 및 제16조와 관련된 사항의 경우에는 사유발생일 다음 날로 한다)까지 거래소에 신고하여야 한다. (개정 2005. 12. 23, 2009. 1. 28)

제12조 제1항의 내용

“다만, 풍문 등의 내용이 ‘1월’(제7조 제1항 제3호 가목 (1) · (5) · (6) 그 밖에 이에 준하는 사항의 경우에는 ‘3월’) 이내에 이미 공시한 사항인 경우에는 조회공시를 요구하지 아니할 수 있다.”

(1), (5) 및 (6)의 내용은 아래와 같다.

(1) 최대주주

(5) 「상법」 제374조 · 제522조 · 제530조의2 및 제530조의12에서 규정한 사실에 관한 결정이 있은 때

(6) 간이합병 또는 소규모합병

규정 제30조 (공시번복) 제3항은

3. 제12조 제2항에 따른 조회공시 요구에 응하여 답변공시한 후 그 날로부터 **15일** 이내에 답변공시한 사항외의 세칙에서 정하는 사항을 공시한 때 (개정 2005. 12. 23, 2009. 1. 28)

유가증권시장공시규정시행세칙

제9조 (현저한 시황변동관련 조회공시번복의 적용사항) 규정 제30조(공시번복) 제3호에서 세칙에서 정하는 사항이란 규정 제7조 제1항 중 제1호 다목, 제2호 가목 (1)부터 (4)까지와 (6) · (8), 제2호 나목 (3), 제2호 마목 (4) · (5), 제3호 가목 (4)부터 (6)까지의 어느 하나에 해당하는 사항을 말한다. (개정 2009. 2. 3)

이들 13개의 내용은 다음과 같다.

다. 최근 사업연도 매출액의 100분의 10(대규모 법인의 경우 100분의 5) 이상의 단일 판매계약 또는 공급계약을 체결한 때 및 해당 계약을 해지한 때

(1) 증자 또는 감자에 관한 결정이 있은 때

(2) 주식의 이익소각에 관한 결정이 있은 때

(3) 법 제165조의2에 따른 자기주식의 취득 또는 처분(신탁계약 등의 체결 또는 해지를 포함한다), 신탁계약 등의 체결을 통해 취득한 자기주식의 유가증권시장 외에서의 처분에 관한 결정이 있은 때

(4) 「상법」 제329조의2 및 제440조에 따른 주식분할 또는 병(자본감소를 위한 주식병합은 제외한다)에 관한 결정이 있은 때

(6) 전환사채, 신주인수권부사채, 교환사채 또는 증권예탁증권(외국에서 이와 유사한 증권 또는 증서가 발행되는 경우를 포함한다)의 발행에 관한 결정이 있은 때

(8) 해당 법인이 발행한 주권을 상장폐지 하기로 결정한 때

나.

(3) 자기자본의 100분의 5(대규모법인의 경우 1,000분의 25) 이상의 출자(타법인이 발행한 주식 또는 출자증권의 취득을 말한다. 이하 같다) 또는 출자지분 처분에 관한 결정이 있은 때. 다만, 다음의 어느 하나에 해당하는 경우에는 그러하지 아니하다.

마.

(4) 주식배당에 관한 결정이 있은 때

(5) 현금배당(법 제165조의12에 따른 분기배당 및 「상법」 제462조의3에 따른 중간 배당을 포함한다)에 관한 결정이 있은 때 및 중간배당(분기배당을 포함한다)을 위한 주주명부폐쇄기간(기준일을 포함한다)을 결정한 때. 이 경우 해당 배당신고는 시가배당률에 의하여야 하며 액면배당률은 이를 표시하지 아니한다.

가.

(4) 「상법」 제3편 제4장 제2절 제2관 또는 제3관에 따른 주식교환 또는 주식이전의 결정이 있은 때

(5) 「상법」 제374조 · 제522조 · 제530조의2 및 제530조의12에서 규정한 사실에 관한 결정이 있은 때

(6) 「상법」 제572조의2에 따른 간이 합병 또는 제527조의3에 따른 소규모 합병에 관한 결정이 있은 때

현저한 시황변동 관련 조회공시번복의 적용대상을 시황에 직접적인 영향을 미칠 수 있는 13개 공시사항으로 구체적으로 한정함으로써 기업들이 조회공시에 대한 부담이 상당부분 경감되었다.

최근 조회공시(현저한 시황 관련) 관련 제도의 변화를 두 가지 측면에서 기술한다.

첫째는 수시공시를 번복할 수 있는 기간이 30일에서 15일로 변경된 점, 둘째는 현저한 시황 관련 조회공시를 번복함으로써 조치를 받을 수 있는 항목들이 변경된 점이다.

수시공시의 취지가 적시에 정보를 공시함에 존재하는 것인데, 조회공시에 대한 내용을 번복할 수 있는 기간이 30일에서 15일로 단축되면서(현재 유가증권시장공시규정 제30조 제3항) 과거에는 30일까지 기다리다가 공시를 수행하였는데 제도가 변경된 이후에는 15일만 기다리면 되므로 기간을 기다렸다가 16일째 되는 일자에 공시를 수행하게 된다. 과거에는 30일 동안 기다린다는 것이 어차피 가능하지 않았을 경우는 중간에 이를 공시번복하게 되었지만 변경된 제도에서는 15일만 기다리면 공시번복이라는 불성실공시를 피하면서 공시하게 되므로 15일간을 기다릴 가능성이 높다. 이러한 경우, 변경된 제도 하에서 수시공시의 취지가 오히려 퇴색될 수 있다. 즉, 내용을 번복할 수 있는 환경은 이미 형성되었는데 공시번복을 피하기 위하여 공시를 늦출 수 있다. 즉, 경제/경영환경이 가변적으로 변경되는 것을 반영하기 위해서 이와 같이 제도가 변경되었는데 기업들은 이 제도에 순응하여 공시번복 공시를 의도적으로 늦출 수 있다.

기형적으로 많은 기업이 16일째 가서 조회공시를 번복한다면 이는 수시공시의 취지가 퇴색된다고도 할 수 있다. 이는 확률적으로 공시번복에 해당하는 내용이 15일째 유의적으로 많이 발생할 확률은 높지 않기 때문이다.

이러한 점에 착안하여 손성규, 김성환(2009)의 연구가 수행되었다. 현저한 시황과 관련해 거래소에 해당 기업에게 조회공시를 요청하고 해당 기업이 별다른 공시내용이 없다고 '부인'하였을 경우, 과거에는 30일 이내에 시황에 영향을 미칠 수 있는 공시를 수행하면 공시번복이 되었다. 그러나 2004

년 10월 규정이 바뀌면서 번복금지기간을 15일로 단축하였다. 이 연구에서는 이러한 제도의 변화가 초래하는 공시유형(pattern)의 변화에 대해서 연구한다. 번복금지기간이 30일에서 15일로 축소된 이면에는 급격한 기업환경의 변화가 있다. 기업 경영환경이 급격하게 변화되면서 공시 후 15일만 경과되어도 기 공시된 내용이 번복될 수 있으며 이러한 환경의 변화를 반영하여 정책이 변경된 것이다.

이러한 정책변화와 관련하여 기업은 과거에는 공시를 번복하면서까지 번복금지기간에 공시내용을 변경할 수 있었으나, 제도변경 후에는 이 기간이 단축되면서 번복금지기간이 경과될 때까지 공시번복에 해당하는 공시를 지연하지 않을지를 검증한다.

실증분석 결과 번복기간이 단축되기 이전에는 연중 균일하게 중요 공시(번복금지기간에 공시하면 공시번복이 되는 공시)가 나타났다. 번복금지기간인 30일 이내에 공시를 하면 번복이 되는 규정을 어기면서 기업들은 공시를 하는 것이다. 그러나 번복금지기간이 15일로 단축된 이후에는 연중 균일하게 나타나지 않고, 번복금지기간을 전후해서 일정한 유형을 나타내고 있다. 번복금지기간 이전과 이후 15일 동안 중요 공시가 증가하고, 번복금지기간에는 중요 공시가 감소했다. 번복금지기간이 단축되면서 기업들은 규정을 더 잘 준수하지만 번복금지기간 전후로 더 많이 중요 공시를 시장에 알리는 공시유형이 나타나고 있다. 새로운 공시규정으로 인해 규정을 지키는 기업들은 늘어났지만 사실상 이를 악용하는 경우도 더 늘어났다고 볼 수 있으며, 수시공시의 본래 취지를 잘 살리지 못하게 된 것이다.

그리고 번복금지기간에 공시 발생시 공시위반으로 규정하는 공시위반 대상이 변경(2006년 4월 1일 시행)되었다. 공시위반 대상을 외부결정사항을 제외한 모든 사항을 적용하는 방식에서 시황에 영향을 미치는 사항으로 한정하는 방식으로 수정한 것이다. 즉 변경 이전에는 내부의사결정사항 공시발생시 모두 공시위반에 해당하는 것으로 규정했으나, 변경 이후에는 시황에 직접 영향을 미칠 수 있는 사항(세칙에 정함)에 대한 공시가 발생한 때로 한정한 것이다. 이 13개의 사항은 위에서 이미 기술하였다. 2009년 1월 28일 유가증권시장공시규정이 개정되면서 공시위반사항은 변경되었지만 정책방향에는 변경이 없다. 즉, 공시위반에 대한 사항이 negative system에서 positive system으로 변경되었다.

표 6-2 조회공시(공시번복) 내용 개정

2006년 3월 이전	개 정(2006년 4월)
○ "중요정보 없음"으로 공시 후 15일 이내 — 내부의사결정사항 공시발생시 모두 공시위반에 해당	○ 조회공시 답변시 공시하지 아니한 사항으로서 답변 후 15일 이내에 — 시황에 직접 영향을 미칠 수 있는 사항(세칙에 정함)에 대한 공시가 발생한 때

자료: 거래소[13)]

정책방향의 시간적 변화는 다음과 같다.

2000년부터 조회공시 관련 공시번복의 예외규정을 제외하고는 모두 공시번복으로(negative system)
2002년 1월: 예외규정 추가
2002년 9월: 예외규정 추가
2004년 10월: 조회공시 관련 공시번복 금지기간 단축 (30 → 15일)
2006년 4월: 조회공시 관련 공시번복에 해당하는 규정을 제외하고는 모두 허용(positive system)

즉, 조회공시적용 예외와 조회공시 적용허용의 내용에서 보면, 적용예외를 지속적으로 확대하여 가다가 오히려 나중에는 조회공시 적용허용의 방향을 결정한 것이다.

13) 거래소(http://kind.kse.or.kr)의 규정/법령 검색에서 제개정내용(신구조문대비표, 2005.12.31) 참고.

2002년 9월에 공시번복의 적용 대상에서 외부결정사항을 제외한 것은 외부적인 요인에 의해서 번복이 되는 경우는 기업 내부적으로 통제할 수 없으므로 그렇게 한정되었던 것 같다. 즉, 아래 규정 제7조에서는 적용 예외에서 외부결정사항을 열거하고 있다. 즉, 기업공시 담당자의 오류가 아닌 부분에 까지 기업에게 책임을 지라고 함은 지나치다고 할 수 있다.

어떠한 항목 이외에는 모두 공시번복에 해당된다고 규정하는 것보다는 세칙에 정하는 사항에 대해서만 공시번복에 해당한다고 함은 공시번복의 폭을 축소함과 동시에 어떠한 항목이 공시번복에 해당되는지를 조금더 명확하게 규정한 것이다. 따라서 이러한 축소의 방향은 공시와 관련된 정책이 조금 더 관대해졌다고 할 수 있다. 즉, 어떠한 항목에 대해서만 공시번복에 해당된다고 규정하는 것은 공시번복의 범주를 한정하는 것이고 어떠한 항목 이외에 대해서 공시번복에 해당한다고 하는 것은 공시번복의 범주를 더욱 넓게 규정하는 것이다.

다음의 규정은 삭제되었지만 공시번복과 관련된 제도가 어떻게 변화되는지를 검토하는 좋은 사례를 보인다.

유가증권시장공시규정

제7조 (공시번복의 **적용예외**) ① 규정 제16조 제3호 단서의 규정에서 "1월이내에 그 발생을 **예측할 수 없는 경우**"라 함은 다음 각호의1의 사항으로서 주권상장법인이 당해 사항에 대한 결정주체가 아닌 경우를 말한다.

【공시세칙】 3

1. 규정 제4조 제1항 제1호 내지 제6호, 제8호, 제9호, 제13호, 제17호 및 제18호의 사항 (본호개정 2001. 5. 11, 2001. 12. 21)
2. 규정 제4조 제2항 제2호, 제3호, 제12호 내지 제14호, 제17호, 제20호, 제21호 나목, 제23호 내지 제25호, 제28호, 제29호 가목, 제30호, 제31호 다목, 제33호, 제35호, 제36호 나목·다목 및 제40호의 사항 (본호개정 2001. 5. 11, 2001. 12. 21)
3. 규정 제4조 제2항 제15호 가목 중 발행주식총수의 100분의 1 이상에

해당하는 전환청구, 신주인수권행사, 교환청구 또는 원주의 청구가 있은 때 및 전환가액, 신주인수권행사가액 또는 교환가액의 조정이 있은 때 (본호신설 2001. 12. 21)

4. 규정 제4조의2의 규정에 의한 공시사항 중 제1호 내지 제3호에 해당하는 사항 (본호신설 2001. 5. 11, 본호개정 2001. 12. 21)
5. 규정 제4조의3 제1항 제5호, 제8호 및 제10호의 사항 (본호신설 2001. 12. 21)
6. 제1호 내지 제5호 외에 "중요한 정보없음"으로 공시할 당시 1월 이내에 그 발생을 예측할 수 없는 경우에 해당한다고 거래소가 인정하는 사항 (본호개정 2001. 5. 11, 2001. 12. 21)

② 규정 제16조 제3호 단서의 규정에서 "최초공시와 연계하여 이루어지는 경우" 함은 주권상장법인이 규정 제4조 내지 제5조의3 및 제14조의2의 규정에 의한 공시의무사항을 최초 공시한 이후 그 공시와 관련한 진척상황 및 그 결과 등을 공시하는 경우를 말한다. (본항개정 2001. 5. 11, 2001. 8. 17, 2002. 9. 17)

(전문개정 2000. 3. 31)

이러한 변화를 보아도 거래소가 조회공시와 관련, 공시번복에 대해서 지속적으로 많은 관심을 보여 왔음을 알 수 있다. 또한 2000년부터 지속적으로 예외규정을 추가하고 궁극적으로는 13항목 이외에는 모두 허용하면서 공시 번복과 관련된 정책을 매우 관대하게 전환하였다는 것을 알 수 있다. 동시에 공시번복 금지기간도 단축하여 이 정책을 관대하게 적용함을 알 수 있다. 즉, 번복과 관련되어 적용범주도 관대하게 수정하였으며 동시에 기간도 관대하게 개정되었음을 알 수 있다.

조회공시 및 공시번복과 관련된 시사적인 이슈들을 아래에 모은다.

MSA미디어 '지분 매각 없다더니' 공시번복 투자자들 분통

한국경제신문, 2005. 8. 18.

일부 기업들이 현행 공시제도를 교묘히 악용한 늑장공시를 내놔 투자자들이 분통을 터뜨리고 있다. 회사매각이나 지분출자 등 중대사안에 대해서도 "진행 중인 사안이 없다"고 발뺌했다가 20일도 안 돼 이를 번복하는 사례가 잇따르고 있는 것이다. 일반적으로 M&A(인수합병)나 지분출자 등은 주가에 미치는 영향이 크기 때문에 투자자 보호를 위해 관련 공시제도를 강화해야 한다는 지적이다. MSA미디어는 지난 7월 23일 코스닥시장 본부로부터 주가 급등에 따른 조회공시 요구를 받고 "주가에 영향을 미칠 사항은 없다"고 공시했다. 그러나 이 회사는 18일 후인 지난 10일 엠텍반도체에 인수됐다. 이 회사는 지난 6월 초에도 "최대주주가 지분매각을 추진 중"이라고 했다가 7월 초에는 "매각하지 않기로 했다"고 공시내용을 뒤집었다. 회사매각이라는 중대사안에 대한 공시가 18일만에 번복됐지만 현행 규정상 MSA미디어는 공시규정을 위반하지 않았다.

코스닥 공시규정에 따르면 주가·거래량 급변과 관련해 중요한 정보가 없다고 조회공시를 한 후 15일 이내에 상반되는 내용을 결정했을 경우에만 공시번복으로 간주해 성실공시법인으로 지정된다. **이런 규정 때문에 일부 기업들은 조회공시 요청을 받고도 관련 내용을 숨기는 경우가 많다**. 시스네트도 지난 5월 19일 주가급등에 따른 조회공시 요구에 대해 "주가급등 이유가 없다"고 답했다가, 18일이 지난 6월 7일 미국 바이오회사의 지분을 취득하는 공시를 내놔 투자자들의 반발을 샀다. 튜브미디어도 지난 6월 중순 주가가 급등해 코스닥시장 본부로부터 조회공시 요구를 받았으나 6월 21일 "주가급등 이유가 없다"고 답했다. 그러나 20여일이 지난 7월 13일에 최대주주가 바뀌었다고 공시했으며 이후 주가도 급등세를 탔다.

선의의 투자자들만 피해 ...

회사의 매각이나 유망사업에 대한 지분출자는 주가에 큰 영향을 미친다. 올 들어 피 인수된 업체나 바이오업체 등에 지분출자한 기업들은 주가가 큰 폭으로 뛰었다. 그러나 관련 내용을 공시로 확인할 수밖에 없는 일반 투자자들은 공시내용만 믿고 있다가 낭패 보기 십상이다. 이에 대해 코스닥시장 본부 관계자는 "**그동안 주가급등과 관련한 조회공시 내용의 유효기간은 30일이었으나 지난해 10월부터 기업 경영활동의 제약을 풀어준다는 취지에서 15일로 단축시켰다**"고 말했다. 그는 "**공시제도를 악용해 경영층이나 내부자들이 부당이득을 챙겼다면 시장감시 본부에서 적절한 조치를 취할 것으로 알고 있다**"고 덧붙였다.

18일 만에 번복하였지만 번복하여야 하는 내용이 18일째에 알게 되었는지 그 이전에 알게 되었는데 18일째에 번복하였는지는 내부자가 아니면 알기 매우 어렵다. 제도의 변화가 악용되는 경우일 수도 있다.

툭하면 공시번복 ... 조회공시 허점 이용

한국경제신문, 2007. 3. 13.

현행 공시제도의 허점을 이용한 늑장공시가 잇따르면서 투자자들만 피해를 보고 있다. 회사매각 등 중대사안에 대해서도 "진행 중인 사안이 없다"고 부인하다가 이를 번복하는 사례가 계속 반복되고 있는 것이다. 이에 따라 투자자 보호를 위해 관련 제도를 강화할 필요가 있다는 지적이 나오고 있다.

13일 증권선물거래소에 따르면 최근 주가가 급등했던 루보와 엔디코프가 각각 주권양도계약과 제3자배정 유상증자를 통해 경영권을 넘겼다. 금형부품 제조업체인 루보는 지난해 12월 초부터 주가가 급등하기 시작했다. 당시 2,010원이던 주가는 연말에 4,200원으로 2배 이상 뛰었다. 올 들어서는 더 가파르게 상승, 4배가 넘는 1만 7,000원대까지 폭등했다.

이에 코스닥시장 본부는 1월 23일과 2월 20일 시황변동과 관련한 조회공시를 요구했다.

루보는 "시황과 관련해 진행 중이거나 확정된 사안은 없다"고 답변했다. 루보는 그러나 지난 7일(3월 7일) 사업목적에 기업 M&A 및 투자자문업 등을 추가한다고 공시한 뒤 8일에는 김정희씨 등 개인들을 대상으로 제3자배정 유상증자를 한다고 공시했다. 그리고 13일 김씨에게 경영권을 양도하는 계약을 체결했다.

12일 장마감 후 최대주주 변경예정 공시를 낸 엔디코프도 마찬가지다. 엔디코프는 한 달 전인 지난달 14일 775원이던 주가가 지난 12일에는 1,960원으로 152.9%나 급등했다. 역시 코스닥시장 본부는 지난달 23일 주가급등과 관련한 조회공시를 요구했지만 엔디코프는 “"주가급등 사유가 없다”고 답변했다.

현행 코스닥시장 공시규정에 따르면 주가 및 거래량 급변과 관련해 조회공시를 한 후 15일 이내에 상반되는 내용을 결정했을 경우에만 공시번복으로 간주, 불성실공시법인으로 지정된다. 따라서 루보와 엔디코프는 공시위반에 해당되지 않는다.

현재 코스닥시장에서는 뚜렷한 이유 없이 주가가 급등한 한국팩키지, KCW 특수건설, 대진공업, 삼목정공, 유니보스, 한국가구, 국영지엔엠 등이 코스닥시장 본부의 조회공시 요구를 받고 “주가급등 사유가 없다”고 답변을 한 상태.

물론, 이러한 비판을 피하기 위해서는 15일이라는 기간을 명시하지 않는 것도 방법이지만 경제환경이 변화하여서 공시를 번복할 수 있어야 하는데 오히려 이 기간을 명시하지 않거나 기간을 길게 가지고 갈 수도 있다. 그러나 경제환경이 가변적일 수 있으므로 이 기간을 15일로 정하는 것이다. 이 기간을 아무리 길게 갖고 간다고 해도 위의 문제는 항시 존재할 것이다. 이전과 같이 30일로 이 기간을 정해도 30일 지나서 공시번복하는 것은 공시번복에 해당하지 않는다. 이러한 문제에 대한 완전한 해결책은 없으며 이를 해결하는 한 대안은 주요 경영사항 공시와 같이 공시번복을 인정하지 않는 것이다. 단, 경제환경의 변화를 인정하지 않는 것이므로 이 또한 문제가 있다.

위의 조회공시의 경우에도 시황 관련된 조회를 받은 후 이를 확인하고 15일이 경과하면 이를 번복할 수 있다. 이는 15일을 공시환경 또는 경영환경이 변화할 수 있는 기본적인 기간으로 설정한 것이다.

풍문 등의 조회공시에 대한 부인 또는 기 공시내용의 변동사항 신고에 대해서는 1개월을 단위기간으로 또한 합병의 경우에는 3개월을 단위기간으로 설정하였다.

시황에는 15일의 기간을 두고 풍문에는 1개월의 기간을 두는 것으로 판단하여서 시황이 더욱 시급하게 경제상황에 따라 영향을 받는다는 것을 인정하는 것이다. 또한 합병일 경우는 상황이 반전되는 기간을 3개월로 정한 것이다. 즉, 시황은 좀더 단기적으로 변화가 가능하지만 풍문은 더욱 장기적인 것임을 의미한다. 시황이라 함은 매일매일의 주가나 거래량의 변동과 연관되므로 단기적으로 움직인다는 것을 이해할 수 있다.

이 기간이 너무 짧다면 예를 들어 10일 안에 공시의 내용이 변경되거나 번복되면 공시번복이나 공시변경으로 제재되지 않는다고 할 수 있다. 즉, 불성실공시로 지적받지 않고 번복이나 변경할 수 있는 기간이 짧다면 증권시장의 안정성을 해칠 수 있다. 이는 예를 들어 10일이 경과된다면 기업은 불성실공시에 대한 부담 없이 정보를 변경할 수 있으므로 기업이 정보를 왜곡하고 조작할 가능성이 더욱 높다.

조회공시 이외의 공시에 대해서는 현재는 제도적으로 공시를 번복할 경우는 기간이 얼마 경과되거나 공시번복으로 제재를 받게 되어 있다.

따라서 일정기간 내의 공시번복을 조회공시에서는 인정하지만 다른 형태의 공시에 대해서는 인정하지 않는다. 이 부분에 대해서도 미래 시점의 연구가 필요하다. 즉, 경제/경영환경의 변경을 조회공시에만 인정하는 것이다. 즉, 아래의 제30조 제1호에서와 같다.

> 제30조 (공시번복) 거래소는 유가증권시장주권상장법인이 다음 각호의 어느 하나에 해당된 때에는 공시번복으로 본다. (개정 2009. 1. 28)
>
> 1. 제7조부터 제10조까지, 제12조, 제15조, 제16조 및 제28조에 따라 이미 공시한 내용의 전면취소, 부인 또는 이에 준하는 내용을 공시한 때 (개정 2005. 12. 23, 2009. 1. 28)

2004년 10월 이전에도 현저한 시황과 관련된 조회공시 번복 가능기간을 30일에서 15일로 축소하려는 노력을 거래소에서 추진하였는데 금융위원회에서 수용되지 않았다. 이는 빈번한 공시번복은 공시시장의 안정성을 해친다는 정책적인 판단에 근거한다.

현행 공시규정에 따르면 주가 및 거래량 급변, 즉 시황과 관련해 조회공시를 한 후 15일 이내에 상반되는 내용을 결정했을 경우에만 공시번복으로 간주, 불성실공시법인으로 지정된다. 그러나 이러한 15일간의 간격을 가지고 공시번복에 대한 조치가 수행된다면 기업은 최초의 공시를 수행할지에 대한 주저함이 있을 수 있다. 또한 100% 확신이 없는 건에 대해서는 공시에 소극적으로 대할 가능성도 있어서 과연 이러한 공시번복이 적합한 정책인가에 대한 고민도 할 수 있다.

공시번복으로 조치를 받는 기간이 15일이라면 기업은 상당한 고민을 하지 않을 수 없다. 예를 들어 공시를 수행하고 12일 되는 일자에 공시가 적절하지 않았다는 점을 발견하였다고 하면 그 일자에 공시를 번복하면 공시번복 불성실공시에 의해서 자동적으로 제재를 받게 된다. 반면 12일째 되는 일자에 공시를 수행하지 않고 16일째 되는 일자에 기존의 내용을 번복하는 공시를 수행하였다고 하면 12일째 되는 일자에 불성실공시로 제재를 받을 것이지만 규제기관이 이러한 제재를 수행하기 위해서는 기업이 내부적으로 번복할 내용이 있었는데 이를 공시하지 않음을 보여야 한다. 기업이 공시할 내용을 언제 인지하였기 때문에 공시불이행으로 지적을 하여야 하는지는 용이하지만은 않은 사항이다. 반면에 공시번복은 분명히 공시가 번복되는 사실이 공표되는 것이므로 제재에 전혀 문제가 되지 않는다.

> 第31조 (공시변경) 거래소는 유가증권시장주권상장법인이 다음 각 호의 어느 하나에 해당된 때에는 공시변경으로 본다.
>
> 1. 제7조 제1항 제1호 다목에 따른 공시내용 중 단일판매계약 또는 공급계약금액의 100분의 50 이상을 변경하여 공시한 때

2. 제7조 제1항 제2호 가목 (1)에 따른 증자에 관한 공시내용 중 주주배정비율, 발행주식수 또는 발행금액의 100분의 20 이상을 변경하여 공시한 때
3. 제7조 제1항 제2호 가목 (1)에 따른 감자에 관한 공시내용 중 감자비율 또는 감자주식수의 100분의 20 이상을 변경하여 공시한 때
4. 제7조 제1항 제2호 가목 (2)에 따른 주식의 이익소각에 관한 공시내용 중 소각주식수의 100분의 20 이상을 변경하여 공시한 때
5. 제7조 제1항 제2호 가목 (3)에 따른 공시내용 중 자기주식취득 또는 처분예정기간내에 취득 또는 처분하고자 신고한 주식수 미만의 매매거래주문을 한 때 다만, 취득예정금액을 초과하여 자기주식을 취득한 경우에는 그러하지 아니하다. (개정 2005. 12. 23, 2008. 9. 12)
6. 제7조 제1항 제2호 가목 (4)에 따른 공시내용 중 분할 또는 병합비율의 100분의 20 이상을 변경하여 공시한 때
7. 제7조 제1항 제2호 가목 (6)에 따른 공시내용 중 발행금액, 전환가격, 신주인수권행사가격 또는 교환가격의 100분의 50 이상을 변경하여 공시한 때
8. 제7조 제1항 제2호 나목 (1)에 따른 공시내용 중 투자금액의 100분의 50 이상을 변경하여 공시한 때
9. 제7조 제1항 제2호 나목 (2)에 따른 공시내용 중 유형자산 취득 또는 처분금액의 100분의 50 이상을 변경하여 공시한 때 (개정 2005. 12. 23)
10. 제7조 제1항 제2호 나목 (3)에 따른 공시내용 중 출자 또는 출자지분 처분금액의 100분의 50 이상을 변경하여 공시한 때
11. 제7조 제1항 제2호 다목 (1)에 따른 공시내용 중 차입금액의 100분의 50 이상을 변경하여 공시한 때
12. 제7조 제1항 제2호 다목 (2) · (3)에 따른 공시내용 중 채무인수, 채무면제, 담보제공, 채무보증 금액의 100분의 50 이상을 변경하여 공시한 때 (개정 2005. 12. 23)

13. 제7조 제1항 제2호 마목 (4)에 따른 공시내용 중 주식배당비율의 100분의 20 이상을 변경하여 공시한 때
14. 제7조 제1항 제2호 마목 (5)에 따른 공시내용 중 주당 배당금(차등배당의 경우 소액주주에 대한 배당금을 기준으로 한다)의 100분의 20 이상을 변경하여 공시한 때
15. 제7조 제1항 제3호 가목 (5)에 따른 영업의 양수 또는 양도에 관한 공시내용 중 양수 또는 양도금액의 100분의 50 이상을 변경하여 공시한 때
16. 제7조 제1항 제3호 가목 (5)에 따른 합병, 분할 또는 분할합병에 관한 공시내용 중 합병비율, 분할비율 또는 분할합병비율의 100분의 20 이상을 변경하여 공시한 때
17. 제28조에 따라 기공시한 내용 중 비율, 금액, 수량 등의 100분의 50 이상을 변경하여 공시한 때 (신설 2005. 12. 23)
18. 제8조 제1항에 따라 공시한 사항이 제1호부터 제16호까지에 해당한 때 및 지주회사가 공시한 자회사 사항으로서 제17호에 해당한 때 (개정 2005. 12. 23)
19. 제15조 및 제16조에 따라 공시한 사항이 제1호부터 제18호까지에 해당한 때 (개정 2005. 12. 23)
20. 그 밖에 거래소가 중요하다고 인정하여 세칙으로 정하는 내용을 변경하여 공시한 때

〔본조 개정 2009. 1. 28〕

최근의 불성실공시 지적 내역은 아래와 같다.

표 6-3 불성실법인 지적 내역

구 분	유가증권시장			코스닥시장		
	2006년	2007년	2008년	2006년	2007년	2008년
공시불이행	15	3	23	30	41	50

공시번복	8	11	18	18	43	46
공시변경	2	3	4	5	13	13
총 계	25	17	45	53	97	109

불성실공시와 내부자거래는 불가분의 관계인 것이 내부자거래에 사용되는 모든 정보는 모두 불성실공시에 해당하는 정보이다.

불성실공시는 공시불이행, 공시변경, 공시번복으로 구분된다. 과거에는 공시지연이 별도의 불성실공시 항목이었으나 공시가 지연되었다는 것이 공시불이행과 구분이 어렵기 때문에 1992년 6월부터 공시지연이 공시불이행에 통합되었다.

공시변경과 공시번복에서 유의할 점은 경영환경이 항상 가변적이기 때문에 공시한 내용은 항시 변경될 수도 있고 번복될 수도 있다는 점이다. 공시변경과 공시번복의 차이는 공시변경은 단순히 공시의 내용이 변화되었음을 의미하며 공시번복은 수행하였던 공시가 잘못되었고 취소되며 원 상태의 내용으로 돌아감을 의미한다.

경영환경이 변화하였기 때문에 공시의 내용이 어느 정도 기간이 경과한 후에는 변경/번복될 수 있다. 어느 기간을 경영환경이 변화할 수 있는 기본 기간으로 인정할 것인지는 매우 어려운 문제이다. 현 제도하에서는 조회공시에 대해서만 번복을 인정하고 있다.

물론, 공시는 변경될 수도 있고 번복될 수도 있다. 그러나 공시변경이나 공시번복을 경제상황에 가변적으로 인정할 경우는 공시변경이나 번복에 대한 통제는 불가하다고 할 수 있다. 따라서 공시번복이나 공시변경에 대해서는 불성실공시 조치를 받게 된다.

불성실공시법인에 대한 예고벌점 기준은 다음과 같다.

표 6-4 불성실공시법인에 대한 예고벌점 기준

공시위반사항	불성실유형	위 반 내 용	벌점
① 중요 공시사항	공시불이행	공시사항의 미공시 및 허위공시	12
		공시사항의 공시시한일부터 1주일 경과 이후 공시	10
		공시사항의 공시시한일부터 1주일 이내 공시	8
	공시번복	공시내용 번복사실의 미공시	12
		공시내용 번복사실의 공시시한 경과 이후 공시	10
		공시내용 번복사실의 공시시한 이내 공시	8
	공시변경	공시내용 변경사실의 미공시	12
		공시내용 변경사실의 공시시한 경과 이후 공시	10
		공시내용 변경사실의 공시시한 이내 공시	8
② 일반공시사항 및 공정공시사항	공시불이행	공시사항의 미공시 및 허위공시	10
		공시사항의 공시시한일부터 1주일 경과 이후 공시	8
		공시사항의 공시시한일부터 1주일 이내 공시	6
	공시번복	공시내용 번복사실의 미공시	10
		공시내용 번복사실의 공시시한 경과 이후 공시	8
		공시내용 번복사실의 공시시한 이내 공시	6
	공시변경	공시내용 변경사실의 미공시	10
		공시내용 변경사실의 공시시한 경과 이후 공시	8

			공시내용 변경사실의 공시시한 이내 공시	6
③ 자율 공시 사항	가. 투자판단에 중대한 영향을 미치는 사항	공시불이행	허위공시	10
		공시번복	공시내용 번복사실의 미공시	10
			공시내용 번복사실의 공시시한 경과 이후 공시	8
			공시내용 번복사실의 공시시한 이내 공시	6
		공시변경	공시내용 변경사실의 미공시	10
			공시내용 변경사실의 공시시한 경과 이후 공시	8
			공시내용 변경사실의 공시시한 이내 공시	6
	나. 투자자에게 알릴 필요가 있는 사항	공시불이행	허위공시	5
		공시번복	공시내용 번복사실의 미공시	5
			공시내용 번복사실의 공시	3
		공시변경	공시내용 변경사실의 미공시	4
			공시내용 변경사실의 공시	2
④ 신청에 의한 공시유보		공시불이행	유보기간 경과 또는 유보조건이 해제된 경우 공시시한내 유보사항의 미공시	2
⑤ 기공시 내용의 변동사항		공시불이행	기타 기공시내용 취소 또는 변경사항의 미공시 또는 허위공시	2

원천: 유가증권시장공시규정시행세칙(2009. 2. 3).

주: 1) ① 중요공시사항은 규정 제40조 제1항 제2호에 따른 매매거래정지대상 공시의무 위반사항을 말한다.

2) ② 일반공시사항은 규정 제7조부터 제10조까지의 공시사항중 이 기준 ①에 해당하지 아니하는 공시의무 위반사항을 말하며, 공정공시사항은 규정 제15조 및 제16조에 따른 공시의무 위반사항을 말한다.

3) ③ 자율공시사항 중 "가. 투자판단에 중대한 영향을 미치는 사항"은 세칙 제8조 제1호부터 제15호까지의 공시의무 위반사항을 말한다.

4) ③ 자율공시사항 중 "나. 투자자에게 알릴 필요가 있는 사항"은 세칙 제8조 제16호의 공시

의무 위반사항을 말한다.

5) ⑤ 기공시내용의 변동사항은 규정 제45조에 따른 공시의무 위반사항으로서 공시위반사항 ①부터 ④까지의 공시위반사항에 해당하지 아니하는 사항을 말한다.
6) 규정 제12조 제1항과 관련하여 조회공시의 신고시한을 위반하거나 그 신고내용이 규정 제43조 제3호에 해당하는 경우에는 당해 풍문 등의 내용에 해당하는 공시위반사항의 위반내용 중 "공시사항의 미공시"에 해당하는 벌점으로 하고, 규정 제30조 제2호에 해당하는 경우에는 당해 풍문 등의 내용에 해당하는 공시위반사항의 위반내용에 해당하는 벌점으로 한다.
7) 규정 제12조 제2항과 관련하여 조회공시의 신고시한을 위반하거나 그 신고내용이 규정 제43조 제3호에 해당하는 경우에는 공시위반사항 "② 일반공시사항"의 위반내용 중 "공시사항의 미공시"에 해당하는 벌점으로 하고, 규정 제30조 제3호에 해당하는 경우에는 당해 공시내용에 해당하는 공시위반사항의 위반내용에 해당하는 벌점으로 한다.
8) 규정 제14조 제1항에 따른 미확정공시에 대한 재공시를 하지 아니한 경우에는 당해 미확정공시 내용에 해당하는 공시위반사항의 위반내용 중 "공시사항의 미공시"에 해당하는 벌점으로 한다.
9) "공시시한"은 규정상의 공시시한을 기준으로 적용한다.
10) "미공시"는 당해 법인이 자발적으로 공시하지 아니한 공시의무사항을 규정 제50조에 따른 공시의무 이행실태 점검, 투자자제보 또는 관계기관의 조치 등에 따라 사후에 적발된 공시의무위반 사항을 말한다.

평소 공시업무를 성실하게 수행한 성실공시법인의 경우 위원회의 심의를 거쳐 공시규정 제33조의 규정에 의한 예고 부과벌점에 대하여 3점의 벌점 범위 내에서 경감하여 부과할 수 있다. 감독원의 분식회계에 대한 조치에 있어서도 경감하는 제도가 있다. 예를 들어 수년 내에 회계관련되어 관련 유관기관으로부터 수상을 받은 경우는 경감을 받을 수 있다. 성실한 공시기업에 대해서 조치를 감경하는 제도는 Chapter 20에서 기술한다.

반면에 정기공시인 경우는 조치를 가중하는 경우도 있는데 외부감사 및 회계 등에 관한 규정 시행세칙, 별표 제2호, Ⅵ. 2. 가중사유에는, "회계정보의 질적 중요성과 동기, 원인, 결과, 방법 등을 감안하여 필요하다고 인정되는 경우에는 가중할 수 있다"고 기술하고 있다. 분식회계의 경우에는 수년간 연속해서 감사가 진행되었다면 감사인이 피감기업의 내부통제 등을 포함하여 피감기업의 경영활동을 거의 완전하게 파악하고 있다고 판단할 수 있는데 그럼에도 불구하고 회계적인 문제가 발생하였다면 이는 가중하여 조치를 받을 수 있다. 지속적인 감사/피감사인 관계로부터 필요 이상으로 이 두 경제주체 간의 관계가 우호적일 경우에 발생할 수 있는 문제이다.

위법행위를 한 날로부터 최근 2년 이내에 동일 또는 유사한 위법행위로 조치를 받은 사실이 있는 경우에는 **가중** 조치할 수 있다(증권선물조사업무규정).

이러한 동일한 정책의 취지가 공시제재금을 부과할 때, 위에서 설명한 상습적인 공시위반 기업을 구분하는 것으로 이해할 수 있다.

손성규(2001)는 증권거래소로부터의 불성실공시 공표가 기업의 내재가치에 부정적인 영향을 미치는 사건인지를 검토하였다. 불성실공시는 공시불이행, 공시변경, 공시번복, 공시지연으로[14] 구분되는데 공시변경과 공시번복에 대해서는 이미 발표된 적절하지 않은 공시에 대해서 내재가치의 변동이 발생하였으므로 이러한 공시의 결과가 불성실공시 판정으로 인하여 재조정되는(공시번복일 경우에는 원위치되는) 과정이 불성실공시가 발표되는 시점의 주가반응이라고 생각할 수 있다. 또한 공시불이행과 공시지연에 대해서는 내재가치에 영향을 미치는 사건이 과거에 발생하였는데 이러한 내용이 사유발생일에 공시되지 않았고 따라서 내재가치에 이 사실이 반영되지 않았다. 그렇기 때문에 사후적으로 공표되는 이 사건이 늦었지만 내재가치에 영향을 미치는 사건으로 주가에 영향을 미치는지를 검토하였다.

물론, 사유발생일에 공시하여야 할 내용이 공시되지 않았다고 하면 사유발생일에 주가반응이 있다고도 할 수 있지만 사유발생일에 적절하지 않게 공시된 내용을 시장이 알 수 없기 때문에 사유발생일에 어떠한 가치평가가 이루어진다는 것은 생각하기 어렵다.

즉, 이 연구는 불성실공시가 정보효과가 있는지를 검토한다. 반면에 최초공시일에 적절하지 않은 정보에 의해서 내재가치가 변경되었다고 하여도, 또한 사유발생일에 공시되었어야 하는 정보가 공시되지 않았다고 하여도 불성실공시로 발표되는 시점이 이러한 최초공시일 또는 사유발생일에 비하여

14) 연구가 진행될 당시에는 공시지연이 공시불이행과 별도의 항목으로 존재하였으나 공시불이행과의 차별성이 명확하지 않아 1992년 6월 1일부터 공시불이행으로 편입되었다.

오래 경과되었다면 이 시점으로부터 불성실공시로 거래소로부터 판정된 시점 이전에는 이미 이 기업과 관련된 많은 정보가 시장에 유출될 것이므로 불성실공시에 대해 굳이 주식시장에서의 역작용(adverse effect)이 존재하지 않을 것이라고도 생각할 수 있다. 이는 특히나 어떠한 성실공시에 대한 지적은 앞에서 인용된 동부건설의 사례에서와 같이 8년 이상이 경과되어서 지적되는 경우도 있다. 물론 대부분의 불성실공시에 대한 지적은 공시 사유발생일 이후 수개월 이내에 지적된다. 그러나 정보가 주가에 나타나는 기간으로 수개월이라는 기간은 짧은 기간이 아니다. 시장이 효율적이라면 정보는 주가에 바로 반영될 것이다.

공시오류로 주가 급등락 '해프닝'

한국경제신문, 2009. 2. 28.

작년에 나왔던 '경영권 양도 공시' 내용이 그대로 재공시돼 해당 상장사의 주가가 급등락하는 해프닝이 발생했다. 이달 초 자본시장법 시행과 함께 금융감독원 전자공시시스템 Dart가 바뀌면서 혼선이 빚어진 결과다.

27일 정규장 개장 직전 전자공시시스템엔 코스닥기업 상화마이크로텍의 최대주주 오영훈씨가 경영권과 보유지분을 신성인베스트먼트에 넘긴다는 수시공시가 나왔다. 이로 인해 상화마이크로텍은 개장과 함께 상한가인 560원까지 치솟으며 급등세를 기록했다.

하지만 이날 경영권 양도 공시는 5개월 전인 지난해 9월 23일 나왔던 것이 다시 올라온 것으로 밝혀지면서 한바탕 소동이 빚어졌다. 금감원 측은 잘못 나간 공시를 삭제했지만 주가는 급등락을 거듭하며 결국 보합인 490원에 장을 마쳤다.

오영훈씨는 지난해 9월 경영권을 신성인베스트먼트에 넘기기로 했다가 올 1월 14일 자재업체 아니스메탈에 매각키로 했다고 정정공시를 내기도 했다. 상화마이크로텍이 이 날 공시하려던 내용은 오영훈씨가 나이스메탈로부터 받을 잔금 30억원의 지급일이 연기됐다는 것이었지만 이 과정에서 혼선이

> 빚어지며 과거 공시가 다시 노출된 것으로 확인됐다.
>
> 한국거래소 관계자는 '자본시장법 시행 이후 수시공시는 거래소 승인 아래 나가지만 이번에는 거래소의 승인도 없이 과거공시가 다시 올려졌다'며 '공시시스템이 업그레이드되면서 기존 공시를 정정하는 시스템에 오류가 생긴 것'이라고 설명했다.
>
> 증권업계 관계자는 '자본시장법과 함께 바뀐 전자공시시스템이 예전보다 속도도 현저하게 느려진 데다 이런 오류까지 발생해 투자자들이 불편을 겪고 있다'고 지적했다.

위의 신문기사는 주식시장이 공시에 민감하게 반응함을 보인다.

기업이 공시에 있어서 투명하지 않았다는 사실 자체는 불성실공시에 포함된 내용을 떠나 매우 부정적인 정보로 작용할 가능성도 있다. 불성실공시로 지적되었다는 사실을 일정기간 이상 동안 공시하도록 하는 것은 공시를 성실하게 수행하지 않는 기업에게는 상당한 부담으로 작용하게 된다. 이 연구의 실증분석 결과는 불성실공시의 정보효과는 불성실공시의 유형별로 차이가 있는데 공시번복과 공시지연에 대해서는 불성실공시 지적일에 유의적인 음의 주가반응을 발견할 수 있었으나 공시불이행과 공시변경에 대해서는 유의적인 음의 주가반응을 보이지 않았다. 장기간의 불성실공시 공표기간에 검토한 주가반응은 공시번복과 공시불이행의 경우에 음의 유의적인 주가반응을 보인다. 따라서 일반적으로 불성실공시 지적일과 지적기간에 차이가 있기는 하여도 불성실공시 공표에는 정보효과가 존재함을 보인다.

과거에 회계분식으로 감독기관으로부터 지적을 받는 것에 대해서 많은 기업이 크게 부담을 느꼈다. 그렇기 때문에 잘못된 회계관행을 수정하고 재무제표를 수정한다는 것이 매우 어려웠다. 반면에, 재무제표를 재작성하거나 전기오류수정손익을 보고한 기업 또는 분식회계로부터 조치를 받은 기업들의 주가는 감리에서 지적받는 시점에는 크게 영향을 받지만 중·장기적으로는 이러한 충격이 지속적인 영향을 미치지는 않는다.

이러한 부분을 정책적인 차원에서 정리한다. 대부분의 내용은 재무제표와 관련되지만 공시된 내용의 수정은 수시공시에도 적용된다. 금감원은 수년간 회계의 오류에 대해서는 조치를 취하지 않겠다는 고해성사를 할 수 있는 기회를 주었다. 이러한 기간이 경과된 후, 2009년부터는 전기오류의 수정에 대해서는 집중적인 감리를 수행하겠다고 공식적으로 발표하였다(2008년 12월 동계회계학회, 최진영 회계서비스1국장). 그러나 이 부분에 대해서는 고민해 보아야 한다. 이러한 내용은 정기공시와 관련되는 내용이지만 수시공시와도 관련되므로 이곳에 기술한다. 오류에는 임의적인 오류도 있지만 순수한 오류도 존재한다. 금감원의 이러한 정책방향에는 오류를 임의로 발생시키고 이를 추후에 수정하는 기업회계의 임의성에 대한 행태에 대해서 조치를 하겠다는 정책의지로 해석할 수 있다. 물론, 충분히 공감할 수 있는 내용이다. 그러나 이렇게 전기오류수정에 대해서 집중적인 감리가 수행된다면 오류를 범하고 이를 추후에 발견한 기업이 이 오류를 공시하려는 유인은 감소할 수밖에 없고 이를 감추려고 하는 유인은 증가한다. 즉, 전기오류수정에는 순기능도 존재한다는 것이다. 의도적인 회계조정의 차원에서의 전기오류수정은 역기능을 갖지만 역기능만을 억제하기 위해서 동시에 순기능도 갖는 전기오류수정에 대해서 너무 강하게 제재한다는 것이 적절한 정책인지에 대해서는 고민해야 한다.

똑같은 논리전개가 수시공시의 불성실공시에도 적용된다. 불성실공시에 대해서 너무 강하게 제재한다면 오히려 불성실공시가 가시적으로 나타나는 공시를 수행하지 않을 수 있다. 예를 들어, 공시번복이나 공시변경은 많은 경우는 번복이나 변경하는 공시가 수행되어야 번복/변경의 사항이 존재하는지를 알 수 있고 따라서 공시하는 기업은 조치를 받게 된다. 물론, 번복이나 변경공시가 없을 경우도 이러한 사안이 발생하였다는 것을 거래소에서 인지하고 조치를 취할 수 있다. 공시불이행의 경우도 공시할 사항이 발생하였다는 것을 거래소가 별도로 인지할 수도 있고 공시기한이 지난 후, 기업이 공시를 수행함으로써 공시불이행이 적시에 진행되지 않았다는 것을 거래소가 알 수 있다.

예를 들어 Chapter 15에서 기술될 손익구조변경수시공시가 즉시 공시되지 않았다고 하면 이를 거래소에서는 기업이 이를 공시하는 시점에 조치할 수 있다. 또는 실제이익이 공시되는 시점에 직전 연도 영업실적과 큰 차이가 있다고 하면 잠정 영업결과 정보가 이사회에 보고되는 시점에 이러한 내용이 이미 보고된 것이 아닌지에 대한 검토를 이사회 회의록에 근거하여 수행할 수 있다.

어떠한 건이 되었건, 기업의 공시가 불성실공시 제재의 원천이 될 수도 있는데 불성실공시의 제재가 너무 강하다면 오히려 자발적으로 기업이 불성실공시에 해당하는 내용을 공시하지 않고 계속적으로 숨기려고 할 수도 있다. 이는 바람직하지 않다. 정기공시와 동일하게 기업이 자발적으로 잘못을 인정하고 이를 수정하려는 데 대한 penalty가 너무 강하면 이를 영원히 덮고 가려고 할 것이다. 회계정보일 경우는 그렇게 때문에 오랫동안의 문제가 누적되는 경우도 적지 않았다.

과거의 분식에서의 부담으로부터 벗어났다는 측면에서는 오히려 과거 분식을 정리하였다는 것이 긍정적인 효과도 미칠 수 있다. 물론, 단기적으로는 공시에 있어서 문제가 있는 기업이라는 낙인이 찍히는 문제점이 있지만 이러한 영향은 단기적일 수 있다. 공시에 있어서도 기업이 수시공시가 잘못된 것을 발견할 경우는 이를 전향적이며 적극적으로 공시하는 것이 바람직하다. 이러한 경우, 공시번복이나 공시변경에도 해당될 수 있다. 공시번복이나 공시변경은 분명 불성실공시에 해당하므로 부정적인 것인지만 공시를 수행하고 있지 않다가 불성실공시로 지적되는 것보다는 적어도 공시에 적극적이었다고 할 수 있다.

투자자의 입장에서는 공시를 수행하고 있지 않다가 불성실공시로 지적을 받는 것보다는 전향적으로 공시에 임하면서 이미 기 공시된 내용이 잘못되었을 경우 이를 수정하는 공시를 수행함을 더욱 긍정적으로 인지할 수 있다.

회계기준서 1호 회계변경과 오류의 수정 기준서, A15에서는 다음과 같이 기술하고 있다. "... 이와 같이 소급법 적용을 중대한 오류의 경우로 한정한 이유는 일반적으로 회계상의 오류는 경상적으로 발생한다고 할 수 있는

데 ...” 즉, 기업회계기준에서도 오류는 경상적인 오류가 일반적인 것이라고 판단하고 있다. 물론, 기업회계기준에서 오류가 일반적이라고 해서 임의적인 오류보다 일반적인 오류의 경우가 더 많다고는 할 수 없지만 기업회계기준에서의 정신은 존중되어야 한다.

이러한 문제는 회계에서의 전기오류수정과 일치하는데, 전기오류수정의 보고나 재무제표재작성의 경우에 수정할 것이 있는데도 이를 보고하지 않는 것보다는 이를 솔직히 보고하여야 한다. 물론, 의도적으로 오류를 범하고 이를 수정하는 것은 적절히 조치되어야 한다. 공시일 경우도 의도적으로 잘못된 공시를 수행하고 이를 번복하거나 변경하는 것은 당연히 조치되어야 한다. 단, 이왕 잘못된 공시가 수행되었다고 하면 이를 숨기려는 것보다는 당연히 이러한 잘못을 드러내어야 하며 의도적으로 공시할 부분이 있음에도 이를 숨기는 것과 잘못된 부분을 자발적으로 보이는 것 간에는 조치에 있어서 차이가 있어야 하는데 이론만큼 쉬운 것은 아니다. 물론, 이러한 과정이 재무회계에서는 고해성사라는 과정으로 나타났다.

이러한 논리에 근거한다면 기업이 자발적으로 공시한 공시번복, 공시변경, 공시불이행에 대해서는 관대히 조치를 하며 이를 숨기려 하였고 거래소가 이를 발견하고 조치를 취한 경우에는 더욱 강한 조치를 취하는 대안도 생각해 볼 수 있다. 단, 이는 고의성을 판단하기 어려우므로 쉬운 문제는 아니다. 단, 자발적으로 잘못을 인정하고 이를 수정하려는 노력에 대해서는 보상이 따라야 한다는 주장도 설득력이 있다.

사업보고서

chapter 07

미국에서 집단소송제도의 대상이 되는 주된 내용 중의 한 내용이 사업보고서에 공시가 잘못된 부분이다. 이 자료에 의하면 사업보고서의 공시오류에 대해서도 집단소송 대상 사유가 빈번하다. 사업보고서 오류, 회계예측정보, 회계기준위반, 내부자거래의 순이다. 예측정보가 집단소송의 빈번한 대상이 된다는 것은 상당히 irony하다. 이는 자발적 공시이기 때문인데 그만큼 자의성이 개입된다고 믿기 때문인 듯하다.

또한 위에서도 이미 기술되었듯이 우리나라의 자본시장법에서도 예측정보에 대해서는 면책조항이 포함되어 있어서 예측정보의 공시를 권장하는 대신에 이러한 예측정보로부터 기업이 보호받기 위한 보호막도 완비되어 있다. 미국의 경우도 safe harbor rule(면책조항)이 적용되는데 우리의 면책조항이 미국의 이 조항을 기초로 채택하였다는 점에서는 회계예측정보가 집단소송의 주된 대상이 된다는 점은 유의하여 주목할 필요가 있다. 또한 우리나라에서 집단소송제도가 법안으로 통과된 이후에 이 적용을 2년간 유예하면서까지 이슈가 되었던 부분은 분식회계의 건이다.

우리의 경우와 같이 정형화되어 있는 사업보고서의 공시내용은 회계정보와 비교하여 기업이 의도적으로 왜곡하기 어렵다고 판단되지만 이와 같이 미국에서 사업보고서에 대한 소송이 널리 진행됨은 사업보고서에 포함되는 내용도 왜곡이 개입될 소지가 높다는 것을 암시한다. 우리나라에서는 아직까지 사업보고서에 공시되는 내용이 왜곡된다는 측면에서의 연구나 보고서 내용이 논의된 바가 없다.

사업보고서의 내용은 수시공시보다는 정기공시에 해당하는 내용이지만 정기공시를 다루는 대부분의 저술에서는 주로 재무제표만을 이슈로 하므로 비재무적인 내용인 사업보고서는 다루지 않기 때문에 본서에서는 사업보고서의 내용을 다룬다. 또한 사업보고서에 공시되는 내용으로 정기보고와 밀접한 연관성이 있다.

비 재무적인 서술적인 내용에서 기업과 관련된 더욱 중요한 정보가 전달될 수 있다.

표 7-1 사업보고서의 기재사항

구 분	주요내용
1. 회사의 개황	회사의 목적, 회사의 연혁, 자본금 변동사항, 주식의 총수 등, 의결권 현황, 배당에 관한 사항 등
2. 사업의 내용	사업의 개요, 기타 업종별 기재사항
3. 재무에 관한 사항	요약재무정보, 재무제표 이용상의 유의점, 회계정보에 관한 사항, 재무제표, 연결재무제표, 부문별 재무 현황, 합병 전·후의 재무제표
4. 감사인의 감사의견 등	감사인(공인회계사)의 감사의견 등, 당해 사업연도 감사(내부감사)의 감사의견 등, 연결재무제표에 대한 감사인의 감사의견 등, 최근 3사업연도의 외부감사인에게 지급한 보수 등에 관한 사항, 기타
5. 이사회 등 회사의 기관 및 계열회사에 관한 사항	이사회 등 회사의 기관의 개요, 계열회사에 관한 사항, 타법인출자 현황
6. 주주에 관한 사항	주주의 분포, 주식사무, 최근 6개월간의 주가 및 거래실적
7. 임원 및 직원 등에 관한 사항	임원의 현황, 직원의 현황, 노동조합의 현황
8. 이해관계자와의 거래내용	최대주주 등과의 거래내용, 주주(최대주주 등 제

	외)·임원·직원 및 기타 이해관계자와의 거래내용
9. 부속명세서	
10. 그 밖에 투자자 보호를 위하여 필요한 사항	**주요 경영사항 신고 등의 진행·변경상황**, 주주총회 의사록 요약, 우발채무 등, 제재현황, 결산기이후 발생한 주요사항, 중소기업기준검토표 등 장래계획에 관한 사항의 추진실적, 공모자금의 사용내역

증권의 발행 및 공시 등에 관한 규정(금융위원회)

제4-3조 (사업보고서등의 기재사항) ① 법 제159조 제4항 및 영 제168조 제2항 제9호에 따라 사업보고서에는 다음 각 호의 사항을 기재하여야 한다.

1. 사업의 내용(제조·서비스업 및 금융업으로 구분한다)
2. 이사의 경영진단 및 분석의견
3. 그 밖에 투자자 보호를 위하여 필요한 사항
   가. 주요사항보고서 및 거래소 공시사항 등의 진행·변경상황
   나. 주주총회 의사록 요약
   다. 우발채무 등
   라. 제재현황
   마. 결산기이후 발생한 주요사항
   바. 중소기업기준검토표 등
   사. 장래계획에 관한 사항의 추진실적
   아. 자금의 사용내역

② 반기보고서 및 분기보고서에는 제1항 제2호에서 정하는 사항을 기재하지 않을 수 있다.

③ 영 제168조 제6항 제5호에서 "금융위원회가 정하여 고시하는 서류"란 다음 각 호에서 정하는 것을 말한다.

1. 법 제162조 제1항 제4호에서 정한 자의 동의서
2. 「상법」 제447조의2에 따른 영업보고서

3. 정관 등 영 제125조 제2항 제1호의 서류

④ 자산유동화에관한법률 제3조에 따른 유동화전문회사등이 제출하는 사업보고서등에는 다음 각 호의 사항을 기재하여야 한다.

1. 유동화전문회사등에 관한 사항
2. 자산관리자 및 자산의 관리방법 등
3. 자산유동화계획의 추진실적
4. 그 밖에 투자자 보호를 위하여 필요한 사항

⑤ 제4항의 사업보고서등에는 다음 각 호의 서류를 첨부하여야 한다.

1. 사업보고서의 첨부서류

   가. 회계감사인의 감사보고서

   나. 정관

2. 반기보고서의 첨부서류

   회계감사인의 반기감사보고서 또는 반기검토보고서

⑥ 영 제168조 제4항에서 그 밖에 금융위원회가 정하여 고시하는 사항이란 한국채택국제회계기준을 적용하는 법인에 대하여 다음 각 호에서 정하는 사항으로 한다. 다만, 감독원장은 제6항에 따라 기재사항의 특성을 감안하여 필요한 범위내에서 조정할 수 있다.

1. 영 제168조 제2항 제2호의 사항
2. 제1항 제1호의 사항
3. 제1항 제2호의 사항
4. 제1항 제3호 다목부터 마목까지의 사항

⑦ 그 밖에 사업보고서등의 서식 및 작성방법 등에 관하여 필요한 사항은 감독원장이 정한다.

종속회사의 주요사항 정보를 지배회사가 사업보고서 등에서 공시하는 방안을 검토 중이라는 내용이 국제회계기준 도입과 관련되어 논의되었다(김경률 2007). 다만, 동 사항은 조치(매매거래정지, 불성실공시법인, 관리종목 지정, 상장폐지 등)와 직접 연계되는 만큼 공청회 등 의견수렴과정도 필요하다는 내용도 추가되었다.

즉, 자회사와 관련된 공시에 대해서는 이미 본서에서 몇 가지 내용이 기술되었다.

1. 자회사의 주요 경영사항 공시가 모회사에도 어느 정도 공시의 책임이 있다.
2. 자회사의 공정공시가 모회사에도 어느 정도 공시의 책임이 있다.
3. 자회사의 조회공시에 대해서도 모회사가 책임이 있다.

이러한 내용들은 수시공시와 연관되며, 모/자회사의 관계를 확장하여 연결재무제표까지 확장하면 다음의 내용들은 정기공시와 연관된다.

1. 지배회사는 종속회사의 내부통제제도에까지 어느 정도의 책임을 진다.
2. 연결하는 회사가 연결대상 회사의 재무제표에 대해서 연결하면서 당연히 책임을 진다.

연결재무제표가 주 재무제표가 되면서 여러 가지 문제가 초래되며 사업보고서와 관련된 공시내용도 각 공시의 주체는 상법상 개별적인 법인이므로 당연히 각 개별 기업의 몫이다. 다만, 연결재무제표를 공시하며 기본적으로 지배회사가 종속회사에 대한 공시의 책임을 지게 되면 정기공시뿐만 아니라 수시공시의 내용까지도 연관될 수 있다.

종속회사의 사업보고서에 대한 책임, 종속회사에 대한 조회공시, 종속회사에 대한 주요 경영사항공시 등도 연결재무제표가 주재무제표가 되면서 확대되는 공시와 관련된 내용이다. 물론, 연결재무제표의 개념은 정기공시에 적용되는 내용이므로 수시공시와 직접적인 관련성이 존재하는 것은 아니다.

즉, 연결재무제표가 주 재무제표가 되기 이전과 비교해서 지배/종속기업 간의 유기적 관계가 매우 높아진다고 할 수 있다.

사업보고서 이외에 영업보고서의 내용에 대해서 기술한다. 사업보고서와 동일하게 영업보고서도 정기공시이기는 하지만 회계학 분야에서 재무제표 이외의 영업보고서에 대한 내용이 잘 다루어지지 않기 때문에 이곳에 기술한다.

사업보고서와 영업보고서가 혼재되어 사용되는데 이를 구분한다. 먼저 결론적으로 사업보고서는 공시규정에 의한 회사의 재무정보 및 영업에 대한 보고서 형태이고, 영업보고서는 상법상 결산시 이사가 작성하여 이사회의 승인 후 주총에서 보고하는 보고서 형태이다. 영업보고서를 사업보고서에 첨부하게 되어 있다.

영업보고서의 첨부근거는 상법상 재무 및 영업보고를 위한 보고서를 칭하는 것으로 상법에서는 다음과 같이 영업보고서(상법에는 사업보고서는 해당없으며 증권의 발행 및 공시 등에 관한 규정에서 만든 보고서 형태이므로)를 언급하고 있다.

상법

제579조의2 (영업보고서의 작성) ① 이사는 매결산기에 영업보고서를 작성하여야 한다.

② 제579조 제2항 및 제3항의 규정은 제1항의 영업보고서에 관하여 이를 준용한다.

제447조의2 (영업보고서의 작성) ① 이사는 매결산기에 영업보고서를 작성하여 이사회의 승인을 얻어야 한다.

② 영업보고서에는 대통령령이 정하는 바에 의하여 영업에 관한 중요한 사항을 기재하여야 한다.

즉, 상장회사의 경우 사업보고서를 작성하므로 이에 첨부서류로 영업보고서가 첨부되나, 비상장의 경우 사업보고서를 작성하지 아니하므로 영업보고서가 첨부되지 않는다. DART 생성 프로그램의 운영시, 사업보고서를 생성 후 첨부서류종류로 영업보고서를 포함하게 되어 있다.

자본시장법

제159조 (사업보고서 등의 제출) ① 주권상장법인, 그 밖에 대통령령으로 정하는 법인(이하 "사업보고서 제출대상법인"이라 한다)은 그 사업보고서를 각 사업연도 경과 후 90일 이내에 금융위원회와 거래소에 제출하여야 한다. 다만, 파산, 그 밖의 사유로 인하여 사업보고서의 제출이 사실상 불가능하거나 실효성이 없는 경우로서 대통령령으로 정하는 경우에는 사업보고서를 제출하지 아니할 수 있다. <개정 2008. 2. 29>

② 사업보고서 제출대상법인은 제1항의 사업보고서에 그 회사의 목적, 상호, 사업내용, 임원보수(「상법」, 그 밖의 법률에 따른 주식매수선택권을 포함하되, 대통령령으로 정하는 것에 한한다), 재무에 관한 사항, 그 밖에 대통령령으로 정하는 사항을 기재하고, 대통령령으로 정하는 서류를 첨부하여야 한다.

③ 최초로 제1항에 따라 사업보고서를 제출하여야 하는 법인은 사업보고서 제출대상법인에 해당하게 된 날부터 5일(제1항에 따른 사업보고서의 제출기간 중에 사업보고서 제출대상법인에 해당하게 된 경우에는 그 제출기한으로 한다) 이내에 그 직전 사업연도의 사업보고서를 금융위원회와 거래소에 제출하여야 한다. 다만, 그 법인이 증권신고서 등을 통하여 이미 직전 사업연도의 사업보고서에 준하는 사항을 공시한 경우에는 직전 사업연도의 사업보고서를 제출하지 아니할 수 있다. <개정 2008. 2. 29, 2009. 2. 3>

④ 사업보고서 제출대상법인은 제1항의 사업보고서를 작성함에 있어서 금융위원회가 정하여 고시하는 기재방법 및 서식에 따라야 한다. <개정 2008. 2. 29, 2009. 2. 3>

⑤ 사업보고서 제출대상법인은 「주식회사의 외부감사에 관한 법률」 제1조의3에 따라 기업집단결합재무제표를 작성하여야 하는 기업집단의 소속회사인 경우에는 같은 법 제1조의2 제3호에 따른 기업집단결합재무제표를 사업연도 종료 후 6개월 이내에 금융위원회와 거래소에 제출하여야 한다. <개정 2008. 2. 29>

⑥ 사업보고서 제출대상법인은 사업보고서에 그 법인의 예측정보를 기재 또는 표시할 수 있다. 이 경우 예측정보의 기재 또는 표시는 제125조 제2항 제1호 · 제2호 및 제4호의 방법에 따라야 한다.

⑦ 사업보고서를 제출하는 경우 제출 당시 그 법인의 대표이사 및 제출업무를 담당하는 이사는 그 사업보고서의 기재사항 중 중요사항에 관하여 거짓의 기재 또는 표시가 있거나 중요사항의 기재 또는 표시가 누락되어 있지 아니하다는 사실 등 대통령령으로 정하는 사항을 확인 · 검토하고 이에 각각 서명하여야 한다.

자본시장법

제163조 (사업보고서등의 공시) 금융위원회와 거래소는 사업보고서등을 3년간 일정한 장소에 비치하고, 인터넷 홈페이지 등을 이용하여 공시하여야 한다. 이 경우 기업경영 등 비밀유지와 투자자 보호와의 형평 등을 고려하여 대통령령으로 정하는 사항을 제외하고 비치 및 공시할 수 있다. <개정 2008. 2. 29>

사업보고서의 첨부서류 중의 하나인 영업보고서에 기재하여야 할 사항에 대해서는 상법의 일부 규정의 시행에 관한 규정에서 다음과 같이 규정한다.

제6조 (영업보고서의 기재사항) 법 제447조의2 제2항의 규정에 의하여 영업보고서에 기재할 사항은 다음과 같다.

1. 회사의 목적 및 중요한 사업내용, 영업소 · 공장 및 종업원의 상황과 주식 · 사채의 상황
2. 그 영업연도에 있어서의 영업의 경과 및 성과(자금조달 및 설비투자의 상황을 포함한다)
3. 모회사와의 관계, 자회사의 상황 그밖에 중요한 기업결합의 상황
4. 과거 3년간의 영업성적 및 재산상태의 변동상황

5. 회사가 대처할 과제
6. 그 영업연도에 있어서의 이사·감사의 성명, 회사에 있어서의 지위 및 담당업무 또는 주된 직업과 회사와의 거래관계
7. 상위 5인이상의 대주주(주주가 회사인 경우에는 그 회사의 자회사가 보유하는 주식을 합산한다), 그 보유주식수 및 회사와의 거래관계와 회사의 당해 대주주에 대한 출자의 상황
8. 회사, 회사 및 그 자회사 또는 회사의 자회사가 다른 회사의 발행주식총수의 10분의 1을 초과하는 주식을 가지고 있는 경우에는 그 주식수 및 그 다른회사의 명칭과 그 다른 회사가 가지고 있는 회사의 주식수
9. 중요한 채권자, 채권액 및 당해 채권자가 가지고 있는 회사의 주식수
10. 결산기 후에 생긴 중요한 사실
11. 그밖에 영업에 관한 사항으로서 중요하다고 인정되는 사항

[제5조에서 이동, 종전 제6조는 제7조로 이동 <2009. 2. 3>]

사업보고서에 공시되는 정보로는 흥미로운 것 중에 감사시간, 감사보수, 이사들의 손해배상보험과 관련된 내용이 있다. 사업보고서에 이러한 내용이 공시되는 것이 어떠한 의미가 있는지를 생각해 본다. 해당 기업과 보험회사 간의 이사책임보험과 관련된 내용에 있어서도 이는 양자 간의 계약사항인데 이를 공시하도록 강제함이 적절한지의 의문이 제기될 수 있다.

책임보험과 관련되어서는 2000년부터 보험료와 책임한도액, 보험기간이 사업보고서에 공개되는데, 이러한 내용은 투자자와 잠재적인 투자자에게 기업이 해당 회사가 어느 정도 위험에 노출되어 있다고 판단하는지를 가늠할 수 있는 정보이다. 상장기업의 많은 수가 보험에 가입하고 있지만 그렇지 않은 기업도 다수 존재한다. 이사책임보험의 책임한도액은 해당 기업이 감수하는 위험수준으로 시장에 도움이 되는 정보이다. 보험에 가입하고 있지 않은 기업은 해당 기업이 이사회에서 보험에 가입할 정도의 위험에 노출된 의사결정을 수행하지 않는다고 주장한다. 기업이 계약시 정하게 되는 한도금액은

해당 기업의 위험에 대한 회피 정도에 따라서 영향을 받는다. 위험성을 크게 내포하는 일반적인 보험일 경우는 공제금액(deductible)이 높게 나타난다. 그러나 국내의 이사책임보험에서는 공제금액이 정해지지 않고 있기 때문에 기업이 판단하는 위험은 한도금액으로만 나타난다. 국내에서 가장 높은 보험료를 지급하는 것으로 알려진 삼성전자는 보험료만 2008년에 100억원 정도를 지불하는 것으로 알려져 있다. 보험회사의 경쟁력이란 정확한 위험의 판단과 이에 상응하는 가격결정일 것이다.

보험회사의 입장에서는 이러한 보험료가 너무 높게 책정된다면 타 보험사와의 경쟁에 있어서 경쟁력을 상실할 것이며 너무 낮게 책정된다면 수익을 추구하기 어려울 것이다. 따라서 보험료의 산정은 보험회사의 입장에서는 가장 중요한 상품에 대한 가격결정일 것이다.

또한 이 부분에 있어서는 누구보다도 보험회사가 전문가일 것이다. 물론, 일반적인 위험에 대한 위험평가의 전문가는 신용평가사일 수도 있지만 보험과 관련되어서는 보험회사의 전문성을 따르기 어렵다.

동일한 한도금액을 갖는 두 기업 간의 보험료에 차이가 있다면 이는 분명히 위험의 차이로 해석할 수 있다. 이와 같은 정보가 투자자들이 판단하기에도 중요한 정보의 원천이 될 수 있기 때문에 사업보고서에 이를 공지하도록 강제되었다고 판단된다.

이와 관련되어 상법 개정안이 논의가 되고 있는데 이사와 감사의 손해배상에 대한 책임범위를 1년간 급여의 6배(상근이사의 경우)와 3배(사외이사의 경우)로 제한한다는 움직임도 있으나 이 경우는 다음 제414조의 제1항(이사의 경우 제399조)에만 해당되지 제414조 제3항(이사의 경우는 제401조)에 대해서는 해당되지 않는다. 즉, 상법에서 회사에 대한 책임에 대해서는 이사/감사를 보호해 줄 수 있지만 제3자에 대한 책임으로부터, 즉 이해 당사자들 간의 소송에서 이사/감사를 보호해 주기는 어렵다.

상법

414조 (감사의 책임) ① 감사가 그 임무를 해태한 때에는 그 감사는 회사에 대하여 연대하여 손해를 배상할 책임이 있다.

② 감사가 악의 또는 중대한 과실로 인하여 그 임무를 해태한 때에는 그 감사는 제3자에 대하여 연대하여 손해를 배상할 책임이 있다.[15)]

제399조 (회사에 대한 책임) ① 이사가 법령 또는 정관에 위반한 행위를 하거나 그 임무를 해태한 때에는 그 이사는 회사에 대하여 연대하여 손해를 배상할 책임이 있다.

제401조 (제삼자에 대한 책임) ① 이사가 악의 또는 중대한 과실로 인하여 그 임무를 해태한 때에는 그 이사는 제삼자에 대하여 연대하여 손해를 배상할 책임이 있다.

임원배상책임보험이 가장 발달된 미국 주식시장에는 본 보험과 관련된 자료가 공시되고 있지 않다(Griffith, 2005). Griffith는 임원배상책임보험 관련 정보가 자본시장에 기업소송 및 지배구조와 관련된 중요한 신호(signal)를 제공해 줄 수 있으므로 관련 자료를 미국 자본시장에서 공시하도록 유도하여야 한다고 주장하였다. 보험회사와 피보험자 간의 계약은 개인들 간의 계약이므로 원칙적으로는 공개되지 않는 정보이지만 상장기업의 계약이 공적인 영역(public domain)에 속한다고 하면 이러한 정보도 공개되어야 한다. 우리의 많은 제도가 자본주의의 선진국이라고 할 수 있는 미국의 제도를 많이 모방하지만 우리가 더 앞서나가는 경우도 있다.

많은 외국에서는 사업보고서에 감사수임료 관련 정보도 제공되지 않는다고 한다. 아무리 상장된 공개기업이라고 하여도 기업의 경영과 관련된 모든 내용을 공시함은 적절치 않다. 예를 들어 2001년에 감사보수와 감사시간을 사업보고서에 공시하도록 강제되었는데 감사보수와 감사시간은 피감기업과 감사인 간의 계약사항이라서 과연 이러한 정보가 공개되는 것이 적절한

15) ②에서의 악의의 해석에 오해가 있는데 위의 조항에서의 악의란 선의의 반대되는 개념이 아니라 고의의 개념이다.

지에 대한 의문이 들 수 있다. 즉, 보험료 정보가 보험가입자와 보험회사와의 계약인데 이러한 정보가 public domain의 대상인지에 대한 논의와 감사인과 피감사회사의 사적인 계약정보가 public domain의 영역인지에 대한 논의는 일맥상통한다.

예를 들어, 감사인과 피감기업 간의 감사계약서는 철저하게 비공개이다. 물론, 감사계약서에 포함된 내용인 감사수임료 등은 사업보고서에 기재되지만 그 이외의 감사인과 피감사인 간의 민감한 법적 책임문제, liability capping 등은 계약 당사자 이외에는 공개되지 않는다(손성규, 상장 2007). 공적인 정보와 사적인 정보를 분명하게 구분하는 것이다. liability capping이란 예를 들어 외부감사인의 감사업무와 관련된 소송이 제기될 경우에 어디까지 외부감사인이 법적인 또는 금전적인 책임을 질 것인지와 관련된 것이다. 일부에서는 이러한 한도액이 감사계약서에 한정되어 있다고 하여도 실질적으로 법적 소송이 제기된다면 이 capping의 법적 구속력이 있는지에 대해서 의문이 제기되기도 한다. 이는 피감기관과 감사인과의 계약이기는 하지만 기업의 재무제표에 대한 소송이 제기될 경우는 원고는 대부분은 재무제표를 이용한 금융기관이거나 투자자일 것이고, 피고는 기업이거나 감사인일 것이므로 원고가 판단하기에는 이들 두 양자 피고 간의 liability capping에 법적인 구속력이 있다는 점이 명확하지 않다. 기업이 소송으로 인한 지급능력이 부족한 경우는 특히나 그러하다. 그렇기 때문에 미국에서는 기업과 감사인이 공동피고일 경우는 특히나 기업이 경제적인 어려움을 겪을 경우는, 감사인이 deep pocket을 갖고 있다고 해서 지급에 대한 의무를 갖는 경우가 많다.

또한 liability capping의 내용에는 감사인과 피감사인이 갑과 을의 관계에서 계약을 수행하기는 하지만 누가 어느 정도의 우월적인 위치에서 계약을 수행하는지와 관련된 내용도 엿볼 수 있다. 이러한 정보가 감사품질을 가늠해 볼 수 있는 중요한 정보일 수 있다.

이제까지 간과되었던 정보 중에 사업보고서에 기술되는 감사시간이 존재한다. 또한 사업보고서에도 2001년부터 최근 3년간의 감사시간과 감사수임료를 공시하도록 강제된다.

감사계약서상의 감사시간은 감사인과 피감기업 간의 감사계약이기 때문에 계약 당사자 이외에는 접근이 가능하지 않았다. 실질적으로 직전 연도 감사에서 감사시간이 많이 투입되는 경우는 수임료가 상향 조정되기도 한다.

그러나 국내에서의 감사수임료가 완전한 time charge에 의해서 구해지는 것이 아니므로 감사시간을 감사계약서에 표시함이 어떠한 의미가 있는지에 대해서는 명확하지 않다.

일반적으로 계약서에 어떠한 내용이 상호 합의하에 포함함은 이를 지키겠다는 의지의 표현이지만 감사계약서에 시간을 기술한다고 해서 반듯이 그 시간을 감사에 투입하는 구속되는 시간도 아닌 것이다. 피감기업도 이 시간을 투입하였는지에 대한 확인을 하지 않으며 회계감사가 공공재적인 성격을 띠고 있기 때문에 감독기관이 개입할 수도 있으나 약속된 시간을 투입하였는지는 확인하지 않는다.

그럼에도 이 시간이 공시되는 이유가 감사시간과 감사품질 간에 일 대 일 관계가 성립하는지는 알 수 없으나 사업보고서를 읽고 사용하는 이용자로 하여금 자의적인 판단을 가능하게 하는 데 도움을 주는 정보일 수 있다.

많은 경우에는 제공되는 정보가 동일한 방향으로 해석될 것인지에 대한 확신은 없지만 그럼에도 불구하고 이러한 정보를 제공함은 정보이용자에게 정보를 제공하여 그들 나름대로의 판단을 수행하고자 함이다. 감사수임료가 높음을 일부의 정보이용자는 감사가 충실하게 수행될 수 있는 신호로 인식하며 다른 정보이용자는 높은 감사수임료를 받은 감사인이 피감기업에 강한 의견을 제시하기 어려울 것이며 따라서 높은 감사수임료가 반드시 바람직한 것만은 아니라고 해석할 수 있다. 이와 같이 감사시간과 감사품질 간에 일 대 일로 논리전개가 가능하지는 않지만 적어도 회계정보를 이용하는 이용자가 이 정보에 접근할 수 있도록 정보를 공개한 것이다.

이는 일반 건설공사와 동일하다고 할 수 있다. 대부분의 공사가 경쟁입찰에 의해서 최저가낙찰제로 업체가 선정된다. 이 시점에 공사가액은 결정된다. 일단 입찰을 받은 시공업체의 입장에서는 원가를 절감하고(공사 투입시간의 절약 포함) 공사를 진행하기를 원한다. 공사원가가 얼마 발생하는지 또는 공사시간이 어느 정도 투입되는지는 시공업체가 염려할 부분이지 공사위탁업체는 이에 관심을 가질 이유가 없다. 단, 공사품질의 보장을 위해서 감리가 수행되는데 이러한 감리의 수행은 회계감사에 있어서 한국공인회계사(한공)에서의 위탁감리와 감독원의 감리가 동일하다고 할 수 있다.

원하는 공사품질만 확보된다면 공사원가가 얼마 투입되었는지 또는 시간이 얼마 투입되었는지가 전혀 관건이 아니다. 원가를 적게 투입하고도 또한 시간을 적게 투입하고도 경제성 있고 생산적으로 공사를 진행하였다면 이는 누구도 괘념치 않을 것이다. 시간이 많이 투입되어야 또는 공사원가가 많이 투입되어야 좋은 품질의 결과물이 산출될 것이라는 심증은 있지만 이를 입증하기는 용이하지 않다. 시간투자, 원가투입 등은 input의 이슈이지만 input과 output 간에는 생산성이라는 변수가 개입된다.

또한 감리가 철저하여 품질을 보장한다면 전혀 문제가 되지 않는다.

단, 한공에서의 감리가 되었건 감독원의 감리가 되었건 회계정보와 감사에 대한 감리가 완벽할 수 없다. 그렇기 때문에 감사보수나 감사시간에 대한 논의는 감사품질의 대용치를 사용하여 감사품질을 확보하려는 과정으로 이해하여야 한다. 시설공사에 대한 감리일 경우는 전체공사에(전수조사) 대해서 감리를 수행하지만 회계정보에 대한 감리는 표본조사로 수행될 수밖에 없기 때문에 감리에만 의존할 수는 없는 상황이다. 또한 감리의 과정도 완벽할 수 없다.

사업보고서에 기재하는 시간은 실제로 감사과정에서 발생한 시간을 기재하게 된다. 사업보고서에 감사시간을 기재하도록 2001년부터 시행되었다. 보고되는 사업보고서 연도로부터 최근 3년간의 감사시간을 기재한다.

사업보고서에 감사시간을 기재하도록 강제된 이면에는 투입되는 감사시간이 감사품질에 대한 대용치일 수 있다는 개연성 때문이다. 해당 피감사기업에 대한 감사시간은 여러 가지 변수에 의해서 결정되기 때문에 어느 정도의 감사시간이 적정수준의 감사시간인 것은 매우 주관적이지만 어찌되었건 투입 감사시간이 감사에 있어서의 중요한 정보이기 때문에 사업보고서에 제시되는 것이다.

감사시간에 대해서 관심을 두는 것은 감사시간이 감사품질과 밀접한 관련성을 갖고 있기 때문이다. 감사품질은 감사수임료 및 감사시간과 밀접한 관련성이 있는데, 감사수임료에 대해서 감독기관에서 제재를 가함은 공정거래위원회에서 허용하고 있지 않기 때문에 감독기관이 정책수단으로 사용할 수 있는 수단은 감사시간밖에 없다고 할 수 있다. 감사수임료는 피감기업과 감사인이 계약의 갑과 을의 위치에서 계약을 체결하는 것으로 양자 간의 자유의사에 의한 합의에 근거한 계약에 정부기관이 개입되어서는 안 된다는 정책방향에 근거한다. 즉, 가격의 시장 mechanism이 작동할 것이므로 시장기능에 맡겨져야 한다는 논리이다.

국내 감사료의 산정이 완전히 time charge의 개념이 아니므로 감사시간 또는 감사수임료가 감사품질과 관련되는지를 판단하면 수임료보다는 시간이라고 생각할 수 있다. 이는 수임료는 시간과 임률의 곱으로 결정되는데, 임률이란 감사인과 피감기업의 협상력 또는 정치력의 결과이다.

실질적으로 감사계약서에 기재되는 감사시간도 위에서도 기술되었듯이 구속되는 감사시간이 아니기 때문에 아마도 큰 고민 없이 적정감사시간을 추정하여 기재하였을 것이다.

정태범, 박희우(2006)는 2001년부터 사업보고서에 기재되는 감사시간에 오류가 존재하는지를 검토하였으며 공시담당자들에 대한 감사시간 공시실태를 조사하였다. 또한 회계법인 내부에서 사용하는 time sheet에 나타난 감사시간과 사업보고서에 공시된 감사시간에 차이가 있는지를 검토함으로써 감사시간공시제도의 문제점을 검토하였다.

정태범과 박희우는 우리나라에서는 회계감사에 대해 투입된 시간에 대한 time charge가 행해지지 않고 있으며, 감사보수는 회계감사 계약시점에 결정되고 감사종료 후 추가적으로 이루어지는 감사보수의 조정이 거의 불가능한 상황에서 감사업무를 수행하는 감사인은 실제로 발생한 감사시간을 time report에 정확히 기재할 동기가 없다고 주장하였다(75쪽).

공시되는 감사시간의 상당부분(2004년도 공시자료의 21%)이 자체적으로 명백하게 오류를 포함하고 있거나 최초 공시연도 이후 1, 2년간에 걸쳐서 계속적인 수정이 발생함으로써 최초 감사시간 공시시점에서 정보의 신뢰성을 훼손하는 것으로 나타났다. 실제로 투입된 감사시간이 보고되는 미래연도에 변경된다는 것이 이 정보가 신뢰성이 없음을 단적으로 보여준다. 설문조사에서는 약 40%의 회사가 감사시간 공시시점에 감사인과의 확인절차를 취하지 않고 있음을 보인다. 보고되는 감사시간이 어떻게 사용되는지를 모르는 상황에서 감사인이 제시한 감사시간의 적정성에 의문을 표시한다는 것도 어려운 점이다. 확인절차라는 것도 제시된 시간이 정확한지를 확인하는 정도이지 그 이상의 업무를 피감기업에 기대하기도 어렵다.

실상이 이렇다면 과연 입증할 수도 없는 감사시간이라는 정보가 기업의 공식문건인 사업보고서에 기재된다는 것이 적절한 것인지에 대해서도 고민해 보아야 한다. 피감기업은 대부분의 경우, 사업보고서에 기재하는 감사시간을 감사를 수행한 해당 법인이 제시하는 시간을 기록할 것인데, 일부에서는 감사인의 time charge 정보를 구해서 이를 사업보고서에 기재하여야 한다는 주장도 있다. 사업보고서의 공시의 주체가 기업인데 확인되지 않은 정보를 감사인에게 제공받아 공시해도 무방한지에 대해서도 의문이 제기될 수 있다.

공시되는 정보의 정확성을 담보할 수 없음에도 이 정보를 공시하게 함이 정책취지에 부합하는지에 대해서는 고민하여야 한다. 오히려 이러한 정보 공시로부터의 득보다 실이 많을 수도 있으며 왜곡되는 정보가 공식문건에 올라감으로써 정확한 정보라는 혼란을 초래할 수도 있다. 공시되는 정보와 관련되어서는 이 정보를 공시할 것인지에 대한 논점이 있을 것이며 공시할 것이면 그 다음은 이 공시정보의 원천이 무엇이건 이 정보의 신뢰성을 확보할 수 있을지가 그 다음의 관건일 것이다.

회계감사준칙 제210조 제5항에서 제8항에는 감사계약서에 대한 내용이 담겨져 있다. 가설과 관련된 조항 중에 제9항에는 감사 및 검토보수와 관련된 준칙이 있고 세부조항으로는 제2항에 “규정에 의한 감사 및 검토보수액은 ...(중략)... 여러 가지 요인에 따라 조정계산하고 잔금 지급시에 조정된 과부족 금액을 가감한다”라고 되어 있어 참여자의 변동이 큰 회사의 경우 해당연도의 감사에 큰 영향을 미친 여러 가지 일들이 발생하였다는 것을 예측할 수 있다. 단, 위에서도 기술하였듯이 우리나라의 현실에서 실질적으로 감사시간이 많이 투입되었다고 해서 감사수임료가 조정되는 것은 아님을 보인다.

또한 감사계약을 3년 계약으로 진행하는 경우가 많으므로 매년 발생하는 특이한 사항에 대해서 3년 기본으로 진행하는 감사계약상의 금액을 조정하는 것도 매우 어렵다.

표 7-2 감사계약서상 보수 및 시간규정

제9조	제1항	갑의 제_기(년 월 일부터 년 월 일까지) 재무제표에 대한 감사 및 검토보수액(내부회계관리제도에 대한 검토보수액 포함)은 일금___원정으로 하고, 연속감사에 따른 감사 및 검토보수액은 해당 사업연도의 직전 사업연도 말을 기준으로 하여 상호 간의 협의에 의하여 정한다.
	제2항	제1항의 규정에 의한 감사 및 검토보수액은 감사 및 검토대상 사업연도 종료일 현재 자산총액·사업장수·감사소요시간·연결 및 결합대상회사 수의 증감 등 감사 및 검토 보수에 영향을 미치는 *여러 가지 요인에 따라 조정계산하고 잔금 지급시에 조정된 과부족금액을 가감한다.*

표 7-3 사업보고서상 보수 및 시간

사업연도	감사인	내 용	보 수	총소요시간
제38기	××회계법인	분·반기 재무제표 검토, 개별 및 연결 재무제표에 대한 감사	3,353	48,200
제37기	××회계법인	분·반기재무제표 검토, 개별 및 연결 재무제표에 대한 감사	2,048	35,313

감사계약서에 있어서의 감사시간의 기재는 법률적인 용어를 빈다면 참조적 기재이다. 즉, 단순히 표준으로 제시되는 감사시간에 불과하다.

이에 대한 대안으로는 회계법인으로부터 time sheet을 제공받는 것이다. 물론, 회계법인에서 내부적으로 관리하는 time sheet도 실무의 공인회계사가 정확한 시간을 기재하겠는지에 대해서는 이견이 있을 수 있다. 회계법인 내부에서 성과평가를 위한 자료로 사용되는 이 수치를 일정수준 이상으로 유지하기 위하여 부득이 하게 실제 사용된 감사시간보다는 낮추어서 보고한다는 주장도 있다(정태범, 박희우 79쪽).[16] 즉, time sheet 자체도 정확한 정보가 아닐 수는 있으나 사업보고서에 공시되는 정보보다는 그래도 정확한 정보일 것이다. 어차피 법인 내부에서도 투입된 시간에 따라 급여를 받을 수 있는 것도 아닌데 굳이 많은 시간을 투입하였다고 제출하여 생산성이 낮은 회계사라는 인상을 주고 싶지 않을 것이다. 즉, 업적평가의 대상일 경우에는 적은 시간을 투입하여 일하고도 동일한 업무업적을 보인다는 것을 외관적으로 보이려 할 수도 있다는 것이다.

금융감독원에서는 감사보수할인으로 인해서 감사품질이 저하될 것을 우려하여 감사투입시간이 상대적으로 적은 감사업무를 감리대상으로 선정하겠다고 공시한 바 있다(금융감독원 보도자료 2004). 현재로서는 이러한 방식에 의해서 감리기업 대상을 선정하지는 않는다. 감독원의 입장에서는 품질관리(quality control)의 일환으로 감사품질의 대용치라고 할 수도 있는 감사시간을 정책수단으로 쓰고 있는 것이다. 어떠한 대상에 대해서 감리대상 기업을 선정함은 법령이 아니기 때문에 감독원 자체적으로 결정할 수 있으며 환경의 변화에 따라 가변적이다.

감독원이 감사시간을 현재로는 감리선정기준으로 정하고 있지는 않지만 언젠가 다시 한 번 이러한 변수가 사용될 수도 있다는 개연성이 있으므로 사업보고서에 기재되는 이 시간이 감독원의 감리를 생각하면 과장될 가능성

---

16) 어차피 time charege에 의해서 보상받지 않을 경우에는 평가자에게 실제로 투입된 시간보다 적게 시간을 투입하고 동일한 업무를 수행하였다는 평가를 받는 것이 더욱 합리적일 수 있다.

도 있고 위에 기술된 회계법인 내의 사정을 감안하여 낮게 보고될 가능성도 있다.

정태범과 박희우는 감사시간을 사업보고서에 기재하는 것을 감독기관의 편의주의적 발상이라고 비판하고 있다(81쪽). 법률용역에 있어서는 법률보수와 투입된 기간은 비공개이다. 단, 과세목적으로 국세청에 제공될 뿐이고 공시의무는 없다. 이도 그럴 것이 법률용역은 승/패소 그 결과만이 중요하며 이해가 얽힌 경우도 대부분의 소송건은 거의 이해당사자에 국한된다. 단, 회계감사는 이와는 상이하게 공공적인 성격을 띠기 때문에 회계감사의 품질을 감독기관이 개입할 이유가 충분히 존재한다. 법률용역의 품질이 어느 정도인지에 대해서는 용역 의뢰인이 염려할 부분이므로 법률행위에 대해서 규제기관이 개입될 영역은 매우 좁다. 물론, 감사품질이라는 것을 외관적으로 판단할 수 없는 상황에서 감사품질을 측정할 수 있는 대용치를 공시하게 하려는 정책당국의 의도를 충분히 읽을 수 있다.

현재, 사업보고서에 공시되는 감사시간 정보도 공시되는 정보의 형태가 제 각각이라 이를 비교하여 사용하기는 용이하지 않다. 예를 들어, 동일한 감사시간이라도 파트너가 투입하는 감사시간과 스태프 회계사가 투입하는 감사시간에는 차이가 있을 수밖에 없다. 이를 구분하여 표시한다면 많은 도움이 될 수도 있다.

감사수임료뿐만 아니라 비감사서비스가 감사품질에 미치는 영향을 통제하기 위해서 비감사수임료의 총액에 대해서도 공시하도록 하고 있다. 이렇게 비감사수임료를 공시하도록 하는 제도는 미국에서도 Sarbanes Oxley Act(SOX)의 제정과 더불어 비감사서비스의 병행이 문제가 되면서 강제되었다. 즉, 비감사서비스의 병행이 감사인의 독립성에 영향을 미친다는 비판이 제기되면서 공인회계사법에서 몇 업무는 병행이 금지되었다. 이 과정에서 어떠한 업무가 독립성에 영향을 미치고 미치지 않는지에 대해 다양한 의견이 제시되자 일부에서는 금액으로 이를 제한하자는 의견도 제시되었다. 즉, 비감사서비스 용역 수임료의 총액이 전체 감사수임료의 x%을 초과해서는 안 된다는 등의 대안이 제시되었으나 채택되지는 않았다.

감사계약서에 포함되는 내용으로 공개되는 것은 감사보수와 감사시간이다. 용역 제공자와 용역 수혜자의 양자 간의 계약서 내용의 일부를 사업보고서에 공개함에는 회계감사가 어느 정도 공공재적인 성격이 있기 때문이다. 이것까지는 충분히 이해할 수 있으나 문제는 감사시간을 어떻게 해석하여야 하는지가 명확하지도 않으며 또한 공시되는 감사시간이 정확하다는 확인과정도 밟을 수 없는 상황에서 이 정보를 공개함이 무슨 의미가 있는지에 대해서도 다시 한 번 고민하여야 한다.

감사시간이 어느 정도 되어야만 하는 것인지에 대해서는 회계법인별로 또한 감사에 개입되는 전문가의 능력별로 현저한 차이가 있기 때문에 이를 단정적으로 구할 수 없다. 따라서 투입되는 감사시간을 구함에 있어서 과거에는 적정감사시간이라는 표현을 사용하였으니 최근에는 이러한 표현의 사용이 적정/비적정을 이분법적으로 구분하는 것은 아니므로 그 대신 표준감사시간이라는 표현이 조금 더 보편적으로 사용되며 더 합리적인 용어라고 판단한다.

본서의 사업보고서에 기재되는 정보의 범주는 넘지만 감사보수가 time charge로 가야하는지 아니면 감사시간과는 무관하게 정해질 수 있는지에 대해서도 더 많은 고민이 수행되어야 한다. 품질에 대한 확신이 없으면서 무조건적으로 time charge로 가라고 주장함도 적절하지 않다. time charge로 갈 경우, 수임료가 상승되는 요인으로 작용할 수도 있다.

법률계약은 두 가지 형태가 있다.

첫째는 주로 소송대리에서 사용되는 형태인데, 착수금과 성공보수로 나누어 계약한다. 이때 시간은 계약변수가 아니다.

둘째는 주로 법률자문에서 사용되는데(시간×시간당 보수)로 약정된다. 이때 시간당 보수는 변호사급에 따라 다르며 시간은 변호사 측에서 측정하여 청구한다.

법률용역에서 소송업무에서와 같이 착수금+성공보수로 계약이 되는 경우에는 성공보수라는 incentive가 주어지기 때문에 법률의뢰인이 굳이 소송에 투입되는 시간에 대해서 논쟁할 필요가 없다. 법률대행인이 시간을 투자하여 성공보수를 받아가거나 성의 없게 법률용역을 수행하여 패소하면서 착수금만을 수수하기 때문에 이 계약 자체로 incentive의 문제를 해결할 수 있는 것이다. 이러한 차원에서 성공보수(contingency fee)는 상당히 유효하게 법률대행인의 경제적인 incentive를 해결하는 도구(market mechanism)가 될 수 있다. 즉, 법률대리인이 본인이 사용하는 시간을 경제적인 incentive와 연관시키는 것이다. 또한 가장 자본주의적인 monetary incentive의 제공수단이다.

> 공인회계사윤리기준에 보면,
>
> 100.10 윤리강령의 준수에 지장을 초래할 수 있는 잠재적인 위협들은 상황에 따라 매우 다양하며, 다음과 같은 유형으로 분류된다.
>
> 200.4 개업공인회계사에게 이기적 위협이 발생할 수 있는 상황을 예시하면 다음과 같다.
>
> 인증업무(assurance engagement)와 관련하여 성공보수(contingent fee) 약정이 있는 경우

즉, 공인회계사윤리규정에서는 성공보수를 회계감사 업무를 수행함에 있어서의 잠재적인 위협요인으로 인지하고 있으며 따라서 이를 인정하지 않는다.

또한 법률자문의 경우는 time charge이기 때문에 법률계약서가 어떠한 형태를 띠거나 모두 incentive compatible하다.

반면에 성공보수라는 것은 감사에서는 성립할 수 없다. 법률행위일 경우 소송에서 승소하는 것이 성공이지만 회계감사에서의 성공의 개념은 애매하다. 회계감사에서의 성공은 적정의견을 받을 만한 재무제표가 due care에 의한 감사 후에 적정을 받는 것이며 비적정의견을 받을 만한 재무제표가

due care에 의한 감사 후에 비적정의견을 받는 것이다.

감사에서 성공보수를 부정하는 것은 성공보수가 잘못 이해되어 피감사인의 입장에서, 즉 감사계약에 있어서의 을의 입장에서 적정의견을 표명하는 것이 성공이며 이러한 경우에 성공보수가 지급된다면 이는 감사의 근간을 완전히 무너뜨리는 결과를 초래할 것이다.

어떻게 보면 회계감사에서의 성공이란 due care로 감사를 수행하는 것만을 지칭한다. 성공보수가 잘못 해석되고 위와 같이 잘못된 실무 적용에 의해서 추가적인 수임료가 결정된다면 감사인의 독립성이 심각하게 훼손된다.

노력한 만큼에 대해서 보상을 받는다는 차원에서는 incentive compatible 하기 위해서의 유일한 방법은 적절하지 못한 감사절차에 대해서 penalty를 부과하는 것만이 가능하다고 할 수 있다. 시간을 많이 투입하여야만 due care를 행사할 수 있는 감사인은 그렇게 하여야 하며 시간을 많이 투입하지 않고서도 due care를 행사할 수 있는 감사인은 또 그렇게 할 수 있다. 즉, 감사인은 그 과정보다는 결과만으로 그 업적을 평가받는다. 물론, 감독기관에서의 조사의 대상이 될 경우는 work paper 등을 제출하기도 하지만 그렇지 않은 경우는 감사보고서가 그들 업무의 최종 결과물이다.

Due care를 얼마나 생산적이고 경제적으로 달성할 수 있는지는 각 회계법인이 결정할 사항이다. 학생들의 시험결과에 대해서 평가를 수행할 때에 학생들이 학업에 투입한 시간에 따라 성적평가를 수행하지는 않는다. 즉, 이러한 논리에 근거하면 투입한 시간에 큰 의미를 부여함은 합리적이지 않다. 다만, 모든 감사절차에 대한 완벽한 품질관리(quality control)이 가능하지 않으므로 감사품질에 대한 대용치를 찾는 과정에서 감사시간과 감사수임료가 그 대안으로 제시되는 것에 불과하다.

위의 모든 논의가 사업보고서에 감사시간이 기록되는 것과 관련되어 이러한 정보전달의 적합성과 관련되어 고민할 부분이다.

손성규, 김상기(2007)는 수시공시인 주요 경영사항 신고내용과 정기공시인 사업보고서공시와 관련된 연구를 수행하였다.

사업보고서에는 아래에 기술되듯이 수년 전부터 주요 경영사항 신고 등의 진행/변경상황이 기재된다(위에 제시된 <표 7-1>의 10의 내용). '그 밖에 투자자 보호를 위하여 필요한 사항'에 해당하는 사업보고서의 내용이다. 이 내용은 수시공시의 내용인데 진행/변경상황을 사업보고서에 추가적으로 공시할 필요성이 있어서 정기보고서에 공시가 강제된 부분이다. 진행/변경상황과 관련된 내용은 기업 내부적으로만 접근이 가능하기 때문에 이러한 공시에 있어서 기업공시 담당자의 임의성이 개입될 수 있다. 회계정보와 관련된 임의성은 많은 연구가 진행되었지만 사업보고서의 공시에 있어서의 임의성 연구는 처음으로 시도되었다. 미국에서는 사업보고서의 공시를 대상으로 공시의 수준을 측정하려는 시도가 있었으나 국내에서는 사업보고서에 대한 연구가 추가적으로 수행되어야 한다. 사업보고서에 주요 경영사항을 신고하는 정책이 어떻게 변경되었는지를 검토하며 어떠한 정책의지가 담겨 있는지도 동시에 기술한다.

사업보고서에 수시공시사항을 기재하도록 사업보고서의 서식에 반영된 시기는 1997년부터이다. 그러나 이 시점의 수시공시사항의 사업보고서 공시 내용은 현재와는 많은 차이가 있다. 「유가증권의 발행 및 공시 등에 관한 규정」이 제정되기 전의 규정인 「상장법인 등의 주요 경영사항 신고 및 사업보고서에 관한 규정」[17] 제8조(사업보고서 · 반기보고서의 기재사항 및 첨부서류) 제1항 제10호에 의하면 사업보고서상에 당해 법인이 신고 · 공시한 사항을 "요약해서 기재하도록 되어 있었다". 그 이전에는 수시공시사항 대부분을 거래소에만 신고하였다. 금융위원회에 제출하는 사업보고서를 통해서 사업연도 중의 수시공시사항 전체를 투자자에게 알리려는 의도와 수시공시 이후 진행사항을 기재하도록 하여 수시공시 이후의 진척사항을 공시하도록 하는 것에도 목적이 있었다.

수시공시한 내용을 요약해서 기재한다면 너무나 많은 항목이 사업보고서에 보고되는 문제점이 존재한다. 사업보고서에 수시공시 내용을 모두 정리하여 보고하는 것은 정보의 중복 공시의 문제가 없지 않았다. 그렇기 때문에

17) 1997년 4월 1일 제정되어 2000년 12월 29일 폐지되었다.

다음의 방향으로 이 내용이 수정되었다고 판단된다.[18] 또한 수시공시의 핵심은 적시성인데 이미 지난 정보를 다시 요약해서 기재하도록 하는 것이 정보로서의 가치가 있는 것인지에 대한 의문도 제기된다.

이렇게 사업연도 중의 모든 수시공시사항을 사업보고서에 기재하도록 한 규정은 「상장법인 등의 주요 경영사항 신고 및 사업보고서에 관한 규정」이 「유가증권의 발행 및 공시 등에 관한 규정」으로 대체된 이후에도 그대로 유지되다가 2001년 8월 1일부터는 <표 7-4>와 같이 수시공시사항의 사업보고서 기재내용이 신고·공시사항 요약에서 주요 경영사항 신고내용 및 그 진행상황으로 개정되었다.

표 7-4 수시공시사항의 사업보고서 기재방식 1차 개정

개정 전 규정	개정규정(2001년 8월 1일)	비 고
제72조(사업보고서등의 기재사항 및 첨부서류) ① (생 략) 1. 내지 9. (생 략) 10. 기타 필요한 사항 가. 신고·공시사항 요약	제72조(사업보고서등의 기재사항 및 첨부서류) ① (생 략) 1. 내지 9. (생 략) 10. 기타 필요한 사항 가. 주요경영사항 신고내용 및 그 진행상황	기공시내용의 진행상황 공시제도 도입

이러한 개정으로 수시공시사항의 사업보고서 기재내용이 주요 경영사항 신고에 초점을 맞추게 되었으며 단순한 요약이 아닌 신고사항의 진행상황을 기재하도록 되었다.

수시공시사항에 대한 사업보고서 기재방식이 현행의 방법으로 개정된 것은 2004년 12월 30일이며 그 내용은 <표 7-5>와 같다.

18) 손성규, 김상기의 연구가 제도가 변경된 이후에 진행되었기 때문에 어떠한 정책적인 판단하에 이러한 변화가 있었는지는 단지 추정만이 가능하다.

표 7-5 수시공시사항의 사업보고서 기재방식 최종개정

개정 전 규정	개정규정(2004년 12월 30일)	비 고
제72조(사업보고서등의 기재사항 및 첨부서류) ① (생략) 1. ~ 9. (생 략) 10. 기타 필요한 사항 가. 주요경영사항 신고내용 및 그 진행상황	제72조(사업보고서등의 기재사항 및 첨부서류) ① (생 략) 1. ~ 9. (생 략) 10. 기타 필요한 사항 가. 주요경영사항 신고등의 진행·변경상황	— 수시공시사항의 재공시는 완료되지 않거나 변경사항이 있는 경우에 국한

이러한 개정에 따라 제출기한이 2005년 1월 1일 이후인 사업보고서부터는 수시공시사항의 재공시는 완료되지 않거나 변경사항이 있는 경우에 국한하여 기재하도록 하여 이전에 비해 사업보고서에 기재할 내용이 상당히 축소되었음을 알 수 있다.

내용은 변경되지 않았지만 2009년 1월 28일 증권의 발행 및 공시규정이 개정되면서 다음과 같이 내용이 이전되었다.

제2-6조 (증권신고서의 기재사항 및 첨부서류)

③ 영 제125조 제1항 제3호 자목에서 "금융위원회가 정하여 고시하는 사항"이란 다음 각 호의 사항을 말한다.

2. 주요사항보고서 및 한국거래소(이하 "거래소"라 한다) 공시사항 등의 진행·변경상황

제4-3조 (사업보고서등의 기재사항) ① 법 제159조 제4항 및 영 제168조 제2항 제9호에 따라 사업보고서에는 다음 각 호의 사항을 기재하여야 한다.

1. 사업의 내용(제조·서비스업 및 금융업으로 구분한다)

2. 이사의 경영진단 및 분석의견
3. 그 밖에 투자자 보호를 위하여 필요한 사항
가. **주요사항보고서 및 거래소 공시사항 등의 진행 · 변경상황**

자본시장법이 제정되면서 주요사항보고서가 신설되었다. 자세한 내용은 Chapter 23에서 기술되며, 과거에는 거래소공시사항의 진행/변경만을 사업보고서에 기재하였지만 주요사항보고서의 진행/변경상황도 추가로 사업보고서에 공시한다. 거래소공시사항이 거래소공시사항과 금융위원회에 보고하는 주요사항보고서로 이원화되었지만 진행/변경사항이 사업보고서에 보고된다는 점에서는 차이가 없다.

아마도 주요 경영사항이 아닌 사항에 대한 정보가 너무 과도하게 시장에 전달된다는 것이 위와 같이 제도가 변경된 사유가 아닌가 한다. 위에서도 기술되었듯이 반드시 많은 정보가 좋은 정보가 아니다. 단, 진행/변경상황은 종료된 건이 아니라 현재 진행형이므로 공시할 필요성이 있다.

이미 신고한 수시공시사항을 사업보고서에 다시 기재하는 것의 의미로는 수시공시사항을 문서화된 사업보고서에 기재하도록 함으로써 수시공시를 신중히 행할 수 있도록 유도할 수 있다는 점과 사업보고서에 기재된 수시공시사항을 통해 수시공시시 누락된 사항들을 재검증할 수 있다는 점 등을 들 수 있다. 즉, 수시공시가 갖고 있는 web 이외에는 기록으로 남지 않는다는 단점을 보완할 수 있는 제도이다. 단, 수시공시의 내용을 사업보고서에 너무 많이 반복하여 공시하도록 한다면 이는 사업보고서의 취지에 어긋나는 것일 수도 있다. 즉, 사업보고서는 사업보고서로의 의미가 있는 것이지 사업보고서가 수시공시에 대한 보충적인 내용을 공시하는 서식은 아니다.

반면에 수시공시사항의 사업보고서 기재내용을 축소하는 방향으로의 제도변경은 기업의 부담을 줄이려는 데 주된 목적이 있다고 할 수 있다. 특히 집단소송제의 도입과 관련하여 수시공시는 허위공시를 제외하고는 집단소송의 대상이 아니지만 사업보고서에 기재되는 내용은 집단소송의 대상이므로 수시공시의 많은 내용을 사업보고서에 반복적으로 올리는 것은 기업들에게는 부담으로 작용할 수 있다는 점이다.

현재의 제도하에서 주요 경영사항 신고 등의 진행/변경상황을 기술하도록 되어 있으나 진행/변경사항의 판단에는 자의성이 개입될 수 있다. 손성규, 김상기(2007)는 사업보고서에 공시되는 사항을 선택함에 있어서도 기업의 자의성이 개입될 것이라고 가정하고 연구를 수행하였다.

사업보고서에 기재되어 있는 수시공시사항에 대한 실증분석의 결과, 수시공시사항이 좋은 소식(good news)일수록 사업보고서에 더 많이 공시되는 경향이 있고 수시공시사항이 나쁜 소식(bad news)일수록 사업보고서에 더 적게 공시되는 경향이 있는 것으로 나타났다. 또한 수시공시의 내용에서 진행 또는 변경사항이 좋은 방향으로 있는 경우에 사업보고서에 공시되는 경향이 있는 것으로 나타났다. 이러한 결과는 사업보고서 기재사항에 대한 검증이 제대로 이루어지지 않는 경우 사업보고서의 공시가 임의적으로 이루어질 수 있음을 의미한다.

즉, 좋은 취지에서 채택된 제도가 오히려 기업이 사업보고서 독자의 판단을 흐리게 하는 결과를 초래할 수도 있다. 즉, 모든 새로운 제도에는 순기능이 있는 반면에 제도를 임의적으로 운영하려는 역기능도 항상 존재하는 것을 알 수 있다.

내부 정보에 대한 접근은 본질적으로 기업 내부자만이 접근 가능하기 때문에 외부자의 입장에서 정보가 왜곡된 것인지 아니면 정보가 존재하는데 정보를 공시하지 않은 것인지를 판단하는 것은 용이하지만은 않다. 양자 모두 정보의 왜곡이라고 이해되기도 하지만 엄밀한 의미에서의 정보의 왜곡은 전자에게만 해당된다. 후자는 공시 여부의 문제이지 정보왜곡의 문제는 아니다.

미 경영진 보수공개규정 완화

한국경제신문, 2006. 12. 29.

내년부터 적용될 미 상장기업들의 최고경영진에 대한 보수공개규정이 완화됐다. 구체적으로 스톡옵션(주식매수선택권) 중 실행된 부분만 현재가치로

> 총보수에 포함된다. 미 증권거래소는 지난 7월 개정한 'CEO 및 경영진에 대한 보수공개규정'을 5개월만에 다시 개정, 내년부터 시행키로 했다고 27일 밝혔다.
>
> 재개정된 규정의 골자는 스톡옵션 공개를 완화한 점이다. 7월 개정된 규정엔 부여받은 스톡옵션 전부를 현재가치로 환산해 총보수에 포함해 공개토록 하였다. SEC는 이를 고쳐 회사가 비용으로 처리된 부분만 총보수에 포함될 수 있도록 했다. ... SEC는 스톡옵션 공개규정 외에는 지난 7월 개정된 규정을 유지키로 했다. 구체적으로 모든 상장기업들로 하여금 CEO 등 상위 5명의 경영진에게 지급하는 급여와 보너스는 물론 퇴직연금 등 모든 보수에 대한 상세한 내용을 투자자들에게 공개...

스톡옵션의 가치는 주가가 행사가격보다 높은 경우에 in the money option, 즉 행사가능한 옵션이 되는 것이다. 따라서 in the money option이 될지 또는 주가가 행사가격보다 낮아서 out of the money option이 될지 모르는 입장에서 옵션의 가치를 공개하도록 한다는 것이 확정된 급여와 비교한다면 문제가 될 수 있다. 물론, 회계에서는 블랙숄즈모형 등을 사용하여 옵션의 가치를 평가하지만 이는 옵션을 자산화하고 기간에 비용화하려는 것이며 옵션의 가치는 주관이 많이 개입된 금액이다.

국내에서도 경영자 보수의 상한선이 주총의결사항이다. 임원들의 결정된 급여가 어느 정도 공개된 정보가 되어야 하는지에 대해서는 상당한 논란이 있다. 임원들의 급여가 개인의 privacy의 문제라면 이는 절대적으로 보호받아야 하지만, 임원들이 개인이 아니라 공개된 기업의 公人으로서 이들이 받는 급여가 기업의 가치에 미치는 영향이 적지 않기 때문에 이 정보가 공유되어야 한다는 차원에서 정보공개에 대한 의견이 제시된다. 단, 상한선에는 임원들의 퇴직금도 포함될 수 있고 보수 총액이 상한선에 미치는 못하는 경우가 대부분이므로, 상한선을 정하는 것이 무슨 의미가 있는지에 대해서도 논란이 있다.

자본주의가 가장 발전하였다는 미국에서도 고위임원들의 상상을 초월하는 높은 급여가 사회적으로 문제가 된다. 보통 이러한 측정치는 임원의 평균 급여를 종업원 평균급여로 표준화하여 측정하는데 미국 기업의 경우에 이 비율이 타 국가의 기업에 비해서 매우 높다. 우리나라는 이러한 수치가 경제 선진국에 비해서는 높은 수준이 아니다. 물론, 국내에서도 일부 기업의 경우에는 최고경영진의 급여가 매우 높은 수준이지만 지극히 일부 한정된 기업에 국한된다.

경제적인 incentive는 적절한 수준에서 결정되어야 하지만 적정한 수준이라는 표현 자체가 애매하다. 시장 mechanism이 적절히 가동되고 있는 상황에서는 너무 높다라는 표현 자체가 가격기능을 무시한 표현이다.

임원 전체의 급여금액만이 공개되어야지 개인의 급여가 공개되지 않는다면 이는 크게 개인적인 일로 분류되지는 않을 것이다.

수년 전에 최우량 대기업의 개인 대주주 명단이 언론에 공개되어서 문제가 된 적이 있다. 최대주주가 아닌 이들은 공인이 아니라 개인 투자자인데 이들 명단이 공개된다는 것은 사생활 침해의 문제를 초래시킨다. 이들의 경제활동은 기업의 의사결정과도 무관하기 때문이다.

기업이 결정할 사항 중에 가장 중요한 사항이 존재한다고 하면 이 사항은 주주총회 의결사항이 되어야 한다. 물론, 주총에서 결정되었기 때문에 당연히 공개되고 공시된다.

단지 스톡옵션과 주식에 대해서만 등기임원별로 그 지급명세서가 공시된다. 사업보고서에서는 (X. 기타 필요한 사항) (2. 주주총회의사록 요약)에 나와 있고 경영자보상한도에 대해서도 보고되었다. 단, 이 정보를 공시하지 않는 기업도 있다.

이와 같이 각 개인의 급여수준보다는 스톡옵션과 주식에 대한 개별적인 정보가 더 더욱 중요할 수 있는 요인도 있는데, 이는 보유하고 있는 스톡옵션과 주식의 가치가 직접적으로 등기임원이 수행하는 의사결정에 따라 변동하기 때문이다.

최근에 와서 삼성을 비롯한 많은 기업에서 스톡옵션을 채택하지 않는 이유가 경영자는 기업가치를 위해서 장기적인 비전을 가지고 의사결정을 수행하여야 하는데 스톡옵션을 보유하고 있다면 본인들의 임기, 스톡옵션 행사기간 등에 구속되어 단기적으로 기업가치를 극대화하는 정책을 결정할 수도 있기 때문이다. 특히나 경제위기하에서 2009년 초에는 많은 은행의 임원들이 스톡옵션을 반환하고 있다.

또한 경제/경영환경이 좋아서 기업가치가 상승하였는데, 이것이 마치 경영자의 경영능력이 탁월하여 진행된 것으로 이해되어서 경영자가 추가적인 급여를 받는다면 이는 스톡옵션이 도입 취지대로 이행되지 않는 것이다. 다만, 대부분의 사회현상에서 인과관계를 입증한다는 것은 매우 어려운 것이다.

경영자보상이라는 것이 경영진에게 경영활동을 위탁하는 주주의 입장에서는 이사 선임과 같이 경영진을 동기부여할 수 있는 거의 유일한 수단일 수 있다. 물론, 사외이사 등을 선임하여 감사위원회, 이사회, 사외이사추천위원회 등을 가동하기는 하지만 그 역할은 제한적일 수밖에 없으며 가장 직접적으로 동기부여를 할 수 있는 수단은 보상 이외에는 별로 없다고 판단된다. 따라서 주주의 입장에서 경영자에게 경영활동에 상응하여 얼마가 보상되는지를 공개하는 것은 매우 중요하다. 이와 동시에 이는 개인의 경제활동의 영역일 수도 있으므로 운영의 묘를 살려야 한다.

어떠한 정보가 어떠한 형태로 전달되어야 하는지에 대해서는 앞으로 많은 고민과 연구가 수행되어야 한다. 이러한 고민에는 감사수임료/감사시간, 비감사서비스, 이사책임보험, 경영자의 보상 등이 있다.

수시공시는 증권집단소송 대상에서 제외됐지만 이는 법문상 의미에 불과하며 현행 고시규정상 사업보고서에 수시공시 신고내용을 포함시키고, 주요 경영진행사항을 기재하도록 돼 있으므로 사실상 수시공시도 소송 대상이 될 수 있다(김화진 2009).

chapter 08 수시공시와 기업지배구조

최근에 와서 기업지배구조가 모든 경영학적인 이슈에 있어서의 화두이다. 일반적으로 기업지배구조는 재무회계적인 이슈에 대해서 연관되었다. 예를 들면, 분식회계를 수행하였던 기업의 경우, 기업지배구조가 적절하지 않았기 때문에 이러한 결과가 초래되었다는 연구가 진행될 수 있다. 이는 기업이 기업지배구조에서 적절한 monitoring mechanism을 작동하지 않았기 때문이다.

기업지배구조는 경영의사결정과 직결되므로 아무리 강조되어야 지나치지 않다. 또한 모든 경영의사결정이 기업지배구조의 과정을 통하여 전달되므로 어떠한 경영과 관련된 안건이거나 기업지배구조와도 연관된다.

수시공시사항에는 많은 부분이 이사회에서 의결되어야 할 사항이다. 불성실공시가 이사회에서 문제없이 통과되었다고 하면 이는 분명히 통제 mechanism이 적절하게 작동하지 않은 것이다.

수시공시와 기업지배구조를 관련지은 연구로는 이정화, 손성규(2005)의 연구가 있다. 외환위기 이후 기업의 경영투명성 향상을 위한 기업지배구조 개선노력이 이루어져 왔다. 기업지배구조와 관련한 선행연구들은 주로 지배구조와 기업가치와의 관련성이나 이익조정 측면에 집중되어 있으며 전반적인 공시정책에 대한 연구는 활발하지 않다. 기업지배구조는 기업의 전반적인 공시정책에 영향을 미칠 수 있다. 즉, 우수한 지배구조를 갖춘 기업은 시장에 신뢰성 있는 정보를 적시에 제공할 것으로 기대할 수 있다.

이 연구의 목적은 기업지배구조가 기업의 정보공시에 긍정적인 영향을 미치는지를 실증적으로 검증하는 데 있다. 구체적인 이 연구의 실증가설은 다음과 같다. 첫째, 이사회 내의 사외이사비율이 높을수록 공시수준이 높을 것이다. 둘째, 감사위원회를 도입한 기업은 감사위원회를 도입하지 않은 기업에 비해 공시수준이 높을 것이다. 감사위원회가 주로 다루는 안건은 정기공시와 관련된 내용이기는 하지만 손성규, 김상기(2007)의 연구에서 보이듯 수시공시와 정기공시가 연관되며 또한 공시와 관련되어서는 정기/수시공시에 무관하게 공시와 관련된 일반적인 원칙이 존재한다고도 할 수 있다.

셋째, 외국인투자자 지분율이 높을수록 공시수준이 높을 것이다. 넷째, 기관투자자 지분율이 높을수록 공시수준이 높을 것이다. 다섯째, 경영자 소유지분율이 높을수록 공시수준이 낮을 것이다.

위 연구에서의 변수에 대해 추가적으로 설명한다면 이사회의 사외이사 비율은 자산규모가 2조원이 넘는 상장기업은 사외이사가 3인 이상이며 과반수가 되어야 하며 그렇지 않은 상장기업의 경우는 1/4 이상이어야 한다. 법에서 정해진 이상으로 사외이사를 선임하는 기업은 기업지배구조에 민감하게 신경을 쓰는 기업일 것이며 따라서 기업지배구조가 좋은 기업이라고 분류할 수 있다. 감사위원회도 자산규모 2조원 이상의 기업에만 강조되는데, 자발적으로 감사위원회를 설치한 기업은 이사회의 경우에서와 같이 기업지배구조가 좋은 기업으로 분류할 수 있다.

외국인투자자 지분율과 기관투자자 지분율은 외국인들과 기관투자자들이 경영자에 대한 감사활동에 더욱 적극적이므로 지배구조가 건실할 것이라는 논리이다.

실증분석에는 거래소의 2000년부터 2003년까지 계속 상장된 기업들 중에서 비금융업에 속한 총 1,463개 기업/연도 표본을 사용하였다. 연구모형은 공시수준을 종속변수로 하고 설명변수와 공시수준에 영향을 미칠 것으로 여겨지는 통제변수들을 추가한 다중회귀모형을 사용하였다. 종속변수인 공시수준은 기업별로 연간 수시공시횟수, 자진공시횟수 그리고 공정공시횟수 등으로 다양하게 측정하여 연구의 강건성을 높이고자 하였다. 한편 기업의 공시수준에 영향을 미칠 것으로 여겨지는 통제변수들을 통제하기 위해 기업규모, 수익성, 성장성, 레버리지, 상장기간 그리고 주가변동성을 통제변수로 추가하였다.

통제변수가 사용된 이유는 기업규모를 예로 들어 설명한다면, 기업규모가 큰 기업이 공시건수가 많을 개연성이 높기 때문에 이를 통제하기 위함이다.

실증분석 결과는 다음과 같다. 첫째, 이사회의 독립성이 높을수록 공시수준이 높은 것으로 나타났다. 둘째, 감사위원회를 도입한 기업이 도입하지 않은 기업에 비해 공시수준이 더 높은 것으로 나타났다. 셋째, 외국인투자자 지분율이 높을수록 공시수준이 더 높은 것으로 나타났다. 넷째, 기관투자자 지분율이 높을수록 공시수준이 더 높은 것으로 나타났다. 다섯째, 경영자의 소유지분율이 낮을수록 공시수준이 더 높은 것으로 나타났다.

이 연구의 결과에 의하면 기업지배구조는 기업의 공시수준에 긍정적인 영향을 미치는 것으로 나타났다. 최근 지배구조 관련 기준을 확장 적용시키려는 움직임은 기업의 경영투명성 제고에 긍정적인 영향을 미칠 것으로 기대한다. 이 연구의 한계점으로는 기업의 공시수준에 영향을 미칠 수 있는 여러 가지 변수들을 모형에 포함하지 못한 생략변수 문제점(omitted variable)을 들 수 있다.

실증분석 결과에서 보였듯이 공시의 많은 항목이 이사회 의결사항이므로 이사회 활동이 정상적으로 수행되는 기업에서는 당연히 공시수준이 높을 것이다.

부실공시기업은 수시공시가 적절하지 않게 수행되었음을 의미하며 공시와 관련되어 일반적인 원칙이 적용된다면 수시공시가 적절하지 않은 기업은 정기공시에도 문제가 있다고 미루어 짐작할 수 있다. 이렇게 추정할 수 있는 논리는 정기공시도 이사회 의결사항이지만 수시공시사항도 일부는 이사회 의결사항이다.

손성규, 김성환, 정기위(2009)는 정기공시와 수시공시 간에 어떠한 일정한 pattern을 보이는지를 연구하였다. 정기공시와 수시공시는 동일한 공시정책하에서 결정될 수 있다. 본서의 위에서도 몇 번 기술되었듯이 수시공시와 정기공시가 중복되는 경우도 있을 수 있다.

사업보고서, 손익구조변경수시공시 등이 이에 해당한다. 기업의 정책과 관련되므로 중요한 사항은 정기공시나 수시공시 모두 이사회에서 의결하는 사항인데, 정기공시를 투명하게 수행하려는 기업은 당연히 수시공시도 투명하게 수행하려 할 것이다.

이 연구에서는 불성실공시기업으로 지정된 기업, 즉 수시공시가 적절하게 수행되지 않는 기업이 정기공시도 적절치 않게 수행할 가능성이 높은지를 검증한다. 정기공시의 적절성은 전기오류수정이 존재하는지로 측정한다. 이 둘 간에는 인과관계보다는 상관관계가 존재한다고 볼 수 있다. 이 양자 간에 관계가 존재할 수 있는 것이 많은 기업에서 정기공시는 재무파트에서 담당하며 수시공시도 재무파트에서 담당하는 경우가 많다. 실증분석 결과에서는 정기공시와 수시공시 간에는 연관성이 있음을 보인다. 즉, 기업에는 공시와 관련된 일정한 공시정책과 공시수준이 존재함을 보인다.

수시공시에서의 불성실공시기업을 설명하는 것보다는 정기공시에서의 회계오류에 대해서 설명변수를 설정하는 것이 더욱 용이하므로 정기공시의 적정성을 종속변수로 두고 분석을 수행한다. 즉, 전기오류수정이 발생하는 경우의 설명변수에 수시공시에서의 불성실공시가 발행하는 경우는 더미로 코딩해서 전기오류수정을 예측한다.

공시수준의 측정

chapter 09

기업의 일반적인 공시가 수시공시와 정기공시로 분류되므로 일반적인 공시수준의 평가에 있어서도 수시공시와 정기공시에 대한 평가가 동시에 진행될 수 있다. 일단, 여러 가지 차원에서의 평가가 진행될 수 있을 것인데, 잘못된 공시에 대한 penalty의 차원에서 이를 평가한다면 수시공시인 경우는 불성실공시에서의 벌점, 매매거래 정지 등이 그 측정치가 될 수 있고, 정기공시인 경우는 재무제표에 대한 감독기관의 조치가 그 평가가 될 수 있다. 단, 정기공시에 대해서는 정형화된 벌점이 존재하는 것이 아니라 각 해당 기업, 기업의 임원, 공인회계사, 회계법인에 대한 조치가 개별적으로 수행되기 때문에 이에 대한 조치의 수준을 일률적으로 평가하기는 어렵다. 단, 이러한 공시수준의 측정이 시도된다면 이는 해당 기업에 대한 조치만을 구분하여야 할 것이다.

기업의 일반적인 공시의 수준이 수시공시, 정기공시에 구분됨이 없이 동일한 철학하에 진행된다면 수시공시 및 정기공시에 대한 평가도 통합적으로 수행되어야 하지만 위에서도 기술되었듯이 수시공시와 정기공시의 측정이 다른 수준이기 때문에 이에 대한 통합적인 평가는 용이하지 않다. 단, 수시공시와 정기공시도 그 공시의 주체가 이사회이며 이사회의 적법한 운용은 어떠한 형태의 공시이거나 무관하게 동일하다고 할 수 있다. 또한 감독기관도 금융위원회/금감원으로서 증권선물조사업무규정에 의해서 조치를 취한다.

재무제표도 사업보고서의 한 부분이기 때문에 사업보고서에 대한 평가를 수행하면 재무제표에 대한 평가보다도 더 포괄적인 정기공시에 대한 평가가 수행될 수 있다.

세계적인 신용평가기관인 Standard & Poors에서는 Transparency & Disclosure surveys라고 해서 2001년에 annaul report에 대한 공시수준을 평가하였다. T&D survey에서는 사업보고서에 포함된 98개 항목에 대한 포함 여부에 따라 평가를 수행하였다. 이러한 평가는 다음과 같은 분류에 대해서 진행되었다.

— 소유구조와 투자자 권리(28항목)(ownership structure and investor relations)
— 재무적 투명성과 정보의 공시 financial transparency and information disclosure(35항목) business focus, accounting policy review, accounting policy details, related party structure and transactions, information on auditor
— 이사회/경영자지배구조와 업무 process (board and management structure and process)(35항목).

소유의 구성과 투자자 권리 Ownership structure and Investor Relations
— 소유의 투명성 transparancy of the ownership
— 소유의 집중 정도 concentration of ownership
— 주주총회의 절차 voting and shareholder meeting procedure

재무적 투명성과 정보의 공시 Financial transparancy and information disclosure

1. Business focus
— 회계전략에 대한 논의가 있는지? is there a discussion of corporate strategy
— 어떠한 사업을 수행하는지에 대한 논의 report details of the kind of

business it is in?

— 산업의 경향에 대한 검토가 진행되는지? does the company give an overview of trends in its industry?

— 생산되는 재화와 용역에 대한 자세한 설명 report details of the products or services produced/provided?

— 사업구조별로의 부문별 분석이 제공되는지? provide a segment analysis, broken by business line?

— 사업의 market share를 공시하는지? does the company disclose its market share for any or all of its businesses?

— 이익 추정을 공시하는지? does the company report basic earnings forecast of any kind?

— 산출물을 물리적 단위수로 공시하는지? disclose output in physical terms

— 생산량의 추정치를 발표하는지? does the company give an output forecast of any kind?

— 자산의 특성에 대해 설명하는지? does the company give characteristics of asset employed?

— 회사가 효율성 지표를 제공하는지? does the company provide efficiency indicators?

— 회사가 산업과 관련된 비율을 공시하는지? does the company provide any industry specific ratios?

— 회사가 미래시점의 계획을 발표하는지? does the company disclose its plans for investment in the coming years?

— 회사가 투자계획을 상세히 공시하는지? does the company disclose details of its investment plans in the coming years?

2. 회계정책 accounting policy review

— 분기별로 재무정보를 공시하는지? provide financial information on a

quarterly basis

— 회계정책을 공시하는지? does the company discuss its accounting policy?

— 회사가 계정에 도달하기 위한 회계의 기준을 공시하는지? does the company disclose accounting standards it uses for its accounts?

— 회사가 자국의 기업회계기준에 따라 계정을 공시하는지? does the company provide accounts according to the local accounting standards?

— 회사가 국제적으로 인정받는 대안적인 회계적인 방법으로 계정의 금액을 보이는지? 즉, 이러한 방법으로 대차대조표, 손익계산서 및 현금흐름표를 공시하는지? does the company provide accounts in alternative internationally recognized accounting method? does the company provide each of the balance sheet, income statement, and cash-flow statement by internationally recognized methods?

— 회사가 국내 회계기준에 의한 재무제표를 국제적으로 인정된 회계방법하에서의 방법으로 조정하는지? does the company provide a reconciliation of its domestic accounts to internationally recognized methods?

3. 상세한 회계정책 accounting policy details

— 회사가 자산평가의 방법을 공지하는지? does the company disclose methods of asset valuation?

— 회사가 감가상각방법에 대한 정보를 공지하는지? does the company disclose information on method of fixed assets depreciation?

— 회사가 연결재무제표를 공시하는지? does the company produce consolidated financial statements?

4. 관련된 경제주체(내부자거래) 구성과 거래 Related party structure and transactions

— 소액주주지분을 갖는 자회사의 list를 공시하는지? provide a list of affiliates in which it holds a minority share?
— 자회사의 소유구조를 공시하는지? does the company disclose the ownership structure of affiliates?
— 내부자거래에 대한 공시가 되고 있는지? is there a list/register of related party transactions?
— group 거래에 대한 공시가 진행되는지? is there a list/register of group transactions?

5. 외부감사인에 대한 정보 Information on Auditors
— 외부감사인을 밝히는지? does the company disclose the name of its auditing company?
— 감사보고서를 복사하는지? does the company reproduce the auditors' report?
— 감사수임료 금액을 공시하는지? disclose how much it pays in the audit fees to the auditor?
— 감사인에게 지급한 비감사수임료 금액을 공시하는지? disclose any non-audit fees paid to the auditor?

— 이사회/경영자지배구조와 업무 process
이사회 구성 board structure and composition
이사회의 역할 role of the board
임원의 교육과 급여수준 director training and compensation
이사의 급여수준과 평가 executive compensation and evaluation

위의 S&P의 변수 중에서 흥미로운 변수를 기술한다. 소유의 집중 정도가 한 평가항목으로 포함되어 있다. 소유 집중의 반대 개념인 소유의 분산은 소액주주의 힘이 결집되는 것을 막을 수 있다. 이를 공시와 연관시키는 경우, 소유가 분산되면 소액주주 누구도 최대주주에 대응하는 힘을 모을 수가 없으며 공시와 관련되어 기업에 정보를 요구할 수 있는 힘도 부족하게 된다.

김연화, 손성규(2009)는 다음과 같은 11개 항목의 사업보고서의 내용에 대해서 더미변수로 공시품질의 측정을 시도하였다. 물론, 어느 누가 공시수준을 측정하고 판단한다고 하여도 그 판단은 자의적일 수밖에 없다. 그 내용은 다음과 같다.

표 9-1 공시품질 인덱스 산정기준

공시품질 인덱스 산정기준
(i) 회사의 개황 오류 또는 누락항목 유무
(ii) 사업의 내용(제조업) 오류 또는 누락항목 유무
(iii) 재무에 관한 사항 1. 주기사항 미기재 또는 재무제표 이용상 유의사항 기재 여부 2. 금액오류 또는 재무제표 간 금액불일치 유무 3. 회계정보에 관한 사항 중 대손충당금 설정방침에 대한 구체적인 기재 여부 4. 회계정보에 관한 사항 중 재고자산 보유 및 실사내역에 대한 수치화 기재 여부 5. "Ⅲ. 재무에 관한 사항" 공시 중 기타 오류 유무
(iv) 감사인의 감사의견 1. 외부감사인의 비적정 감사의견 여부 2. 감사보수 및 감사시간 제시 여부 3. "Ⅳ. 감사인의 감사의견" 공시 중 기타 오류 유무
(v) 이사회 등 회사의 기관 및 계열회사에 관한 사항 1. 임원의 보수에 대한 구체적인 기술 여부 2. 기타 오류 유무

(vi) 주주에 관한 사항 1. 최대주주 주식분포 공시 여부 2. 5% 이상 주주 주식분포 공시 여부 3. "Ⅵ. 주주에 관한 사항" 공시 중 기타 오류 유무
(vii) 임원 및 직원에 관한 사항 1. 임원 및 직원현황 누락 여부 2. 회계 및 공시 전문 인력 보유 여부 3. "Ⅶ. 임원 및 직원에 관한 사항" 공시 중 기타 오류 유무
(viii) 이해관계자와의 거래내역 1. 최대주주와의 거래내역 공시사항과 최대주주와의 거래관련 수시공시 불일치 여부 2. "Ⅷ. 이해관계자와의 거래내역" 공시 중 기타 오류 유무
(ix) 이사의 경영의견진단서(MD&A) 경영성과, 재무상태, 자본조달 상황 등에 대한 기술 및 수치산출기준 기술 여부
(x) 첨부서류 첨부서류 오류 또는 누락 유무
(xi) 기타 오류

김연화, 손성규(2009)가 수행한 연구는 위의 공시측정치로 나타난 공시의 수준이 정보비대칭에 미치는 영향을 연구하였다. 실증분석 결과 공시품질이 높은 기업은 재무분석가가 많고, 재무분석가 예측오차 및 예측분산이 적음을 보여 양질의 사업보고서는 정보비대칭을 해소하는 데 기여함을 알 수 있다. 공시의 기본적인 목적이 정보비대칭을 해소함에 있으므로 이 실증분석 결과는 사업보고서 내용에 나타난 공시 수준이 소기의 목표를 달성하고 있음을 보인다.

정기공시(재무제표)의 공시품질로는 최근에 와서는 전기오류수정 및 재무제표 재작성도 많이 연구되는 주제이다. 물론, 재무제표공시의 품질과 관련되어 가장 빈번하게 사용되는 변수로는 재량적 발생액의 이용인데 이 변수는 상당한 수준의 측정오차(measurement error)를 내포한다. 정기공시품질의 제도권 안에서의 공정한 평가는 감독기관의 감사보고서에 대한 감리의 결과일 것인데, 모든 기업에 대해서 감리가 수행되는 것이 아니므로 감리에서 지적된 기업은 정기공시에 문제가 있는 기업이고 감리에서 지적되지 않은 기업은 문제가 없는 기업이라고 이분법적으로 구분하는 것은 적절치 않다. 또한 감독기관에서는 감리대상 기업을 비공개로 하므로 균형된 분석이 수행될 수 없다. 즉, 감리대상 기업이 아닌 기업군에도 회계정보에 문제가 있는 기업이 포함되었을 것인데 이를 알 수 없는 상황에서 감리의 대상이 되었고 문제가 지적된 기업만이 가시적으로 나타나게 된다.

반면에, 수시공시일 경우는 거래소가 불성실공시지정에 있어서 전수조사를 수행하기 때문에 불성실공시로 지정된 기업 이외에는 모두 수시공시와 관련되어서는 성실공시를 수행한 기업으로 구분할 수 있지만 정기공시의 지적일 경우에는 그러하지 않다는 점에 유념하여야 한다.

따라서 수년간 불성실공시로 지적을 받지 않았다면 성실공시법인으로 불성실공시 조치시 경감의 경우에 해당되지만 감사보고서에 대한 감리일 경우는 위에 기술된 이유 때문에 수년간 감리지적을 받지 않았다고 해도 경감은 진행되지 않는다.

chapter 10 수시공시의 정보효과

전성빈, 이아영, 박성환(2006)의 연구는 2003년 금융감독원의 전자공시시스템(dart)에 신고된 일반 경영사항 관련 수시공시자료를 이용하여 수시공시정보가 거래량 및 주가에 미치는 영향을 살펴봄으로써 수시공시의 정보효과를 실증적으로 분석하였다. 이 연구는 어떻게 보면 6장에서 인용된 손성규(2001) 연구의 선제적인 연구이다. 수시공시가 정보로서의 가치가 있어야지 불성실공시가 동시에 정보로서의 가치가 있는지를 검토하는 것이 의미가 있다. 수시공시가 정보로서의 가치가 없다면 이러한 수시공시가 적절하지 않는 것도 이에 대한 제재 이외의 큰 의미가 없다고 할 수 있다. 회계정보에 정보효과가 존재하는지를 검토하는 것이나 정기공시에 정보효과가 존재하는지를 검토하는 것이나 동일하다.

실증분석 결과에 의하면, −1일부터 +1일까지 3일간으로 정의된 수시공시기간 동안의 거래량이 비공시기간 동안의 거래량이나 해당 기업의 기대거래량에 비해 평균적으로 비정상적인 증가를 보였다. 또한 공시기간 동안의 주식수익률 분산이 비공시기간 동안의 주식수익률 분산보다 평균적으로 유의하게 큰 것으로 나타나 수시공시정보의 유용성을 지지하는 결과를 보였다. 수시공시로 거래량 변동이나 주가변동이 비정상적으로 증가되었다는 것은 수시공시 정보가 투자자들에게 유용하게 이용되고 있다는 증거로 받아들일 수 있다. 즉, 수시공시정보가 정보불균형 문제에 기여함으로써 자원의 효율적 배분 및 자본시장의 건전한 발전에 중요한 역할을 차지하고 있다는 시사점을 제시하고 있다.

한편 비모수통계량인 중위수에 대한 결과는 평균값의 경우와는 달리 수시공시에 따라 투자자에게 유용한 정보가 제공된다는 증거를 제시하지 못하고 있다. 이러한 결과는 현행 우리나라 수시공시 항목에는 정보유용성이 없는 항목이 상당수 포함되어 있을 가능성을 시사하고 있다. 따라서 향후 연구에서는 수시공시의 모든 항목들을 대상으로 각 개별 항목별로 정보효과를 검증하여 중요하지 않은 수시공시 항목들을 파악함으로써 수시공시 제도개선에 기여할 수 있을 것이라고 주장한다.

예를 들어, 주요 경영사항공시에도 열거되어 있지 않은 사항이지만 기업에서 자의적인 판단을 수행하여 공시내용에 포함하였을 경우, 이러한 내용에 대해서는 기업의 내재가치에 영향을 미치지 않는 사항으로 시장이 판단할 수 있다. 위에서도 기술하였듯이 이 경우와는 반대의 경우로 거의 발생하지 않는 사항이 주요 경영사항으로 포함되었을 경우에는 투자자들이 이러한 내용에 생소하여 이 정보를 중요하지 않은 정보로 해석할 소지도 있다. 또는 동일한 사항에 대해서도 시장에서 반대 방향으로의 해석을 수행할 수도 있다. 즉, 동일한 투자의사결정에 대한 공시에 대해서도 성공적인 project에 대한 의욕적인 투자라는 측면에서는 이를 긍정적으로 해석하는 경우도 있을 것이나, 경기하락기인 경우에는 무리한 투자라는 반대적인 해석도 있을 수 있다. 따라서 이러한 공시에 대한 good/bad news에 대한 해석이 나뉜다면 주가반응 없이 거래량만 증가할 수도 있다.

단, 반드시 주가반응만을 유발시키는 정보만이 정보로서의 가치가 있다고 판단하여 주요 경영사항공시에 남겨둔다는 것도 방법론상에 문제가 없는 것은 아니다.

박상수, 전성빈, 이아영(2008)은 부실공시가 정보의 유용성 저하를 가져오는지를 살펴보았다. 정보의 유용성은 두 가지로 검증하였는데, 첫째는 미래현금흐름(종속변수)과 현재이익(독립변수)의 관련성이며, 둘째는 주식수익률(종속변수)과 미래이익(독립변수)의 관련성이다. 분석결과는 대체로 가설을 지지하는 것으로 나타났다. 즉, 부실공시기업일수록 미래현금흐름과 현재이익의 관련성 및 주식수익률과 미래이익의 관련성이 낮다는 것이다. 이 연구의 결과는 부실공시가 단순히 부실공시에서 그치는 것이 아니라 부실공시를 수행하는 기업은 기업가치평가에서도 뭔가 문제가 있는 기업임을 보인다.

이아영 외(2008)는 부실공시가 신용등급과 차입이자율에 어떤 영향을 미치는지를 분석하였다. 첫째, 신용등급은 부실공시기업일수록 낮아지고 차입이자율은 부실공시기업일수록 높아졌다. 둘째, 신용등급은 부실공시 지정횟수가 많아질수록 떨어지고 차입이자율은 부실공시 지정횟수가 많아질수록 상승하였다. 셋째, 신용등급이 부실공시 지정으로 인해 하락하는 폭이 통계적으로 유의적이지는 않지만 KOSPI일수록 크고 차입이자율이 부실공시 지정으로 인해 상승하는 폭이 KOSPI일수록 컸다.

이 연구의 결과는 공시에 부족한 기업은 신용도에도 문제가 있음을 보인다. 공시는 기업 내의 정보를 외부와 공유하는 과정으로 공시가 미비함은 당연히 신인도의 문제로 연결될 것이며 실증분석 결과에서도 이를 보인다. 이는 또한 우리 시장이 건전하게 움직이는 시장이라는 점을 암시한다. 특히나 마지막 실증분석 결과는 KOSPI 기업일 경우, 부실공시의 내용이 KOSPI에 미치는 영향이 크다는 것은 당연히 공개기업이며 해당 기업과 관련된 이해관계자가 많을수록 공시가 중요하게 부각됨이 당연하다.

불성실공시로 지정을 받았다는 사실은 기업에게 여러 가지 부정적인 영향을 미칠 것이다. 그 중 한 가지는 타인자본비용을 자본조달함에 있어서 많은 자본비용이 소비될 수 있다. 정기공시도 그러하지만, 즉 회계신인도가 낮다는 점이 Korea Discount와 밀접하게 연관된다고 하여 단순히 회계투명성의 문제가 회계에 국한된 문제가 아니듯이 불성실공시의 문제도 불성실공시에서 그치는 것이 아니라 그 미치는 영향이 훨씬 더 넓을 수 있다. 앞에서도 기술하였듯이 회계신인도의 문제는 단순히 재무제표에만 적용되는 것이 아니라 수시공시와 정기공시를 아우르는 전체적인 공시에 연관될 수 있다.

단, 정기공시와 Korea Discount 측면에서 차이가 있는 것이 정기공시는 외부감사인의 감사품질과 해당 기업의 투명한 정보의 공시에 대한 의지가 개입되지만 수시공시일 경우는 해당 기업만이 관련 이해관계자이다.

chapter

11 DART/XBRL

금융감독원은 2001년부터 전자공시시스템(Data Analysis and Retrieval and Transfer system, 이하 DART 시스템)을 도입하고, 상장·등록된 기업들에 관한 모든 정보를 해당 시스템을 통해 공시하도록 강제화하였다. 2001년 이전 지면기반(paper-based) 공시시스템과는 달리 DART 시스템은 인터넷 기반(internet-based) 시스템으로서, 실시간 정보통로로서의 인터넷의 장점을 수용한 기업정보전달 시스템이다. 즉, 이제까지의 내용은 공시에 포함된 내용과 연관되지만 이번 장의 내용은 이러한 내용을 어떻게 공시하는가의 문제이다.

정보이용자들이 정보제공자인 기업에 의해 작성한 정보를 수집하기까지 많은 시간과 노력이 소비되며, 이와 같은 정보관련 비용은 정보제공 시점부터 정보가 이용되기까지 시차를 유발한다. 그리고 정보원천에 대한 접근가능성과 같은 정보비용 절감능력의 차이는 정보이용자들 간 정보비대칭의 원인이 된다. 또 기업의 정보가 정보이용자들에게 골고루 이용되지 못하는 정보매개기관(information intermediaries)을 거쳐야 했다. 따라서 정보의 수집은 물론 해당 정보가 의사결정에 사용되기까지 정보지체가 야기될 가능성이 높았다. 더욱이 정보이용자들 간 기업정보에 대한 상이한 접근가능성(accessibility)은 정보비대칭 상황을 야기함과 동시에, 개별기업의 정보가 적시에 가격에 충분히 반영되는 데 방해요인으로 작용할 수 있었다. 이러한 비용은 정보탐색비용(search cost)이다.

공시한 내용을 어떻게 정보이용자에게 전달하는지도 공시에 있어서의 매우 중요한 내용이다. 과거에는 모든 정보가 인쇄화 등의 신문매체 또는 자본시장지 등으로 활자화된 매체가 주된 수단이었으나 모든 환경이 인터넷 환경으로 바뀌면서 전산화된 정보가 전달되었다. 정보환경이 전산화되면서 가장 큰 영향을 받은 부분은 접근성(accessability)에 있어서 누구나가 동등하게 접근한다는 점이다. 동시에 그 편의성도 많이 개선되었다.

따라서 어떠한 측면에서는 이러한 공시경로의 발전은 공정공시가 더 더욱 가능하게끔 한다고 할 수 있다. 공정공시가 정보환경 및 제도에서의 접근성의 문제를 해결하였다고 하면 DART는 전달에 있어서 수단(tool)상 접근성의 문제를 해결하였다고 할 수 있다.

과거에는 실질적으로 거래소 공시실에 가서 자료를 확인할 수 있었던 기간이 있었다. 거래소의 지방사무소가 한정된 위치에 소재하기 때문에 정보의 접근 가능성에 큰 차이가 있었다. 접근이 가능하다고 하여도 접근할 수 있는 시간도 고려한다면 최근의 정보환경의 변화는 이러한 접근 가능성의 문제를 완전히 해결하였다고 할 수 있다.

인터넷 환경에서 전자화된 정보는 공정공시와 동일한 효과가 있다고도 할 수 있다. 즉, 동일한 정보가 누구에게나 동시에 배타적이지 않게 제공된다는 점이다.

이러한 차원에서 DART system은 의미가 있다. XBRL(Extensible Business Reporting Language)의 도입은 DART와는 또 다른 의미를 갖는다. XBRL은 회계정보를 효과적으로 전달할 수 있는 computer language로 과거에는 DART에 올라간 정보를 분석하기 위해서는 이를 excel 등의 software를 이용한 분석이 필요하였으나 XBRL에서는 기본적인 분석이 가능하게 되어서 회계자료를 이전보다 효과적으로 분석하는 데 많은 도움이 된다.

금융감독원의 KIND도 전산화된 정보체계로 정보이용자들이 접근하려는 거의 모든 정보가 전산화로 체계화되었다고 할 수 있다.

내부자거래 (insider trading)

chapter 12

내부자거래는 자본시장법 제172조(내부자의 단기매매차익 반환, 구 증권거래법 제188조), 미공개정보는 자본시장법 제174조(미공개 중요정보 이용행위 금지, 구 거래법 제188조의2)이용과 관련된 내용이며 수시공시와 직접적으로 연결된다. 이는 확정된 내용의 정보가 공시되지 않는다면 이 정보는 항상 내부자에 의해서 사용될 수 있으며 미공개정보로서 이용될 개연성이 존재하기 때문이다. 따라서 수시공시와 주요사항보고서는 자본시장법 제172조, 자본시장법 제174조와 직접적으로 연관되는 내용이다.

법률이 내부자거래의 규제대상이 되는 중요한 정보에 관하여 규정하는 방법에는, 규제의 대상이 되는 정보를 구체적으로 열거하여 그 열거된 정보만을 규제대상으로 삼는 제한적 열거주의의 방법과, 중요한 정보의 개념만을 정의하여 두고(또는 이와 병행하여 중요한 정보의 사례를 예시하고) 구체적인 사건에 대하여 정보이용자 및 이러한 건이 소송으로 연결되는 경우는 법원으로 하여금 중요성의 해당 여부를 가리게 하는 예시주의 방법의 두 가지가 있을 수 있다.

내부자거래 보고에서의 사실상 임원을 상법에서는 다음과 같이 정한다.

> 제401조의2 (업무집행지시자 등의 책임) ① 다음 각호의1에 해당하는 자는 그 지시하거나 집행한 업무에 관하여 제399조·제401조 및 제403조의 적

용에 있어서 이를 이사로 본다.

1. 회사에 대한 자신의 영향력을 이용하여 이사에게 업무집행을 지시한 자
2. 이사의 이름으로 직접 업무를 집행한 자
3. 이사가 아니면서 명예회장 · 회장 · 사장 · 부사장 · 전무 · 상무 · 이사 기타 업무를 집행할 권한이 있는 것으로 인정될 만한 명칭을 사용하여 회사의 업무를 집행한 자

② 제1항의 경우에 회사 또는 제3자에 대하여 손해를 배상할 책임이 있는 이사는 제1항에 규정된 자와 연대하여 그 책임을 진다.

[본조신설 1998. 12. 28]

이사대우, 고문, 상담역 등등의 다양한 직책이 가능한데 이사의 영역에 포함되는지는 회사가 합리적 기준을 설정한다. 제1항의 "첫 항목인 회사에 대한 자신의 영향력을 이용하여 이사에게 업무집행을 지시한 자"라는 내용은 상당히 포괄적으로 기술되었다.

정기공시가 되었건 수시공시가 되었건 공시되어야 할 정보가 공시되지 않는다면 이는 이 정보가 배타적으로 사용될 수 있는 것이므로 바로 내부자거래와 연관될 수 있다.

미공개정보 이용 불공정거래 극성

매일경제신문, 2006. 8. 10.

증시에서 미공개정보를 이용한 불공정거래가 늘고 있는 것으로 나타났다. 9일 증권거래소 시장감시위원회에 따르면 올 상반기에 미공개정보를 이용한 불공정거래 혐의로 심리를 받은 종목은 전체 심리대상의 75%에 달했다. 지난해 상반기 64%보다 비중이 더 높아졌다. 반면 시세조종은 24%로 지난해 상반기의 35%에 비해 낮아졌다... 거래소 관계자는 "감시활동이 강화되면서

작전세력의 주가조작이 지난해보다 줄어든 반면 entertainment, 바이오, 인수/합병 등 각종 테마주가 부각되면서 주가에 영향을 주는 공시사항을 미리 빼내 부당이득을 취하는 행위가 늘어났다"고 설명했다.

내부자거래와 시세조작은 기업의 안과 밖에서 기업의 안정성을 해치는 행위이다.

위에서도 기술하였듯이 수시공시가 중요한 이유가 단타 위주의 투자의사결정에서는 정보가 제때 공시되지 않는다는 것은 곧 이러한 정보가 배타적으로 사용될 수 있다는 가능성을 항상 암시한다. 내부자거래의 가장 큰 문제점은 내부자 및 내부자의 지인들이 내부정보를 이용하여 시세차익(trading gain)을 얻는다는 것이다.

증권사 직원들이 많은 정보를 접하기 때문에 직접적인 주식투자를 금지하고는 있으나 증권사 직원의 지인들을 통한 주식투자를 원천적으로 금지하는 것에는 한계가 있을 수밖에 없다. 따라서 내부자의 투자활동을 완전히 파악함은 거의 불가능하다고 할 수 있다.

이러한 내용은 해당 기업의 회계감사를 맡고 있는 회계법인의 종사자들이 피감기업의 주식소유를 금지한 것과 같은 맥락에서 이해할 수 있다. 감사법인의 종사자들이 주식 몇 주를 소유하였다고 하여서 감사의견에 영향을 미치는 것은 아니지만 감사와 관련되어 외관적인 독립성에 영향을 미칠 수 있으며 또한 감사과정에서 얻은 내부정보는 감사인이 내부자는 아니지만 이러한 정보가 투자의사결정에 사용되어서는 바람직하지 않다는 차원에서 금지되었다.

사외이사도 이사회 활동을 수행하면서 내부정보를 많이 접하게 되므로 내부자거래의 위험성이 존재한다. 과거에는 사외이사로 활동하는 기업의 해당 주식의 경우 금액 또는 3% 이내로만 주식을 소유하면 무방한 것이 정책이었으나 절대금액으로 한도를 정하는 것은 기업규모를 고려하지 않은 정책이어서 위의 내용으로 개정되었다. 사내이사나 사외이사나 내부자거래와 관련된 규제는 거의 동일하지만 이러한 별도의 규제가 사외이사에만 강제되는 것은 사외이사는 기본적으로 그 성격상 '비상임', '사외', '기타비상무'의 성격이기 때문에 주식을 어느 한도 이상으로 보유한다는 것이 제3자의 독립적인 입장에서 의사결정을 수행함에 방해가 될 수도 있다는 정책기조라고 추정된다. 물론, 경영의사결정에 참여하는 이사들의 주식소유에 대해서는 긍정적/부정적 측면이 모두 존재한다. '사외이사' 도입의 취지가 감독/감시의 역할이 강조되었는데, 이들이 주주를 위한 활동을 수행하는 것이 아니라 주주로서의 자기 자신을 위한 의사결정을 수행한다는 것이 주주이익과 다를 수도 있을 수도 있다는 개연성이 존재한다.

긍정적 측면은 이사들이 주식을 소유하면서 이들이 단순한 주주의 이익을 대변하는 대리인(agent)이 아니라 자신이 바로 주주이므로 이들의 이해와 주주의 이해가 동일화(align)된다는 장점이 존재한다. 반면에 이사들이 주식을 소유하면서 이를 거래할 때에 내부정보를 악용할 수 있는 소지가 있다.

어떻게 판단하면 내부자들의 내부자 정보를 이용한 어느 정도의 투자이익을 허용하더라도 내부자들이 주식을 보유하는 것이 유인의 동일화를 생각하면 바람직할 수도 있다.

내부자정보와 관련된 자본시장법 법령은 다음과 같다. 주요 주주의 정의는 다음과 같다고 할 수 있다.

자본시장법

제9조 (그 밖의 용어의 정의) ① 이 법에서 "대주주"란 다음 각 호의 어느 하나에 해당하는 주주를 말한다. <개정 2009. 2. 3>

1. 법인의 의결권 있는 발행주식총수를 기준으로 본인 및 그와 대통령령으로 정하는 특수한 관계가 있는 자(이하 "특수관계인"이라 한다)가 누구의 명의로 하든지 자기의 계산으로 소유하는 주식(그 주식과 관련된 증권예탁증권을 포함한다)을 합하여 그 수가 가장 많은 경우의 그 본인(이하 "최대주주"라 한다).

자본시장법

제172조 (내부자의 단기매매차익 반환) ① 주권상장법인의 임원(「상법」 제401조의2 제1항 각 호의 자를 포함한다. 이하 이 장에서 같다), 직원(직무상 제174조 제1항의 미공개중요정보를 알 수 있는 자로서 대통령령으로 정하는 자에 한한다. 이하 이 조에서 같다) 또는 주요주주가 다음 각 호의 어느 하나에 해당하는 금융투자상품(이하 "특정증권등"이라 한다)을 매수(권리 행사의 상대방이 되는 경우로서 매수자의 지위를 가지게 되는 특정증권등의 매도를 포함한다. 이하 이 조에서 같다)한 후 **6개월** 이내에 매도(권리를 행사할 수 있는 경우로서 매도자의 지위를 가지게 되는 특정증권등의 매수를 포함한다. 이하 이 조에서 같다)하거나 특정증권등을 매도한 후 6개월 이내에 매수하여 이익을 얻은 경우에는 그 법인은 그 임직원 또는 주요주주에게 그 이익(이하 "단기매매차익"이라 한다)을 그 법인에게 반환할 것을 청구할 수 있다. 이 경우 이익의 산정기준·반환절차 등에 관하여 필요한 사항은 대통령령으로 정한다.

1. 그 법인이 발행한 증권(대통령령으로 정하는 증권을 제외한다)
2. 제1호의 증권과 관련된 증권예탁증권
3. 그 법인 외의 자가 발행한 것으로서 제1호 또는 제2호의 증권과 교환을 청구할 수 있는 교환사채권
4. 제1호부터 제3호까지의 증권만을 기초자산으로 하는 금융투자상품

② 해당 법인의 주주(주권 외의 지분증권 또는 증권예탁증권을 소유한 자를 포함한다. 이하 이 조에서 같다)는 그 법인으로 하여금 제1항에 따른 단기매매차익을 얻은 자에게 단기매매차익의 반환청구를 하도록 요구할 수 있으며, 그 법인이 그 요구를 받은 날부터 2개월 이내에 그 청구를 하지 아니하는 경우에는 그 주주는 그 법인을 대위(代位)하여 그 청구를 할 수 있다.

③ 증권선물위원회는 제1항에 따른 단기매매차익의 발생사실을 알게 된 경우에는 해당 법인에 이를 통보하여야 한다. 이 경우 그 법인은 통보받은 내용을 대통령령으로 정하는 방법에 따라 인터넷 홈페이지 등을 이용하여

공시하여야 한다.

④ 제2항의 청구에 관한 소를 제기한 주주가 승소한 경우에는 그 주주는 회사에 대하여 소송비용, 그 밖에 소송으로 인한 모든 비용의 지급을 청구할 수 있다.

⑤ 제1항 및 제2항에 따른 권리는 이익을 취득한 날부터 2년 이내에 행사하지 아니한 경우에는 소멸한다.

⑥ 제1항은 임직원 또는 주요주주로서 행한 매도 또는 매수의 성격, 그 밖의 사정 등을 고려하여 대통령령으로 정하는 경우 및 주요주주가 매도·매수한 시기 중 어느 한 시기에 있어서 주요주주가 아닌 경우에는 적용하지 아니한다.

⑦ 제1항 및 제2항은 주권상장법인이 모집·사모·매출하는 특정증권등을 인수한 투자매매업자에게 대통령령으로 정하는 기간 동안 준용한다.

자본시장법

제174조 (미공개중요정보 이용행위 금지) ① 다음 각 호의 어느 하나에 해당하는 자(제1호부터 제5호까지의 어느 하나의 자에 해당하지 아니하게 된 날부터 1년이 경과하지 아니한 자를 포함한다)는 상장법인(6개월 이내에 상장하는 법인을 포함한다)의 업무 등과 관련된 미공개중요정보(**투자자의 투자판단에 중대한 영향을 미칠 수 있는 정보**로서 대통령령으로 정하는 방법에 따라 불특정 다수인이 알 수 있도록 공개되기 전의 것을 말한다. 이하 이 항에서 같다)를 특정증권등의 매매, 그 밖의 거래에 이용하거나 타인에게 이용하게 하여서는 아니 된다. <개정 2009. 2. 3>

1. 그 법인(그 계열회사를 포함한다. 이하 이 호 및 제2호에서 같다) 및 그 법인의 임직원·대리인으로서 그 직무와 관련하여 미공개중요정보를 알게 된 자
2. 그 법인의 주요주주로서 그 권리를 행사하는 과정에서 미공개중요정보를 알게 된 자
3. 그 법인에 대하여 법령에 따른 허가·인가·지도·감독, 그 밖의 권

한을 가지는 자로서 그 권한을 행사하는 과정에서 미공개중요정보를 알게 된 자

4. 그 법인과 계약을 체결하고 있거나 체결을 교섭하고 있는 자로서 그 계약을 체결·교섭 또는 이행하는 과정에서 미공개중요정보를 알게 된 자
5. 제2호부터 제4호까지의 어느 하나에 해당하는 자의 대리인(이에 해당하는 자가 법인인 경우에는 그 임직원 및 대리인을 포함한다)·사용인, 그 밖의 종업원(제2호부터 제4호까지의 어느 하나에 해당하는 자가 법인인 경우에는 그 임직원 및 대리인)으로서 그 직무와 관련하여 미공개중요정보를 알게 된 자
6. 제1호부터 제5호까지의 어느 하나에 해당하는 자(제1호부터 제5호까지의 어느 하나의 자에 해당하지 아니하게 된 날부터 1년이 경과하지 아니한 자를 포함한다)로부터 미공개중요정보를 받은 자

② 다음 각 호의 어느 하나에 해당하는 자(제1호부터 제5호까지의 어느 하나의 자에 해당하지 아니하게 된 날부터 1년이 경과하지 아니한 자를 포함한다)는 주식등에 대한 공개매수(제133조제1항의 공개매수를 말한다. 이하 이 항에서 같다)의 실시 또는 중지에 관한 미공개정보(대통령령으로 정하는 방법에 따라 불특정 다수인이 알 수 있도록 공개되기 전의 것을 말한다. 이하 이 항에서 같다)를 그 주식등과 관련된 특정증권등의 매매, 그 밖의 거래에 이용하거나 타인에게 이용하게 하여서는 아니 된다. 다만, 공개매수자가 공개매수를 목적으로 거래하는 경우에는 그러하지 아니하다. <개정 2009. 2. 3>

1. 공개매수자(그 계열회사를 포함한다. 이하 이 호 및 제2호에서 같다) 및 공개매수자의 임직원·대리인으로서 그 직무와 관련하여 공개매수의 실시 또는 중지에 관한 미공개정보를 알게 된 자
2. 공개매수자의 주요주주로서 그 권리를 행사하는 과정에서 공개매수의 실시 또는 중지에 관한 미공개정보를 알게 된 자
3. 공개매수자에 대하여 법령에 따른 허가·인가·지도·감독, 그 밖의

권한을 가지는 자로서 그 권한을 행사하는 과정에서 공개매수의 실시 또는 중지에 관한 미공개정보를 알게 된 자

4. 공개매수자와 계약을 체결하고 있거나 체결을 교섭하고 있는 자로서 그 계약을 체결·교섭 또는 이행하는 과정에서 공개매수의 실시 또는 중지에 관한 미공개정보를 알게 된 자
5. 제2호부터 제4호까지의 어느 하나에 해당하는 자의 대리인(이에 해당하는 자가 법인인 경우에는 그 임직원 및 대리인을 포함한다)·사용인, 그 밖의 종업원(제2호부터 제4호까지의 어느 하나에 해당하는 자가 법인인 경우에는 그 임직원 및 대리인)으로서 그 직무와 관련하여 공개매수의 실시 또는 중지에 관한 미공개정보를 알게 된 자
6. 공개매수자 또는 제1호부터 제5호까지의 어느 하나에 해당하는 자(제1호부터 제5호까지의 어느 하나의 자에 해당하지 아니하게 된 날부터 1년이 경과하지 아니한 자를 포함한다)로부터 공개매수의 실시 또는 중지에 관한 미공개정보를 받은 자

③ 다음 각 호의 어느 하나에 해당하는 자(제1호부터 제5호까지의 어느 하나의 자에 해당하지 아니하게 된 날부터 1년이 경과하지 아니한 자를 포함한다)는 주식등의 대량취득·처분(경영권에 영향을 줄 가능성이 있는 대량취득·처분으로서 대통령령으로 정하는 취득·처분을 말한다. 이하 이 항에서 같다)의 실시 또는 중지에 관한 미공개정보(대통령령으로 정하는 방법에 따라 불특정 다수인이 알 수 있도록 공개되기 전의 것을 말한다. 이하 이 항에서 같다)를 그 주식등과 관련된 특정증권등의 매매, 그 밖의 거래에 이용하거나 타인에게 이용하게 하여서는 아니 된다. 다만, 대량취득·처분을 하는 자가 대량취득·처분을 목적으로 거래하는 경우에는 그러하지 아니하다. <개정 2009. 2. 3>

1. 대량취득·처분을 하는 자(그 계열회사를 포함한다. 이하 이 호 및 제2호에서 같다) 및 대량취득·처분을 하는 자의 임직원·대리인으로서 그 직무와 관련하여 대량취득·처분의 실시 또는 중지에 관한 미공개정보를 알게 된 자

2. 대량취득 · 처분을 하는 자의 주요주주로서 그 권리를 행사하는 과정에서 대량취득 · 처분의 실시 또는 중지에 관한 미공개정보를 알게 된 자
3. 대량취득 · 처분을 하는 자에 대하여 법령에 따른 허가 · 인가 · 지도 · 감독, 그 밖의 권한을 가지는 자로서 그 권한을 행사하는 과정에서 대량취득 · 처분의 실시 또는 중지에 관한 미공개정보를 알게 된 자
4. 대량취득 · 처분을 하는 자와 계약을 체결하고 있거나 체결을 교섭하고 있는 자로서 그 계약을 체결 · 교섭 또는 이행하는 과정에서 대량취득 · 처분의 실시 또는 중지에 관한 미공개정보를 알게 된 자
5. 제2호부터 제4호까지의 어느 하나에 해당하는 자의 대리인(이에 해당하는 자가 법인인 경우에는 그 임직원 및 대리인을 포함한다) · 사용인, 그 밖의 종업원(제2호부터 제4호까지의 어느 하나에 해당하는 자가 법인인 경우에는 그 임직원 및 대리인)으로서 그 직무와 관련하여 대량취득 · 처분의 실시 또는 중지에 관한 미공개정보를 알게 된 자
6. 대량취득 · 처분을 하는 자 또는 제1호부터 제5호까지의 어느 하나에 해당하는 자(제1호부터 제5호까지의 어느 하나의 자에 해당하지 아니하게 된 날부터 1년이 경과하지 아니한 자를 포함한다)로부터 대량취득 · 처분의 실시 또는 중지에 관한 미공개정보를 알게 된 자

자본시장법 제174조(미공개중요정보 이용행위 금지)에는 거래법 제188조의2에서 사용한 표현인 "일반인에게 공개되지 아니한 중요한 정보"라기보다는 "투자자의 투자판단에 중대한 영향을 미칠 수 있는 정보로서 대통령령으로 정하는 방법에 따라 불특정 다수인이 알 수 있도록 공개되기 전의 것을 말한다"고 기술하고 있다.

단기매매차익(단차)의[19] 반환과 관련되어서 거래법에서는 회사의 공시의

19) 실무에서는 '단차'라고 약해서 칭하기도 한다.

무가 없었으나 자본시장법에서는 회사의 공시의무까지 발생한다. 이는 단차반환이 있었을 경우는 해당 기업으로 하여금 이를 공시하여 투자자들에게 이러한 '전과'가 있다는 점을 경고하도록 하는 효과가 있다.

자본시장법이 도입되기 이전에는 거래법에서는 증권선물위원회가 제도상(명목상)으로는 주주의 대위청구권을 보장하였다.

증권선물위원회로부터 단차 발생사실을 통보받은 발행회사는 home page 등에 공시할 수 있는데 구체적인 공시창구는 제한하지 않는다. 예를 들어 거래소의 자율공시 site도 사용 가능하다. 이와 같이 단차반환이 진행되었다면, 주주가 확인할 수 있게 2년간 공시하여야 한다.

이사일 경우는 상법에서의 내용에 적용되는데 내부자거래에 해당되는 직원의 범위는 다음과 같이 시행령에서 정한다.

> **자본시장법 시행령**
>
> 제194조 (단기매매차익 반환대상 직원의 범위) 법 제172조 제1항 각 호 외의 부분 전단에서 "대통령령으로 정하는 자"란 다음 각 호의 어느 하나에 해당하는 자로서 증권선물위원회가 법 제174조 제1항에 따른 미공개중요정보(이하 "미공개중요정보"라 한다)를 알 수 있는 자로 인정하는 자를 말한다.
>
> 1. 그 법인에서 법 제161조 제1항 각 호의 어느 하나에 해당하는 사항의 수립 · 변경 · 추진 · 공시, 그 밖에 이에 관련된 업무에 종사하고 있는 직원
> 2. 그 법인의 재무 · 회계 · 기획 · 연구개발에 관련된 업무에 종사하고 있는 직원

이 자본시장법이 적용되기 이전에는 거래법에서는 직원의 범주가 위와 같이 제한되지 않았는데, 정보의 접근에 노출되어 있지도 않은 직원에 이러한 단차반환의무를 가한다는 것이 너무 강한 정책이라는 판단에서 이와 같이 개정되었다. 특히나 자사주 취득 등으로 자사주를 소유한다는 것이 애사

심도 고취시키는 등의 장점이 있고, 임직원으로서 뿐만 아니라 주주로서의 지위를 동시에 갖는다는 것이 순기능이 있으므로 주식거래에 제한을 둔다는 것이 오히려 직원의 자유로운 경제활동에 불이익을 유발시킨다는 비판이 있었다. 특히나 직원들의 주식소유는 개인적인 현금유동성의 문제와도 연관된다.

단, 동일직장 내에서 정보가 차단되기 어려운데 위의 제한된 부서의 직원만으로 단차반환의무를 국한한 것이 적절한 정책방향인지는 의문으로 남는다. 이는 앞으로도 심각히 고민해야 할 과제로 남는다.

위의 법안에서 흥미로운 부분은 이 기간을 자본시장법 제174조에서 6개월의 기간으로 설정한 점과 그 이익(법에서 판단한 내부자의 단기매매차익)을 해당 법인에게 제공한다는 점이다. 실질적으로 주식거래는 zero sum game이라 이들 내부자가 매매차익을 얻었다면 이들로부터 주식을 매입하거나 매도한 거래자가 내부자거래로부터의 손실을 입은 것이기는 하지만 이러한 이익금을 손실을 입은 주주에게 분배한다는 것은 가능하지 않으므로 법인에게 이를 보상한다. 주식거래의 시점, 가격 등이 매우 복잡하여 내부자로부터 누가 얼마의 손실을 보았는지를 구함은 거의 불가능하다.

매매차익을 법인에게 반환한다는 것이 흥미롭다. 즉, 내부자거래를 이용한 단기매매차익으로 회사의 가치에 부정적인 영향을 미쳤을 경우이다. 회사에 대해서 반환의 의무가 있다 함은 반환된 이익으로부터 모든 주주가 혜택을 입는 것이다. 이는 다음의 상법 제414조 제1항과 같이 감사의 책임, 또한 상법 제399조 제1항의 이사의 회사에 대한 책임과도 연관된다. 이사가 내부자정보를 이용하여 매매차익을 취했다 함은 매매거래 당사자가 손실을 보았다는 것이다. 단, 이러한 매매 당사자가 현재의 주주일 수도 있으며 아닐 수도 있기 때문에 이러한 이익을 누구에게 귀속시킬지가 매우 애매하다.

상법

제414조 (감사의 책임) 감사가 그 임무를 해태한 때에는 그 감사는 회사에 대하여 연대하여 손해를 배상할 책임이 있다. 2. 감사가 악의 또는 중대한 과실로 인하여 그 임무를 해태한 때에는 그 감사는 제3자에 대하여 연대하여 손해를 배상할 책임이 있다.

상법

제399조 (회사에 대한 책임) ① 이사가 법령 또는 정관에 위반한 행위를 하거나 그 임무를 해태한 때에는 그 이사는 회사에 대하여 연대하여 손해를 배상할 책임이 있다.

내부자의 이러한 이득을 어떠한 이유에서 기업에 되돌려주어야 하는지는 다음에서 그 이유를 찾을 수 있다. 정기공시에 대한 내용이지만 수시공시에서도 같이 생각해 볼 수 있다.

계열사 불법지원 전 한라그룹회장 주주에 배상책임 없다 판결

매일경제신문, 2005. 2. 14.

회삿돈으로 부실계열사를 불법지원해 회사를 부도냈다며 낸 손해배상청구소송에서 배상책임을 인정한 원심을 깨고 원고 패소판결했다. 재판부는 판결에서 이사가 악의나 중과실로 주주가 '직접손해'를 입으면 상법 제401조에 따라 배상받을 수 있지만 회사재산 감소로 인한 '간접손해'는 상법 제401조로 배상받을 수 없다며 주주의 간접손해는 '회사가 이사로부터 배상을 받거나' 주주대표소송을 제기하면 해결되기 때문이다. 상법 제401조는 이사가 악의 또는 중대한 과실로 임무를 해태한 경우 제3자에 대해 배상하도록 하고 있으며 93년의 대법원 판례는 이 같은 배상책임 대상에서 주주의 간접손해는 제외하고 있다.

즉, 이 판결은 이사의 책임을 제399조의 회사에 대한 책임과 제401조의 제3자에 대한 책임으로 구분하고 있다. 이사는 주주에 대한 수탁자의(fiduciary) 의무를 갖지만 회사라는 법인격을 통한 의무이다. 따라서 어떻게 보면 회사에 대한 의무가 좀더 직접적인 의무이며 주주에 대한 의무는 회사를 통한 간접적인 의무라고 할 수 있다. 제3자에 대한 의무는 대부분이 주주에 대한 의무일 것이다. 또한 이러한 차이는 주주는 항상 변할 수 있다는 점과 무관하지 않으며 이사의 주주에 대한 의무를 일단계적으로 회사를 통한 의무라고 판단하는 것이다.

경영진 주가하락 배상책임 없다

한국경제신문, 2005. 2. 14.

현재 한라건설회장인 정몽원씨는 한라그룹 회장시절인 97년 한라시멘트와 만도기계, 한라건설 등 한라그룹의 3개 우량계열사에서 2조 1,000억원을 빼내 사실상 본인 소유의 한라중공업에 지급보증 및 자금대여 등의 형식으로 지원한 혐의 등으로 기소돼 지난달 대법원에서 징역 3년에 집행유예 5년이 확정되었다.

만도기계의 소액주주 2명이 정몽원 한라건설회장을 상대로 부실계열사에 대한 무리한 자금지원으로 만도기계가 부도가 난 만큼 주가하락에 따른 손해를 배상하라며 낸 소송에서 원고 승소한 원심을 깨고 원고 패소판결했다.

대법원은 지난 93년 판결에서 이사가 회사재산을 횡령해 회사재산이 감소하고 그 결과로 주주의 경제적 이익이 침해되는 것과 같은 간접손해는 상법의 손해의 개념에 포함되지 않는다고 판시했다. 재판부는 주주의 간접손해는 회사가 이사로부터 배상을 받으면 자연히 보전되는 것이고 '회사가 이사의 책임추궁에 소극적인 경우'에는 주주가 대표소송을 제기해 해결하면 된다고 설명했다.

단차반환기간이 6개월이므로 6개월 기간이 종료되는 시점에는 많은 거래에 의해서 내부자가 시세차익을 실현할 가능성이 높다. 그러나 이 기간을 확장한다고 하여도, 예를 들어 1년의 기간으로 확장한다고 하여도, 이 기간 이후에 내부자가 시세차익을 얻는 것을 막을 수 없다.

이를 6개월로 한정한 것은 정보가 정보로서의 가치가 있는 기본적인 기간이 6개월이라고 판단한 것이다. 즉, 6개월이 지난 정보로서는 시세차익을 추구하기 어렵다는 것이다. 이는 위에서도 기술하였듯이 우리나라 시장에서의 회전율이 기본적으로 상장기업은 8개월이며 코스닥기업은 5개월이므로, 이 정도의 기간이 경과된 정보는 이미 정보로서의 가치를 잃는 기간이 8개월/5개월로 볼 수 있으므로 6개월이라는 법규상의 기간이 임의로 결정되었을 수는 있어도 위의 정보에 근거한다면 6개월이라는 기간이 의미가 있다고 판단된다.

내부자거래와 관련되어 다음의 자본시장법에서는 주식 등의 대량보유 등에 대한 보고 의무를 규정하였다.

자본시장법

제147조 (주식등의 대량보유 등의 보고) ① 주권상장법인의 주식등을 대량보유(본인과 그 특별관계자가 보유하게 되는 주식등의 수의 합계가 그 주식등의 총수의 100분의 5 이상인 경우를 말한다)하게 된 자는 그 날부터 5일(대통령령으로 정하는 날은 산입하지 아니한다. 이하 이 절에서 같다) 이내에 그 보유상황, 보유 목적(발행인의 경영권에 영향을 주기 위한 목적 여부를 말한다), 그 보유 주식등에 관한 주요계약내용, 그 밖에 대통령령으로 정하는 사항을 대통령령으로 정하는 방법에 따라 금융위원회와 거래소에 보고하여야 하며, 그 보유 주식등의 수의 합계가 그 주식등의 총수의 100분의 1 이상 변동된 경우(그 보유 주식등의 수가 변동되지 아니한 경우, 그 밖에 대통령령으로 정하는 경우를 제외한다)에는 그 변동된 날부터 5일 이내에 그 변동내용을 대통령령으로 정하는 방법에 따라 금융위원회와 거래소에 보고하여야 한다. 이 경우 그 보유 목적이 발행인의 경영권에

영향을 주기 위한 것(임원의 선임 ·해임 또는 직무의 정지, 이사회 등 회사의 기관과 관련된 정관의 변경 등 대통령령으로 정하는 것을 말한다)이 아닌 경우와 전문투자자 중 대통령령으로 정하는 자의 경우에는 그 보고내용 및 보고시기 등을 대통령령으로 달리 정할 수 있다. <개정 2008. 2. 29>

이 자본시장법이 적용되기 이전에는 다음과 같은 거래법에 의해서 보고의무가 강제되었다. 또한 자본시장법인 2009년 2월 4일부터 최초 적용되므로 이 시점의 주식소유에 대해서는 일괄적으로 2009년 3월 3일까지 대량보유를 신고하도록 하였다. 이 일자에 금융위원회와 거래소의 server가 down되는 것은 아닌지에 대한 염려가 있을 정도였다.

제도가 변화하는 경우에는 제도의 개정방향에서 당국의 정책의지를 읽을 수가 있다. 위의 제147조는 다음의 거래법 제188조에서 개정된 내용이다.

제188조 (내부자의 단기매매차익 반환등)

⑥ 주권상장법인 또는 코스닥상장법인의 임원 또는 주요주주는 임원 또는 주요주주가 된 날부터 10일 이내에 누구의 명의로 하든지 자기의 계산으로 소유하고 있는 당해 법인의 주식(외국주식 및 외국주권예탁증서를 포함한다)의 소유상황을, **소유 주식(외국주식 및 외국주권예탁증서를 포함한다)의 수에 변동이 있는 때에는 그 변동이 있는 날이 속하는 달의 다음달 10일까지** 그 내용을 대통령령이 정하는 바에 따라 각각 증권선물위원회와 거래소에 보고하여야 한다.

위와 같이 증권거래법하에서 제도를 운영한다 함은 어떠한 내부자거래는 본인들이 원하면 당일날 공시할 수도 있고 그렇지 않고 월 초에 거래한 내용은 40일 이후인 다음달 10일까지 공시할 수도 있어서 이러한 공시와 관련되어 timing 상으로 너무 많은 재량권을 부여한 것이 아닌지에 대한 비판이 있었다. 공시와 관련되어 어떠한 내용이 공시되어야 하는 기한이 이와 같이 유동적이라는 것이 너무나 많은 자율권을 부여하였다고도 할 수 있다. 내부자들이 주식을 매매하는 것을 외부로 알리지 않기 위해서는 거래의 timing을 월 초로 고정시킬 수 있다.

거래법 제188조의 내용에서 자본시장법 제147조의 내용으로 내용이 변경되었는데 내부자의 주식소유에 대한 공시의무기간을 단축하였다. 미국에서는 이 기간이 SOX가 도입되면서 이틀로 축소되었다. 거래법 제188조의 내용도 미국의 제도에 기초하였는데 5일의 이 기간이 미국 제도에 비해서는 긴 기간이다. 이러한 정보를 공개하는 목적이 내부자의 주식거래가 정보로서의 가치가 있다고 하면 이를 공유하라는 정책 차원인데 내부자의 주식거래가 보고하는 데 오랜 시간이 필요한 정보인 것도 아닌데 5일씩의 여유를 주는 이유는 이해하기 어렵다. 5일은 장내 매매보고 기준일, 즉 결제일 기준이지 체결일 기준이 아니다.

거래법하에서는 지분공시-단기매매차익반환제도가 상장사 직원 전부에 적용되던 것이 자본시장법에서는 재무・회계・기획・연구개발・공시업무를 하는 직원으로 한정된다. 반면에 지분공시-임원/주요주주 보고에 있어서의 임원의 범주는 집행임원까지로 확대되었다. 따라서 임원의 범주와 직원의 범주가 각기 다른 방향으로 조정되었다.

'M&A 정보이용금지' 조항도 신설돼 경영권에 영향을 줄 가능성이 있는 대량취득이나 처분정보를 이용해 매매할 경우 지금까지는 처벌대상이 아니었지만 앞으로는 내부자거래로 처벌받는다.

단차이익반환도 지금까지 보통주 매수 후 보통주 매도, 전환사채 매수 후 전환사채 매도 등 동종 증권 간 매매로 취득한 차익에만 반환의무가 부과됐지만 앞으로는 주식매수 후 전환사채 매도, 주식선물 매수 후 주식 매도 등 이종 증권 간 매매도 얻은 차익도 반환대상이다. 즉, 단차이익의 대상 상품이 확대되었다.

이 법안에 대한 반론을 제기한다면 손실을 입었을 경우는 법인이 상장법인의 임원에게 손실을 보상해 줄 것인가라고 주장할 수도 있다. 물론, 종합부동산세 등의 경우에도 이러한 논리가 제시되기도 한다. 그러한 차원에서는 이 법안은 불균형적인 법안이다. 내부자가 6개월 이내에 매매차익을 얻었음은 내부자거래의 결과라고 인지하지만 그렇지 않은 경우에는 본인들이 투자의사결정을 잘못 수행한 결과라고 이해한다.

즉, 이 법안은 외부자의 이익이 내부자이해에 의해서 침해되는 것은 방지하고 혹시나 있을 수 있는 내부자의 투자활동에서의 상대적 이득을 제한하기 위한 법령이므로 이러한 차원에서 내부자의 이익이 어느 정도 침해된다고 할 수 있다.

단기매매차익의 반환으로서 내부자가 단기간 동안에(예, 6개월 이내) 당해 회사의 지분증권을 매매하여 이득을 취한 경우에는 현실적으로 미공개정보를 이용하여 매매할 것인지의 여부를 입증하는 것이 매우 어려운 것이 사실이므로 내부정보의 이용 여부를 불문하고 무조건 그 이득을 회사에 반환하도록 강제하는 것이다. 즉, 내부자로 하여금 단기매매차익을 추구하지 못하도록 금지하는 것이다.

위에서 기술된 자사주 등의 장점이 존재하기는 하지만 주식에 투자할 회사도 많은데 하필 내부자거래로 오해받을 소지가 있는 주식에 투자하여 매매차익을 남겼다는 것이 부적절하다는 것이다.

해당 주식을 매수하고 6개월 이내에 의도적으로 나쁜 정보를 공시하기 이전에 이를 매도한다거나 주식을 매도한 후 6개월 이내에 의도적으로 좋은 정보를 공시하고 주식을 매수한다거나 하면서 시세차익을 추구하는 것을 예방하려 한다. 즉, 기본적으로 공시가 내부자거래를 위한 도구로 사용되는 것을 예방하려는 차원으로 이해할 수 있다.

따라서 내부자들은 공시하는 내용을 내부자거래를 위해서 조정할 수 있을 뿐만 아니라 공시의 timing도 조정할 수 있다.

내부자들은 내부자로서의 시세차익을 얻기 위해서 시장의 경제주체와 담합할 수도 있고 시장의 경제주체를 이용할 수도 있다. 예를 들어, 재무분석가가 내부자들의 기대이익과는 상이한 예측을 수행하고 있다고 하면 기존의 문헌들은 내부자들이 이러한 이익예측을 만족시키기 위해서,[20)]즉 이익예

20) 미국 문헌에 의하면 이를 meet the market's earnings expectation이라고 표현한다.

측을 달성하지 못하는 데 대한 penalty를 피하기 위해서 이익을 조정한다고만 접근되었다. 그러나 내부자의 입장에서는 시장에서의 기대이익이 본인들의 판단과 상이할 경우에는 이러한 기회가 시장을 상대로 시세차익을 취할 수 있는 기회로 이용될 수 있다. 즉, 시장에서의 이익예측을 수정하기보다는 시장의 이익예측이 발표될 실제치를 과대예측하고 있을 경우는 실제 정보가 발표되는 시점에는 주가가 하락할 것이므로 이를 미리 알고 주식을 매도할 것이다.

즉, 시장의 오해를 수정하는 것보다는 본인 개인의 효용을 극대화하는 것이 더 중요할 수 있다.

따라서 수시공시가 내부자거래로 이용된다면 timing 관련되어서는, (1) 공시를 수행하지 않을 수도 있고, (2) 공시가 수행된다고 해도 공시 timing이 조정될 수 있으며, 공시내용과 관련되어서는 (3) 좋은/나쁜 정보가 존재할 경우만 공시를 수행할 수 있고, (4) 공시의 내용에 임의성을 개입할 수 있다.

일반적으로 정보의 왜곡이라고 하면 의도적으로 과장된 정보만을 생각하기 쉽지만 공시 여부도 과장된 정보 못지 않은 왜곡된 정보이다. 따라서 여러 가지 경우의 수가 공시와 관련된 임의성의 차원에서 존재한다.

상장사 임원 내부정보 이용 646억 챙겨

매일경제신문, 2006. 6. 22.

홍문표 의원은 보도자료에서 상장회사 임직원 미공개정보 이용 640억원 부당이득라고 밝혔는데, 최근 3년간 금융위에 등록된 124사의 임직원 중에서 증권거래법 위반혐의자를 적발하였다. 적발인원 가운데 임직원이 차지하는 비중이 90% 이상으로 주주보다는 임직원이 미공개정보를 이용하여 이득을 취하는 경우가 대부분이다.

이 수치에 근거하여 판단하면 내부자거래로부터 이득을 얻는 주체는 대주주라기보다는 임직원임이 흥미롭다. 아마도 이러한 이유에서 자본시장법이 적용되면서 지분공시-임원 주요주주보고의 임원의 범주가 확대되었다고도 할 수 있다.

즉, 주식소유지분이 높다고 해도 경영에 직접 참여하고 있지 않다고 하면 내부자정보를 이용하는 데에는 제한이 있다. 물론, 경영에 직접 참여하는 최대주주가 독점적 지위를 점한다면 최대주주는 물론 주주와는 달리 예외로 하여야 한다.

상장사 임직원 주요주주 자사주식 매매 698억원 챙겨

매일경제신문, 2008. 4. 9.

지난해 상장사 임직원과 주요주주가 자기회사 주식을 매매해 차익을 올린 사실이 적발돼 해당 업체로 반환하라고 명령받은 사례가 급증한 것으로 나타났다.

금융감독원은 8일 지난해 상장사 임직원과 10% 이상 지분을 가진 주요주주들이 자사주식 매매를 통해 거둔 단기매매차익이 698억원으로 전년보다 44.5% 증가했다고 밝혔다.

적발 건수는 153건으로 5.5% 늘어났다. 임원 67명과 직원 130명은 줄어든 반면 주요주주는 39명으로 62.5%나 증가했다.

금감원 관계자는 "단기매매차익 건수와 금액이 늘어난 것은 **제도를 잘못 이해**하고 있는 것이 가장 큰 원인"이라며 "이 같은 차익은 전액 회사에 반환된다"고 설명했다. 이때 매매과정에서의 손실은 감안되지 않고, 이익만 계산해 반환되도록 돼 있다.

단기매매차익 반환은 임직원과 주요주주들이 미공개정보를 활용한 내부자거래를 하지 못하도록 해당 회사의 주식이나 주식 관련 사채를 매수 후 6개월 내에 매도, 차익을 얻을 경우 이를 회사에 반환시키는 제도이다.

위의 신문기사에서 지적된 대로 이러한 단차반환은 제도에 대한 무지가 가장 큰 요인이 있다. 어차피 매매차익을 인식하여야 반환된다면 이를 기한

내에 인식할 임직원은 없을 것이다.

지분정보가 자본시장법이 도입되면서 중요해지면서 거래소는 다음의 홈페이지를 도입하였다.

한국거래소 '지분정보 전용 홈페이지' 만든다

한국경제신문, 2009. 3. 6.

한국거래소 시장감시위원회는 '지분정보 전용 홈페지이'를 구축해 지분 관련 통합정보를 제공할 예정이라고 5일 밝혔다.

거래소는 '지분정보 전용 홈페이지'를 통해 개별 종목 위주로 산발적으로 제공됐던 지분공시를 일괄 제공하는 한편, 빈번한 최대주주의 변경사항과 담보내역 등 지분 관련 투자자 유의정보를 집중적으로 서비스할 계획이다. 또 지분 관련 법규 및 사례업무분석자료 등의 관련 정보도 제공한다.

거래소 관계자는 "기업의 지배구조 관련 정보를 자세히 제공해 투자판단을 돕고 최대주주의 잦은 변경과 담보제공 내역까지 공개해 시장의 투명성을 높여주는 역할이 기대된다"고 말했다.

증권선물조사업무규정

chapter 13

불성실공시에 대해서 여러 가지 조치가 취해지게 된다. 이는 모든 공시에 적용되므로 수시공시와 정기공시 간에 동일한 규정이 적용된다. 이를 과징금부과기준이라고 한다. 이 규정에서 사용되는 법적 용어들을 정의한다.

'고의'라 함은 의무위반사실 또는 그 가능성을 인식하고 이를 감수한 경우

'중과실'이라 함은 의무위반사실을 인식할 수 있음에도 불구하고 현저한 부주의로 인식하지 못한 경우.

'과실'이라 함은 정상의 주의를 태만히 하거나 선량한 관리자의 주의의무를 해태한 경우(여기서 선량한 관리자의 주의 의무라함은 상법에서 정한 이사의 책임의무를 의미한다)

'단순착오'란 위법행위가 착오, 사실의 간과, 오해 등에 의한 경우이다.

다음의 표에는 고의, 중과실, 과실, 단순착오의 동기에 따라 그 결과가 사회적 물의 야기, 중대, 경미, 단순법규위반이 조합에 따라 여러 단계의 조치를 금융위원회가 부과함을 보인다. 증권선물조사업무규정은 금융위원회 소관이다.

조치는 검찰고발, 검찰통보, 필요시 임원해임권고 또는 유가증권발행제한, 경고, 주의 등으로 구분된다.

표 13-1 조치수준

동 기 결 과	고 의	중과실	과 실	단순착오
사 회 적 물의 야기	A	B	C	D
중 대	B	C	D	E
경 미	C	D	E	F
단순법규위반	D	E	F	G

표 13-2 조치기준

<table>
<tr><th rowspan="2">판단결과</th><th colspan="3">조치기준</th></tr>
<tr><th colspan="2">증권법 위반</th><th>선물법위반</th></tr>
<tr><td>A</td><td>고 발</td><td rowspan="2">필요시
임원해임권고 또는
유가증권발행제한(3~12월) 병과</td><td>고 발</td></tr>
<tr><td>B</td><td>검찰통보</td><td rowspan="2">검찰통보</td></tr>
<tr><td>C</td><td colspan="2">유가증권 발행제한(1~6월)
<필요시 검찰통보 병과></td></tr>
<tr><td>D</td><td colspan="3" rowspan="2">경 고</td></tr>
<tr><td>E</td></tr>
<tr><td>F</td><td colspan="3">주 의</td></tr>
</table>

G	주 의 — 조치불문
비고	① 위법행위를 한 날부터 최근 2년 이내에 동일 또는 유사한 위법행위로 조치를 받은 사실이 있는 경우에는 가중조치할 수 있다. ② 조치대상이 되는 서로 다른 위법행위가 둘 이상 경합하는 경우에는 가중조치할 수 있다. ③ 피검사기관 또는 그 임직원이 위법행위를 하여 행정조치를 받게 되는 경우에는 금융기관검사 및제재에 관한 규정을 준용한다

중복조치

chapter 14

거래소 이상한 중복조치

매일경제, 2004. 11. 27.

금융위원회의 증권선물위원회와 증권거래소가 같은 업무에 엇박자를 내고 있다.

증선위가 지난 24일 회계기준을 위반한 업체를 검찰에 고발한 순간 거래소는 증선위 조치에 대해 해당 기업에 조회공시를 요구한 것. 증선위는 이날 회계처리 기준을 위반해 재무제표를 작성한 중앙제지에 대해 검찰 고발 조치를 취했다고 발표했지만 증권거래소는 중앙제지에 이 사실에 대한 조회공시를 요구했다. 이에 대해 한 증권사 관계자는 "증선위가 정부조직인 만큼 거래소가 증선위 조치를 풍문으로 분류한 것은 이해되지 않는다"며 "굳이 같은 사안에 대해 해당 기업에 조회공시를 요구한다는 것은 이중업무를 하는 것으로 업무의 비효율성을 높일 수 있다"고 지적했다. 이런 일이 생긴 것은 거래소가 지난해(2003년) 9월 26일 직접 업무규정(제25조)를 바꾼 데서 비롯됐다. 거래소가 "외부감사 및 회계 등에 관한 규정에 의해 증선위에서 검찰고발이나 검찰통보된 사실"을 풍문 범주에 포함시켰기 때문. 여기에 증선위조치가 직접적으로 시장에 알려지지 않게 되고. 거래소는 해당 기업을 관리종목으로 지정하지 못하는 사태까지 벌어졌다. 이 같은 사태도 거래소의 유가증권상장규정에서 발생했다. 중앙제지는 이미 관리종목으로 지정됐기 때문에 증권거래소는 관리종목지정 추가사유를 즉시 공시해야 했다. 하지만 유가증권상장규정에 "회계처리기준 위반행위를 사유로 증선위에서 검찰고발 또는 검찰통보된 사실이 확인된 때"라고 정의돼 있어 검찰고발 시점에 대해 문제가 생겼기 때문이다.

증선위 조치가 직접적으로 시장에 알려지지 않았기 때문에 거래소가 이를 시장참여자에게 알릴 수 있는 방법은 조회공시를 통해서라는 내용이다. 증선위가 수행하는 회계와 관련된 내용은 모두 공시된다. 경고 정도의 낮은 수준의 조치라고 하여도 공개되기 때문에 이 부분이 기업과 회계법인의 불만사항이기도 하였다.

심각한 문제도 아닌 조치내용을 국내외적으로 공시함이 한국의 인지도에 도움이 되지 않는다는 주장이다. 특히나 Sox에 의해서 미국 시장에 상장된 기업을 감사하는 회계법인은 PCAOB에 의한 회계법인평가도 받아야 하는데, 우리의 회계법인이 조치를 많이 받는다는 것이 알려지는 것이 과연 우리의 국익에 도움이 되는지의 차원에서 접근되었다. 특히나 최근에는 우리의 서비스산업의 해외진출이라는 차원에서 중국이나 베트남 시장에 회계용역을 수출하고 있으며 이를 확대하여야 한다는 주장도 전개되는데 그러한 차원에서는 회계법인의 조치가 부각된다는 점이 국익의 차원에서는 불리하게 작용한다.

예를 들어, 주석사항이 잘못 공시된 경우에도 제재를 가하게 되고 당연히 조치가 취해졌다는 사실이 공지된다. 이는 주석도 재무제표의 일부이기 때문이다. 감독기관의 입장에서는 주석이 재무제표의 일부이기 때문에 주석사항이 미비하였어도 당연히 이에 대한 제재를 가하는 것이지만 기업 측에서 판단하기에는 재무제표 본문도 아닌 사항에 대해서 제재를 가하고 이에 대한 공시까지 수행한다는 점이 지나치다고 판단하는 것이다.

그러나 주석사항에는 과거에는 최대주주에 대한 대여금 등도 공시하여야 하는 사항이었는데 이러한 성격의 대여금이 부정, 횡령, 배임 등의 소지가 많았던 항목이었던 점에 미루어 보면 이 내용이 결코 소홀히 할 내용이 아니다.

손익구조변경수시공시

chapter 15

다음의 내용은 유가증권시장공시규정에서 손익구조변경수시공시 내용이다.

제7조 (주요경영사항) ① 유가증권시장주권상장법인은 다음 각 호의 어느 하나에 해당하는 때에는 그 사실 또는 결정(이사회의 결의 또는 대표이사 그 밖에 사실상의 권한이 있는 임원·주요주주 등의 결정을 말하며, 이 경우 이사회의 결의는 「상법」 제393조의2에 따른 이사회내 위원회의 결의를 포함한다. 이하 같다) 내용을 그 사유 발생일 당일에 거래소에 신고하여야 한다. 다만, 제1호 다목, 제2호 중 가목 (7)·나목 (4)·다목 (4)·라목 (4), 제3호 중 가목 (1)·(2)와 나목 (5)에 해당하는 경우에는 사유 발생일 다음 날까지 거래소에 신고하여야 한다.

2. 해당 유가증권시장주권상장법인의 재무구조에 변경을 초래하는 다음 각 목의 어느 하나에 해당하는 사실 또는 결정이 있은 때

마. 해당 유가증권시장주권상장법인의 39결산에 관한 다음의 어느 하나에 해당하는 사실 또는 결정이 있은 때

(3) **최근 사업연도 매출액, 영업손익 또는 당기순손익이 직전사업연도 대비 100분의 30(대규모법인의 경우 100분의 15) 이상 증가 또는 감소한 사실이나 결정이 있은 때. 이 경우 결산주주총회의 소집을 통지·공고하기 이전까지 이를 신고하여야 하며, 매출액·영업손익·당기순손익 항목 중**

한 항목 이상에 해당되어 신고하는 경우 다른 항목 및 자산·부채·자본 총계 현황을 함께 신고하여야 한다.

이 내용은 자본시장법이 시행되기 이전에는 유가증권의 발행 및 공시 등에 관한 규정 내용이었으나 법이 개정되면서 증권의 발행 및 공시 등에 관한 규정에는 포함되지 않았고 대신 유권증권공시규정에서 그 내용을 찾을 수 있다. 이는 증권의 발행 및 공시 등에 관한 규정은 금융위 규정으로 수시공시가 거래소로 통합되고 금융위는 주요사항보고서를 전담하는 것으로 역할 분담과정에서 정리된 것이다.

상장법인 및 코스닥상장법인은 결산재무제표상의 수치를 기준으로 최근 사업연도 매출액, 영업손익 또는 당기순손익이 직전 사업연도 대비 100분의 30(대규모법인의 경우에는 100분의 15) 이상 증가 또는 감소한 경우에는 지체 없이 금융위원회 및 거래소에 신고(공시)하여야 한다. 이 경우 증감비율을 판단함에 있어서는 이사회 승인을 받아 확정된 회사 재무제표상의 수치를 기준으로 판단하는 것이며, 감사 또는 외부감사인의 감사보고서상의 수치를 기준으로 하는 것이 아니다. 이에 해당하는 내용은 거래소 전자공시시스템에서 수시공시 항목 중 '손익구조변경'으로 분류되고 있다. 따라서 이러한 경우에 해당하는 수시공시가 수행된다면 이 공시가 가장 최초의 발표되는 실제이익과 관련되는 직접적인 정보일 것이다. 실질적으로 상장기업 중에 이러한 손익구조변경수시공시는 시행하는 기업이 12월 결산법인 중에는 특정 연도에는 전체의 60%에 이른다. 이러한 이유에서 이러한 내용의 공시를 통상적으로 '손익구조공시'라고 지칭한다.

대규모 기업일 경우에는 손익구조변경수시공시를 하는 경우의 기준을 낮춘 이유는 대기업은 이해관계자도 많은 등의 이유가 있기 때문이다. 위에 제시된 많은 공시규정에서도 대규모 기업의 경우는 좀더 엄격한 기준을 적용한다.

손익구조변경수시공시제도는 회사가 결산실적을 공시하기 전에 회사 내부자가 이를 이용하거나 외부의 특정인에게 유출하지 못하도록 하기 위한 조치라 할 수 있다. 즉, 손익구조변경수시공시를 수행함은 어느 정도 정보이용자에게 경고를 보낸다는 의미를 갖으며 이러한 경고 없이 실제이익이 예년과 많은 차이를 보이면서 공시되는 충격을 유연화시킨다는 의미도 갖는다. 또한 이러한 정보를 미리 접근하는 내부자들이 이들 정보를 배타적으로 이용할 수 있는 가능성을 원천적으로 봉쇄하는 장점이 있다. 이 정보의 공시에 중요성 기준을 도입한 것은 직전 연도의 정보에 비해서 큰 차이가 있는 정보가 정보로서의 가치가 더 크기 때문이다.

즉, 이 제도는 내부자거래를 미연에 방지하려는 정책취지를 갖는다. 이러한 정책취지라면 감사의견이 일반에게 공개되기 이전에 감사위원회나 이사회에서 미리 문건으로 공지되는 것이 적법하지 않은 것이나 동일한 정책적 목적을 띤다.

즉, 실질적으로 내부자가 정보를 우선적으로 입수하는 것은 어느 정도까지는 피할 수 없는 것이기 때문에 좀더 중요한 관건은 이러한 내부정보를 조속히 공유하라는 것이다.

이 제도의 이러한 장점에도 불구하고 확정되지도 않은 정보가 섣불리 공시된다는 점이 이 제도에 대한 단점일 수 있다. 정보의 신속한 전달을 목적으로 하기 때문에 인증받기 이전의 정보가 여과되지 않고 전달되므로 발생하는 문제가 있을 수 있다. 정보전달의 timing이 중요한지 아니면 신뢰성이 중요한지 공시정책에 대한 고민이 수행되어야 한다. 신속성과 신뢰성의 trade off는 단지 손익구조변경 공시에만 국한되지 않으며 수시공시의 영원한 숙제이다.

물론, 수시공시(timely disclosure)라는 측면에서는 적시의 정보전달이 중요하지만 동시에 timing만을 중시하면서 신뢰성이 양보될 수는 없는 것이다. 손익변경수시공시는 신뢰성보다는 적시성이 중요하기 때문에 신뢰성이 조금 부족할 수는 있어도 일단, 알리고 보자는 정책취지가 있다. 이번 반해 정기공시는 연차보고서일 경우는 주총이 수행되는 기간을 결산연월일 이후 3개월 이후까지로 인정하고 있으므로 충분한 시간적 여유가 있다.

손익구조변경수시공시는 회계학 연구에서 흥미로운 변수로 작용된다.

결산이 되기 이전의 수치이므로 기업이 판단한 잠정적인 이익으로서의 의미를 갖으며 그렇기 때문에 확정된 결산이 나오기 이전까지의 과정은 감사과정이 진행되는 기간으로 실제치와 잠정치를 비교해 보면 감사과정에서 어떠한 조정이 수행되었는지를 알 수 있다. 기업의 의지가 반영된 수치가 잠정이익이며 감사인과의 조정의 결과가 보고된 확정이익이므로 이 두 이익 수치의 차이가 이익조정의 대용치로 사용될 수도 있다.

손성규, 이은철(2005)의 연구에서는 잠정이익은 경영자의 의지가 반영된 내용이며 실제이익은 감사인이 역할을 수행한 결과라고 접근하였다. 그러나 분반기 재무제표가 공시되는 과정에서 기업은 이미 감사인과 많은 조정을 수행하였을 것이며 잠정적인 회계정보가 공시되는 과정에서 감사인의 의사가 완전하게 배제된 것은 아니다. 물론, 분반기 등은 검토이며 또한 모든 기업에 대해서 분기검토가 수행되는 것도 아니다. 온기 재무제표에 대해서는 감사가 수행되므로 인증의 정도에는 차이가 있고 집중적인 감사과정에서의 감사의 역할을 과소평가할 수는 없다.

회계오류, 회계처리 미숙으로 인해서 잠정이익 발표 이후에 이익이 변경되는 경우도 적지 않을 것이다. 특히나, 최근에 와서 지분법회계, 이연법인세 등의 내용이 복잡해지면서 이러한 기준의 적용에 대해서는 의도하지 않을 오류가 발생할 경우가 있다. 따라서 이러한 오류는 의도적인 이익조정과는 거리가 있다. 고의성이 개입된 이익조정이거나 의도적이지 않은 단순한 실수이거나에 무관하게 감사가 개입되면서 잠재이익이 조정됨에는 차이가 없다.

많은 기업의 잠재이익이 실제이익과는 차이가 있기 때문에 손익구조변경수시공시로 보고되는 이익에 정보효과가 있는지를 검토함은 유효한 질문일 것이다. 어차피 감사과정에서 변경될 내용이라고 하면 손익구조변경수시공시에 의해서 공시되는 정보에 시장이 반응하는지는 실증적인 의문사항이다. 단, 감사과정에서 잠재적인 이익이 조정된다고 하여도 이는 예비적인 이익 성격인 잠재이익으로부터의 조정이며(손성규, 이은철, 정기위 2008 표4), 그 금액은 이익 대비 약 5.7%의 수치를 보인다. 따라서 손익구조변경공시를 통해서 보고되는 이익의 개략적인 윤곽을 파악할 수 있다.

손익구조변경수시공시의 취지가 물론, 이러한 정보를 지체하지 않고 제공하겠다는 취지를 갖지만 이러한 정보가 정보로서의 가치를 갖기 위해서는 이용자에 의해서도 가치 있는 정보로 인식되어야 한다. 즉, 수시공시이므로 적시성 있는 공시로서의 조건은 만족하지만 어느 정도의 신뢰성이 담보된다면 시장에 새로운 정보를 전달하는 의미 있는 정보로서의 가치도 동시에 갖는다. 단, 아직 확정된 정보가 아니기 때문에 또한 결산과정에서 수정될 수 있는 정보이기 때문에 정보효과가 존재할 것이라는 것을 예단하기 어렵다.

손성규, 이은철(2005)은 수시공시일을 전후한 누적초과수익률을 이용한 분석결과 잠정이익을 이용한 비기대이익과 누적초과수익률 간에는 유의적인 정의 관계가 있는 것으로 나타났다. 또한 비기대이익과 정기주주총회소집공시일을 전후한 누적초과수익률의 회귀분석 결과, 잠정이익을 사전에 공시한 기업들의 주가반응이 사전 공시가 없었던 기업들에 비해 더 작은 것으로 나타났다. 이는 이미 주가반응이 미리 잠정이익 공시시점에 나타났기 때문에 실제이익이 공시되는 시점에는 새로운 정보의 전달효과가 감소함을 나타낸다.

손익구조변경수시공시는 수시공시이지만 정기공시 대상 내용이 공시된다는 점에 있어서 흥미롭다. 즉, 수시공시와 정기공시가 중복된다는 점에서는 수시공시의 사업보고서에 주요 경영사항신고 등의 진행・변경상황이 공시되는 것과 맥을 같이한다. 또한 그렇기 때문에 수시공시와 정기공시를 분리하기보다는 종합적으로 같이 검토하여야 한다.

특히 잠정이익을 공시한 표본만 대상으로 분석할 경우 비기대이익과 주총소집일을 전후한 CAR(누적비정상수익률) 간에 체계적인 관련성이 사라지는 것으로 나타났다. 이는 잠정이익이 발표되는 시점에 시장이 이를 이미 가치평가에 반영하였고 그렇기 때문에 실제이익이 공시되는 시점에는 추가적인 가치평가가 수행되지 않음을 의미한다. 이는 잠정이익이 잠정이익에 그치기는 하지만 어쨌거나 이익의 방향이 공시된 것이므로 가변적인 정보이기는 하지만 충분한 의미가 있다고 할 수 있다. 위에서 인용된 감사에서 조정되는 금액의 상대적인 크기가 이 실증분석 결과를 정당화한다. 이는 또한 앞으로 발표되는 실제이익정보가 시장에 큰 충격으로 작용하지 않으려는 정책의지대로 손익구조변경수시공시가 시장에서 인지됨을 알 수 있다.

이 연구는 손익구조변경수시공시가 시장에 유용하게 이용되고 있으며 회계이익의 정보효과에 대한 실증분석 수행시 사건일 선정에 신중을 기해야 한다는 시사점을 제공한다.

손성규, 이은철(2008)은 손익구조변경수시공시에서 나타나는 이익조정금액을 감사인 교체와 연관하였다. 즉, 감사인에 의해서 이익이 많이 하향 조정된 경우는 피감기업의 입장에서는 감사인의 지나치게 보수적인 입장에 대해서 감사인을 부정적으로 평가하기 쉬우며 이러한 감사인의 경우는 그렇지 않은 경우와 대비하여 이 시점이 감사인을 교체할 수 있는, 즉 3년 감사인유지제도가 종료되는 시점이라면 감사인을 교체할 확률이 더 높을 것이라는 가설을 검증하였다. 그들 연구에서의 실증분석은 이 가설을 지지하는 연구결과를 보인다.

최관, 박종일(2007)은 감사품질의 대용치로 재량적 발생액을 이용한 경우에는 아직 감사가 실시되지 않은 피감사기업의 재무보고서와 감사가 실시된 재무보고서를 비교하여 감사인이 얼마나 이익조정을 제한하였는가를 조사하는 것이 이상적이라고 기술하였다. 그러나 현실적으로 감사가 실시되기 전의 재무보고서는 공시되지 않기 때문에 공시된 재무제표를 이용하여 재량적 발생액을 계산하여 감사품질을 측정하고 있다(최관, 박종일 주석6). 실제로 보고된 회계정보는 감사의뢰인과 감사인의 협상의 결과이며 이러한 결과만을 관찰할 수 있기 때문에 협상과정을 관찰할 수 없는데 손익구조변경수시공시는 이를 간접적으로 관찰할 수 있는 좋은 기회를 제시하여 준다.

손성규, 이은철, 정기위(2009)는 손익구조변경수시공시에서 측정되는 감사인과 피감기업 간의 이익조정금액을 감사시간과 연관하였다. 이는 일반적으로 감사시간이 증가할수록 철저한 감사가 수행되고 이러한 과정의 결과, 감사에서의 조정할 내용이 증가한다는 논리에 근거한다. 이를 검증하기 위한 방법론으로는 감사시간보다는 추정모형에 의해서 설명되지 않는 비정상감사시간을 이용한다. 감사시간은 여러 설명변수에 의해서 추정될 수 있는데 그렇기 때문에 모형에 의해서 설명되지 않는 비정상적인 감사시간이 감사인과 피감사인과의 이견을 설명하리라고 기대한다. 이러한 점이 기존에 사용되던 감사시간에 비해서 우월한 변수이므로 최근에는 감사시간보다는 비정상감사시간이 좀더 널리 사용된다. 실증분석 결과에서는 비정상감사시간이 클수록 감사인에 의한 결산이익 수정 정도(감사 전 이익과 감사 후 이익의 차이)가 더 큰 것으로 나타났다고 기술하였다.

그림 15-1 잠정이익과 실제이익의 관계(손익구조변경공시에서)

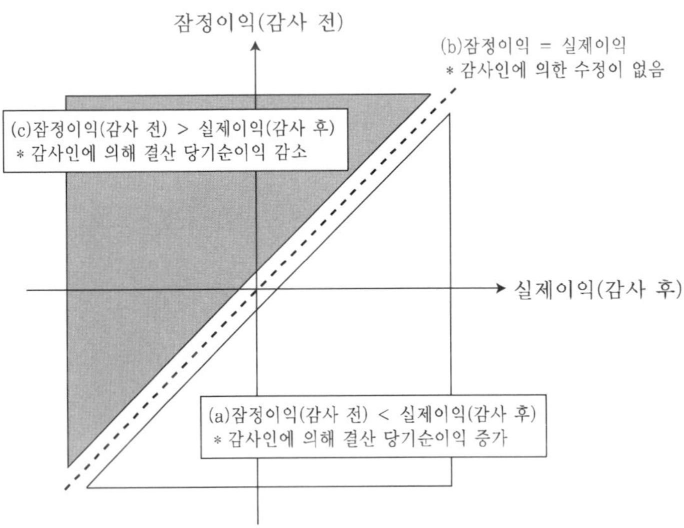

손익구조변경수시공시를 통해 결산실적을 공시하는 경우는 "상기 자료는 확정 전 자료이며, 외부감사인의 감사결과 변경될 수 있습니다"라는 문구를 포함하고 있다. 이는 자본시장법 제125조(거짓의 기재 등으로 인한 배상책임)에 예측치와 실제 결과치가 다를 수 있다는 주의문구를 포함하여야 하는 것과 내용적으로 동일하다. 또한 이에 대한 정정공시를 하는 경우 대부분이

“정정사유: 외부감사인 감사보고서 확정에 의한 재무제표 변경 및 기재사항 변경”이라고 기재하고 있다.

즉, 현재 공시제도 하에서 손익구조변경수시공시를 통해 공시한 결산실적이 구체적으로 어떤 이유로 수정되었는지를 파악하는 것은 한계가 있다.

[그림 15-1]은 손익구조변경수시공시에 의해서 나타나는 감사 후의 실제이익과 감사 전의 잠정이익 간의 관계를 나타낸다. 일반적으로 감사인이 감사의뢰기업에 비해서 더 보수적이기 쉽기 때문에 심각한 협상의 과정이 존재하였다면 (c)의 경우에서와 같이 이 두 변수 간의 관계가 나타날 수 있다. 물론, 잠정이익이 이익의 하향조정의 결과였다고 하면 (a)의 모습이 나타날 수도 있으나 이보다는 (c) 경우의 빈도수가 많을 개연성이 높다.

손익구조변경수시공시에서 나타나는 잠정이익과 실제이익의 차이가 이익조정의 대용치로도 사용될 수 있다.

chapter 16 자율공시와 강제공시의 시점 차이

기업은 실적과 관련되어 자율공시를 수행할 수 있다. 또한 재무제표를 확정하는 확정공시는 분기 마치고 45일 이내에 수행하여야 한다. 이 자율공시는 기업의 자체적인 결산의 결과로 외부 감사인의 분기검토에 해당하는 기업이라고 할지라도 분기검토에 무관하게 자율공시를 수행할 수 있다. 이를 영업실적잠정공시라고 지칭한다. 또한 감사위원회에서 재무제표를 확정하는 기업이라고 할지라도 이 자율공시는 확정공시가 아니기 때문에 감사위원회 개최 이전에 재무제표를 자율적으로 공시할 수 있다. 다만, 이렇게 공시된 잠정적인 실적치가 확정된 실적치와 차이가 있을 경우에는 정정공시하여야 한다. 이러한 성격의 자율공시는 위에 언급된 손익구조변경공시와도 차이가 있는 것이 손익구조변경공시는 전년도 업적과 30% 이상의 차이가 있을 경우만 공시하게 된다. 즉, 손익구조변경공시는 주요 경영사항공시이며 자율공시가 아니다. 이러한 자율공시는 IR의 형태거나 기자간담회 등에서 진행되기 쉽다.

확정되지도 않는 사항을 적시성을 위해서 조속히 자율공시함이 적정한지는 고민해 보아야 한다. 이러한 자율공시에 대한 비판은 손익구조변경에 대한 비판과 일맥상통한다. 예년과 비해서 큰 차이가 있는 실제치가 보고되기 이전에 충격을 완화하기 위해서 손익구조변경공시를 수행하는 것이나 검증받기 이전의 정보를 공시하는 것이나 신속성에는 도움이 되지만 신뢰할 수 있는 정보가 공시되는 것은 아니다.

지난해의 업적과 비교해서 많은 차이가 있기 때문에 신뢰성이 조금은 부족하더라도 경고 차원에서 강제공시하도록 하는 손익구조변경수시공시에 비해서 확정되지 않은 정보를 자율적으로 공시할 수 있음은 그 적정성에 대해서 고민해 보아야 한다. 손익변경공시는 연차 업적에 국한되지만 위의 자율공시는 분반기에 무관하게 공시될 수 있다.

단, 분반기 실적공시의 자율공시에 있어서 이렇게 공시되는 내용이 특히나 회계정보에 대한 업무를 수행하는 감사위원회가 설치되어 있는 기업일 경우는, 감사위원회에 재무제표가 보고되기도 전에 자율공시될 수 있다는 점에 대해서도 한 번쯤 생각해 보아야 한다.

위에서 인용한 김연화, 손성규(2007)의 연구에서와 같이 정보가 강제될 때보다 자발적으로 남겨질 때 시장에서 인지하는 정도에 차이가 있겠는지와 맥을 같이한다.

국제공시규준(International Disclosure Standard)

chapter **17**

공시와 관련된 많은 국제기구/국제기준들이 존재한다.

국제회계감사기준(ISA, International Standard on Auditing)

IAASB(International Aditing and Assurance Standard Board)

International Forum of Independent Audit Regulator, 이 포럼은 IOSCO와도 성격의 차이가 있는 것이 IOSCO는 전체적인 감독기관의 모임이지만 이 포럼은 회계감독기구의 모임이다.

International Auditor Regulatory Institute

IOSCO(International Organization of Securities Commissions)는 국제증권감독기구이다.

> **외국기업상장 때 국제공시기준 적용**
>
> 매일경제신문, 2008. 1. 10.
>
> 앞으로 한국증시에 상장을 추진하는 외국기업은 국제공시기준(IDS, International Disclosure Standard)이 적용된 유가증권신고서를 제출하면 된다. 또 국내기업의 상장시에도 국제공시기준을 도입하는 방안을 검토중이다. 금감원은 9일 "공시제도를 국제화하고 외국기업의 국내상장과 자금조달을 돕기 위해 올해 상반기 중 국제적으로 통용되는 국제공시기준을 도입하기로 결정하고 추진 방안을 마련하고 있다"고 밝혔다.

다음은 외국기업의 국제공시기준 선택허용과 관련된 내용이다.

> **증권의 발행 및 공시 등에 관한 규정 (제2-11조 ① 4호)**
> 외국법인등이 증권을 모집 또는 매출하는 경우에는 제1호부터 제3호까지의 규정에도 불구하고 국제증권감독기구(IOSCO)에서 제정한 공시기준에 맞춰 감독원장이 정하는 신고서 서식을 사용할 수 있다.

외국기업의 국내 공모시 국제적으로 인정되는 공시기준(IDS)의 사용을 인정하여 외국기업의 부담을 경감하려는 정책이다.

IOSCO는 외국기업이 제3국에서 주식을 공모하는 경우에 사용할 수 있는 국제공시기준(IDS)을 1998년 9월에 제정하였으며, 현재 미국·영국·유럽·일본·호주 등 34개국이 채택·운영중이다.

IDS가 도입되면 외국기업들은 자금조달이나 상장을 위해 금감원에 제출하는 유가증권신고서를 서술형식으로 자유롭게 기재하게 된다. 현재 국내에서 쓰이는 유가증권신고서는 공시내용을 주어진 칸에 단답형으로 채워넣는 도표식 방식이다.

International Disclosure Standard for Cross Border Offerings and Initial Listings for Foreign Issuers는 IOSCO가 작성한 기준이다.

1973년 국제회계기준위원회가 태동할 때만 해도 어느 누구도 국제회계기준이 현실화될 것이라는 것을 설득력 있게 인정하지 않았다. 이는 단지 학자들이 이상론에 근거해서 주장하는 정도로만 이해되었다. 이는 경제활동이 각 국가별 제도에 의해서 운용되므로 전세계에서 동시에 적용될 수 있는 기준을 정한다는 것은 어차피 불가하다고 판단하였다. 그러나 global standard가 확정되고 이러한 기준을 수용하지 않는 국가가 국제적인 경영활동을 수행하기 어렵다고 하면 의외로 수시공시와 관련된 제도의 국제화도 요원한 것은 아닐 수 있다.

각 국가 간(또는 각 거래소 간)의 특성 및 제도가 매우 차별화될 때, 공시와 관련된 통일된 안을 작성하기가 어려운 것인데 회계기준도 통일하였으니 수시공시 관련된 제도가 통일하는 데 더 어려울 것 같지는 않다. 오히려 재무제표는 어떠한 경우는 상법과도 연관되므로 더욱 국제적 정합성을 이루는 것이 어려울 수 있는데 수시공시는 그러하지 않다.

수시공시제도의 국제화는 어찌보면 더 쉬울 수도 있는 것이 정기공시와 비교해서 수시공시는 각국의 증권거래소의 규정이 수시공시에 미치는 영향이 정기공시에 비해서 더 크다. 이는 정기공시는 상장이 되어 있지 않은 비상장기업도 재무제표를 공시하여야 하므로 비상장기업까지를 규제하고 있는 감독기관이 회계정보에 대한 규제의 권한을 갖게 되는 반면에, 수시공시는 상장기업에만 적용되므로 전세계의 증권거래소가 IOSCO 등의 기구를 통해서 자체적으로 공시규정을 통일한다면 오히려 쉽게 이러한 제도가 통일될 수 있다.

이러한 움직임에 걸림돌이 될 수 있는 것이 언어의 문제인데 거래소도 해외상장을 장려하는 의미에서 영어양식 등을 준비하는 작업을 진행하고 있다.

대부분의 회계정보는 정부 또는 반정부기관 성격의 규제기관에 의해서 규제를 받으며 규제기관은 그 성격상 새로운 제도를 도입하는 데 민간기관에 비해서 덜 개방적이며 더 관료적일 수 있다. 반면에 증권거래소들은 어느 나라가 되었건 민간기구이며 자본주의의 첨병에 있기 때문에 새로운 제도를 도입하는 데 있어서 더욱 개방적일 것이다.

특히나 우리나라 기업들도 외국의 거래소에 많이 상장되어 있으며 동시에 외국의 거래소에 상장된 기업이 증가하면서 국제공시기준은 급속하게 확산될 수도 있다. 국제회계기준에서도 경험하였듯이 각 국가의 특성에 따라서 회계기준이 상이해져야 한다는 내용은 그다지 많지 않다.

예를 들어, 금융상품과 관련된 국제회계기준에는 자기주식과 관련된 내용도 포함되어 있는데 자기지분상품을 취득하는 경우는 자본에서 차감한다. 이는 자본조정에서 보고되는 현재의 K-GAAP과 동일한데 단, 자본 관련은 각 개별국가의 상법과 연관되므로 이러한 내용에 대해서 국제기준은 거의 내용을 규정하지 않고 있다.

수시공시에는 이와 같이 각국의 상법과 관련된 내용까지는 존재하지 않을 것이므로 이를 통일시키는 것이 의외로 간단할 수 있다.

사업보고서에서 서술형식으로 자유롭게 기재하는 것이 현재의 단답형으로 채워 넣는 도표식 방식보다 더 우월한 방식같이 보일 수 있으나 오히려 공시담당자의 입장에서는 정형화된 형식을 선호할 수 있다. 정해진 틀 안에서 단답형으로 공시내용을 전달함에는 주관이 개입되지 않으나 그렇지 않고 주관이 허용된다면 오히려 공시의 수준을 판단하는 것이 어려울 수 있다. 이는 이미 사업보고서 관련된 내용을 기술하면서 설명된 내용이나 이곳의 내용과도 연관되므로 이곳에서 중복하여 설명한다.

지금과 같은 자유형식(free format)의 수시공시에 있어서도 많은 기업이 기존의 다른 기업의 공시형식을 많이 참고하고 있다. 즉, 수시공시할 내용이 있으면 타 기업이 어떠한 어순/표현으로 공시하였는지를 참조하여 공시문구를 작성한다고 한다.

국제공시기준은 재무회계로 비유하면 국제회계기준에 상응한다. 회계기준만이 국제화되어야 할 뿐만 아니라 이에 상응하는 규제도 국제화하여야 한다. 국제회계기준이 도입되면서 국제회계감사기준 ISA(International Standard on Auditing)도 2010년부터 전면적으로 도입되는데 수시공시에 대해서는 이에 대한 공통된 검증과정이 존재하지 않는다.

Cases

chapter 18

다음은 저자가 공시위원회에 참여하는 기간에 다루어졌던 안건 중, 흥미로운 이슈가 제공된 주제에 대해서 기술한다.

1. 공시의 대상 내용은 반드시 이사회의 의결을 거쳐야 하는가?

> **유가증권시장공시규정**
>
> 제7조 (주요경영사항) ① 유가증권시장주권상장법인은 다음 각 호의 어느 하나에 해당하는 때에는 그 사실 또는 결정(**이사회의 결의 또는 대표이사 그 밖에 사실상의 권한이 있는 임원 · 주요주주 등의 결정을 말하며**, 이 경우 이사회의 결의는 「상법」 제393조의2에 따른 이사회내 위원회의 결의를 포함한다. 이하 같다) 내용을 그 사유 발생일 당일에 거래소에 신고하여야 한다. 다만, 제1호 다목, 제2호 중 가목 (7) · 나목 (4) · 다목 (4) · 라목 (4), 제3호 중 가목 (1) · (2)와 나목 (5)에 해당하는 경우에는 사유 발생일 다음 날까지 거래소에 신고하여야 한다.

위의 규정에서 기술되었듯이 주요 경영사항이 반드시 이사회의 의결항목인 것은 아니다. 단, 사실상의 권한이 있는 임원/주요주주 등의 결정을 말한다고 해서 이와 같은 의사결정의 주체에 대해서는 상당히 포괄적으로 규정하고 있다. 누가 의사결정을 하였건, 의사결정을 수행할 수 있는 권한이 주어진 임직원이 의사결정하였다면 주요한 경영사항은 공시의 대상이 됨을 의미한다.

이사회에서 다루어야 하는 안건이 어디에 정확히 정의되어 있는 것인지에 대해 기술한다. 즉, 상법 제393조의 제1항은 아래와 같다. 단, 어떠한 내용이 반드시 이사회에서 결정되어야 하고 어떠한 내용은 대표이사가 또는 집행임원이 의사결정할 수 있는 것인지에 대한 명확한 구분이 되어 있는 것은 아니다. 즉, 어떠한 안건은 반드시 이사회 의결사항인가에 대해 명확히 정의되어 있는지와 관련된다. 이는 각 회사의 정관을 검토해야 한다.

> 제393조 (이사회의 권한) ① 중요한 자산의 처분 및 양도, 대규모 재산의 차입, 지배인의 선임 또는 해임과 지점의 설치·이전 또는 폐지 등 회사의 업무집행은 이사회의 결의로 한다. <개정 2001. 7. 24>

사적자치의 원칙(私的自治—原則, principle of private autonomy), 정관에 어떠한 항목이 이사회에서 다루어야 하는지를 규정할 수는 있지만 명확하게 구분되는 것은 아니다. 사법상(私法上)의 법률관계는 개인의 자유로운 의사에 따라 자기책임하에서 규율하고, 국가는 이에 간섭하지 않는다는 근대 사법의 원칙이다.[21)]

> 제393조의2 (이사회내 위원회) ① 이사회는 정관이 정한 바에 따라 위원회를 설치할 수 있다.
>
> ② 이사회는 다음 각호의 사항을 제외하고는 그 권한을 위원회에 위임할 수 있다.
>
> 1. 주주총회의 승인을 요하는 사항의 제안
> 2. 대표이사의 선임 및 해임
> 3. 위원회의 설치와 그 위원의 선임 및 해임
> 4. 정관에서 정하는 사항

21) naver 통합검색에서.

> ③ 위원회는 2인 이상의 이사로 구성한다.
> ④ 위원회는 결의된 사항을 각 이사에게 통지하여야 한다. 이 경우 이를 통지받은 각 이사는 이사회의 소집을 요구할 수 있으며, 이사회는 위원회가 결의한 사항에 대하여 다시 결의할 수 있다.

따라서 이사회의 결의가 공시에 필수적인 것은 아니며 사실상의 권한이 있는 임원의 결정도 공시사항에 포함되므로 집행임원의 결정도 기업의 적법한 의사결정이다. 즉, 상법에서 정식으로 규정된 이사란 등기임원만을 의미하지만 이 경우에 있어서의 임원의 범주는 다음의 상법에 적용받는다고 볼 수 있다.

> 제401조의2 (업무집행지시자 등의 책임) ① 다음 각호의 1에 해당하는 자는 그 지시하거나 집행한 업무에 관하여 제399조 · 제401조 및 제403조의 적용에 있어서 이를 이사로 본다.
> 3. 이사가 아니면서 명예회장 · 회장 · 사장 · 부사장 · 전무 · 상무 · 이사 기타 업무를 집행할 권한이 있는 것으로 인정될 만한 명칭을 사용하여 회사의 업무를 집행한 자

단, 이사회가 의결하여야 할 사항을 이사회의 의결 없이 임원이 결정하였다면 이는 상법을 위반한 것이다. 반대로 임원이 결정할 사항을 이사회가 결정하였다면 더 책임 있는 기관이 의사결정을 수행한 것이므로 이러한 내용은 문제되지 않는다.

2. 모 회사의 M&A 관련 입찰참여와 이의 번복과 관련된 건

특히나 M&A 관련 공시일 경우, 공시일에 아직 확정되지 않은 사항에 대해서는 확정되지 않았음을 명확히 밝혀야 한다.

자율공시하였다고 공시번복이라는 불성실공시에서 예외일 수 없으며

불성실공시 지적은 자율공시, 공정공시도 주요 경영사항공시나 동일하다. 즉, 자율공시를 수행하였다고 공시변경이나 공시번복에서 자유로운 것은 아니다.

유가증권시장공시규정 제30조에 의하면 제28조에 의해 회사가 **자율적**으로 공시를 한 사항일지라도 기 공시한 내용의 전면취소, 부인 또는 이에 준하는 내용을 공시할 경우 공시번복에 해당한다고 규정하고 있다.[22] 공시번복은 공정공시, 조회공시, 주요 경영사항공시 등 모든 형태의 공시에 대해서 취해지는 조치이다.

즉, 유가증권시장공시규정 제7조(회사의 주요경영사항), 제8조(자회사의 주요경영사항)부터 제10조까지, 제12조(조회공시), 제15조(공정공시), 제16조(공정공시) 모두에 대해서 공시번복과 공시변경이 적용된다.

컨소시엄 구성을 통한 입찰참여 결정공시를 함에 있어, 향후 가격 등에 대한 추가협상이 필요하다는 것과 이로 인해 협상이 결렬될 수 있다는 내용이 전혀 언급되지 않아, 투자자 입장에서는 본 입찰참여가 최종확정(합의)된 사항으로 받아들여졌다는 것이 거래소가 불성실공시로 해당 기업을 조치한 사유이다.

유사한 건에서 타사는 외국의 자진공시 사례에서, 당시 중국 관계당국의 인가를 전제로 한다는 사실을 공시내용에 충분히 반영하였다. 즉, 확정되지 않은 내용을 공시할 경우는 추가적인 조건이 있다는 것을 명확히 밝히지 않을 경우는 항상 불성실공시의 조치 대상이 될 수 있다.

현대자동차 해외직접투자 철회 공시사례

('06. 1. 26) 중국 해외직접투자에 대한 자진공시의 주요내용
— 대상회사명 : 현재기차금융 유한공사(중국 내 자동차할부금융사업)
— 투자예정내용 : '06년 8월까지 약 238억원 투자 예정

22) 사례인 경우는 2009년 개정 전 유가증권시장공시규정을 그대로 사용한다.

— 기타 : 상기 해외직접투자는 **중국 현지 관계당국의 인가 전제조건**이고, **투자내용 및 일정 등은 설립과정 및 관련 법령 등에 따라 달라질 수 있음**

즉, 현대자동차의 경우와 같이 공시의 내용이 번복될 수 있는 상황을 명확하게 보여주어야 한다. 이러한 경우는 불성실공시지정 예외 처리될 수 있다. 특히나 중국, 베트남 등 우리나라 기업들이 활발히 사업을 확장하는 사회주의국가와의 거래에 있어서 해당 국가의 당이나 정부의 역할 자체가 큰 변수가 될 수 있다.

기업의 입장에서는 가격을 제외한 모든 조건에 대한 협상이 완료된 상태이며 협상과정에서 변경가능성 등 단서조항에 대한 기재누락은 공시실무를 진행함에 있어 부주의한 것이 아닌지에 대한 거래소측의 문의가 있었고 “기업측의 입장은 가격협상을 미리 할 수 없었던 이유는 ××은행으로부터 컨소시엄 변경을 승인받지 못할 경우 입찰경쟁사에 가격을 미리 공개하는 결과가 되므로 어쩔 수 없는 상황이었다”고 소명하였다. 단, 공시 당시 불명확한 사항이 있다면 이도 또한 명확히 밝혀야 한다.

특히나 M&A 등에 있어서는 모든 내용을 밝히지 못할 사정이 분명히 있겠으나 명확하지 않은 부분에 대해서는 이러한 부분이 존재한다는 정도에 대해서도 명확히 하여야 한다.

M&A건과 관련되어서는 이사회의 의결 때도 문제가 될 수 있다. M&A에서 가장 중요한 부분이 가격결정인데 가격경쟁(bidding)을 함에 있어서 이사회 의결사항도 외부로 공개될 수 있으므로 이러한 경우는 이사회 의장 또는 대표이사에게 금액을 위임하는 경우가 많다. 안건으로 채택하여야 하지만 영업비밀로 지켜져야 하는 경우는 이렇게 진행될 수 있다.

일단, M&A 관련 입찰참여결정으로 인해 주식을 매도한 사람도 있으므로 이러한 투자자의 입장에서는 입찰참여공시에 불명확한 부분을 명기하지 않았다면 분명 결과적으로 불성실한 공시이다. 따라서 거래소에서 공시 관련 조치를 취할 때에는 항상 소송을 고려하여야 한다.

물론, 부득이한 상황으로 인한 상황변동이 있을 수 있지만 명확하지 않은 부분에 대해 별도로 공시하지 않은 데 대한 책임은 분명하다.

3. 다음은 어떤 특정기업이 2008년 10월 14일에 수행하여야 할 공시를 공시하지 않고 10월 15일에 수행한 결과 KRX 홈페이지 [고객의 소리] 민원 주요 내용(2008. 10. 16)이다

법원의 회생절자개시결정 후 거래 재개시 주가가 '08. 10. 15 매도가보다 높다면 주식을 매도한 사람들이 공시불이행으로 인한 투자손실 발생에 대해 회사를 상대로 손해배상청구소송이 가능하고, 그 반대로 매수한 사람의 경우 회사가 잘못될 경우 그에 상응하는 조치를 할 수 있으리라 사료된다.

따라서 불성실공시와 관련된 조치는 조치단계에서 그치는 것이 아니라 법정소송에 증거자료가 될 수 있으므로 특히나 조치가 잘못되었다고 하면 이를 분명히 밝혀주어야 한다.

2008년 10월 15일 매매한 투자자로부터 회사가 소 제기를 당할 가능성이 있으며, 거래소가 동 불성실공시 건의 벌점을 경감하는 결정을 하고 투자자가 이의를 제기할 경우 이에 대해 소명해야 하는 문제가 있다. 따라서 법정규제기관이나 자율규제기관이나 수행하는 정책적인 판단에 대해서는 소송의 문제가 연관되어 있다.

4. MOU인지 실제 계약인지

'주식매매계약이라는 본계약의 체결의무'에 관한 양해각서의 체결과 관련되어, 동 계약체결은 그 거래의 미성숙으로 인하여 아직 처분이라고 볼 만한 사실에 대한 계약체결이 존재하지 않아 공시하지 않았다는 것이 기업의 주장이다. 즉, '예약' 내지 '양해각서'의 수준이라는 것이다.

양해각서(MOU, memo of understanding)는 정식계약을 체결하기 전 쌍방의 의견을 조율하는 포괄적인 내용의 합의서로서, 통상 구체적인 계약내용이 특정되지 아니하며 법적 구속력이 없는 합의서를 의미하며, 이와 달리 계약서는 구체적인 계약조건(예를 들어 목적물, 대금, 이행시기 등)이 특정되어 있는 상호 간의 합의서를 의미한다.

공시의무 발생은 매매결정이나 사실(계약체결)이 있은 때 발생하는 것이지, 거래의 미성숙이나 종결 여부와는 무관한 사항이다. 즉, 거래의 미성숙 여부는 공시수행 여부와는 무관하다.

회사의 입장은 의향서만 작성했을 뿐 매각과 관련한 구체적인 의사결정을 하지는 않았으므로 공시의무가 없다는 주장이다. 따라서 동 건에 관하여 당해회사는 합의서(의향서) 형태로 보고 있고, 거래소와 감독원은 확정계약 내지 계약에 준하는 것으로 보고 있다는 차이가 있다. 계약 상대방이 확정되지 않더라도 이러한 사항을 공시할 수 있으며 그 경우 또한 이를 분명하게 공시하여야 한다.

이사회 또는 대표이사가 처분결정을 하였으나, 계약상대방, 처분주식수, 처분금액이 확정되지 않아 동 사항이 미정인 상태에서 공시한 예가 있으며, 미정인 사항은 추후 확정시 재공시하겠다는 내용을 공시문안에 기재하였다. 따라서 계약과 관련된 일부의 내용이 비확정이라고 공시하지 않는 것은 정당화될 수 없다.

따라서 어떠한 건이 되었건, 명확하지 않은 부분이 있다면 이를 명확하지 않다고 공시하여야 공시하는 기업이 보호받을 수 있다.

MOU입니까? 계약서입니까? 금감원 공시구분 의무화

매일경제신문, 2009. 2. 10.

금융감독원은 자본시장법 시행에 맞춰 투자자들에게 혼란을 줄 수 있는 각종 계약 관련 사항 등과 관련한 공시 세부규정을 정비했다고 9일 밝혔다. 상장기업들이 각종 계약체결과 관련한 공시를 할 때 기존에는 법적 구속력이 없는 양해각서(MOU)를 계약서와 혼동하곤 했다. 이 과정에서 MOU를 확정계약인 것처럼 오해하도록 하는 악의적인 이용도 있었던 게 사실이다. 그러나 이제는 MOU와 구체적인 목적물, 대금, 이행시기 등 조건이 정해져 합의를 완결한 '계약서'를 명확하게 구별하도록 했다.

계약이 특정 회사에 대한 경영권 취득을 전제로 하거나 일부 외부 영입인사에 의해 진행되면 경영권 취득 실패나 외부 영입인사가 퇴출당하는 등 사정이 변경돼 향후 계약이행에 영향을 미칠 가능성이 있는 점에 대해서도 명기하도록 했다.

5. 경제적 위기에 대한 해석

2008년 후반부터의 미국발 경제위기가 경제활동의 많은 부분에 영향을 미친다. 수시공시도 예외일 수 없다. 경제위기를 예측하지 못한 공시 때문에 불성실공시가 양산될 가능성도 있다. 불성실공시로 지정된 기업이 불성실공시 지정이 불합리하다고 다음과 같이 주장한다.

"신규시설 투자금액을 50/100 이상 변경한 것은 최근 경기침체 및 금융시장 경색에 대응하기 위한 부득이한 결정이므로 이에 선처를 바란다."

경제사정의 급격한 변동을 어떻게 해석할 것인가? 이제까지는 이 항목에 근거해서 예외를 인정한 적이 없으나 2008년 11월 현재의 상황이 IMF보다도 더 심각한 위기상황이라는 점에서는 이러한 내용을 적용하여야 하는지는 크나 큰 고민이다. 경제위기를 규정에서 수치화할 수도 있으나 더 유연하게 대처한다는 차원에서는 이를 정형화한다는 것이 가장 좋은 대안은 아닐 수도 있다. 예를 들어, 급격한 변동사항을 1. 종합주가지수가 어느 정도 이상 급락하였을 경우, 2. 환율이 어느 폭 이상 변동하였을 경우, 3. 물가의 비이상적인 상승, 4. 이자율의 폭등, 5. 부도율 등으로 경제사정의 급격한 변화를 공정하게 정의할 수는 있다. 그러나 이러한 정형화된 기준이 채택된다고 해도 언제를 기준연도로 정하는지에 따라서 기준의 적용에 차이가 나타난다.

또한 규정에서 경제사정의 급격한 변화는 천재·지변·전시·사변 등과 같이 기술되고 있어서 거의 정상적인 상황에서는 발생할 수 없는 상황들을 예시하고 있어서 이 정도의 수준이 경제적인 급격한 변화라고 하면 통상적인 상황에서는 발생할 수 없는 경우에 대해서 규정에서 다만 형식상으로만 기술하였다고도 할 수 있다.

관련된 규정은 다음과 같다.

제32조 (불성실공시의 적용예외) ① 거래소는 제29조부터 제31조까지의 규정에도 불구하고 다음 각 호의 어느 하나에 해당하는 경우에는 이를 적용하지 아니할 수 있다. (개정 2009. 1. 28)

1. 다른 법령, 규정 등에 의해 불가피한 경우
2. **천재·지변·전시·사변·경제사정의 급격한 변동 그 밖에 이에 준하는 사태가 발생하는 경우**
3. 공익 또는 투자자보호를 위하여 필요하다고 인정하는 경우
4. 제15조 및 제16조에서 정하는 사항을 제47조에 따라 공시한 경우. 이 경우 제30조 및 제31조의 규정에 한한다. (개정 2009. 1. 28)
5. 해당 유가증권시장주권상장법인이 귀책사유가 없음을 입증하는 경우 (개정 2009. 1. 28)
6. 그 밖에 경미한 사항으로서 주가에 미치는 영향이 크지 않다고 거래소가 인정하는 경우. 다만, 최근 1년이내에 제3항에 따른 주의조치를 받은 경우에는 그러하지 아니하다. (신설 2009. 1. 28)

② ③ 생략.

(개정 2009. 1. 28)

물론, 이러한 부분은 공시위원회가 판단할 부분이지만 상당히 어려운 의사결정 내용이다. 선의의 공시기업을 급격한 경제적인 상황의 변화 때문에 모두 규정 위반자로 제재할 수는 없는 것이다.

6. 질의회신 관련

기업의 공시담당자는 당연히 공시와 관련되어 자문을 필요로 하는 경우가 다수 있을 것이다. 이러한 경우, 가장 쉽게 문제를 해결하는 방법은 거래소의 공시팀에 자문을 구하는 것인데 기업의 입장에서 자문을 구할 때에는 거래소의 입장은 주관적인 판단이 개입되는 건이면 가능하면 공시하는 방향으로 회신을 하기 때문에 기업의 입장에서는 이러한 건이 부담된다고 한다.

물론, 거래소의 공시담당자는 항상 공시를 전향적·적극적으로 수용하기를 요구하는 것이 당연하다. 기업의 공시담당자가 공시규정과 관련된 법무법인의 자문을 받을 수도 있는데 용역을 주는 갑과 을의 관계에 있는 변호사는 당연히 회사에 가능하면 우호적인 방향으로 의견을 표명할 확률이 높다.[23)]

또는 모든 공시가 발생하는 환경이 경과된 후에, 거래소에서 이러한 공시를 문제 삼은 후, 사후적으로 법무법인의 의견을 받았을 수도 있다.

7. 일자에 대한 확인

공시에서는 일자가 중요한데, 예를 들어 소송제기 사실의 확인은 법원의 판결정본이 전달된 일자로 보는 것이 합리적이다.

8. 수시공시와 자율공시가 호환되는 경우

수시공시와 자율공시가 호환되는 것으로 공식적으로 인정되는 경우는 다음과 같다.

---

23) 법률전문가의 업무에 대한 충실성(integrity)를 저자가 폄하하는 것은 아니지만 경제활동을 하는 누구나가 경제적인 incentive에 의해서 의사결정을 수행할 수 있으므로 이러한 경우의 수도 고려하여야 한다는 의미이다.

— 예외적 사례는 ① 공시담당자의 교체과정에서의 공시서식 적용의 일관성 유지, ② 경영권 다툼에서의 악재성 공시에 대한 수시공시서식보다는 자율공시서식에 의한 공시요청 고려 및 ③ '소송'과 같이 연쇄성을 띠는 절차에서 각 단계별 공시의무가 부과되는 경우 각 단계의 공시를 전 단계의 선행공시와 형식상 일치시키려는 판단에서 기인한 것이다.

즉, 선행공시가 자율공시로 이루어져서 후행공시도 자율공시로 이루어진 경우 형식상 불일치를 이유로 불성실공시로 처리하지는 않는다.

9. 중복 불성실공시에 대한 조치건

— 규정 시행세칙 제13조 제1항 제3호

동일 사안이 2 이상의 공시의무위반에 해당하는 경우에는 벌점이 큰 위반사유를 기준으로 벌점을 예고한다.

> 유가증권시장공시규정시행세칙
> **제13조** (벌점기준) ③ 동일 사안이 2 이상의 공시의무위반사유에 해당하는 경우에는 벌점이 큰 위반사유를 기준으로 벌점을 예고한다.

단, 이러한 규정의 적용에 있어서 어디까지를 동일사안으로 보아야 할지에 대해서는 이에 대한 판단이 선행되어야 한다.

연속된 소송절차의 각 단계(예를 들어 주주총회결의 취소의 소의 신청 및 판결 확인시)별 공시의무위반의 경우를 "동일사안이 2 이상의 공시의무위반사유에 해당하는 경우"에 유사하게 보아 유추적용 여부가 이슈가 될 수 있다.

'동일사안'에 대해 첫째, 하나의 사안이 복수의 공시조항에 해당하는 경우 둘째, 두 가지의 사안이 하나의 사안으로 이해될 수 있는 경우 두 가지가 있다. 시간적으로 연속된 두 가지 사안일 경우는 동일사안으로 보기는 힘들다. 이는 단지 이 두 건이 시간적으로 연속되었다는 것이지 공시의 측면에서는 예를 들어, 소의 신청 및 소의 확정은 완전히 별개의 건이다.

단, 회사의 입장은 동일사안이 소송등의 제기/신청과 소송 등의 판결/결정이라고 하면 이 두 건이 상이한 건이라고 해도 서로 관련되므로 제기/신청은 판결/결정에 선행되어야 하는 사안이므로 별개로 보기 어렵다는 입장이다. 그러나 이는 엄연히 별개의 건이다.

예를 들어 이러한 신청/결정이 한 연도에 다루어져서 그러한 것이지 다음 연도로 이어진다면 시간적인 연속성도 없게 된다. 즉, 신청공시가 수행되지 않았다고 하면 이에 대해서 불성실공시의 조치 대상이 될 것이며 또한 결정공시가 수행되지 않았다면 이에 대해서도 다음 연도에 불성실공시로 지적될 것이다. 따라서 이와 같은 신청, 결정이 두 연도에 거쳐서 진행된다면 동일사안의 가능성이라고 언급될 가능성도 없다. 이러한 측면에서는 이 두 건은 별개의 건으로 다루어져야 한다.

다음과 같은 case도 존재하였다. 동일한 이사회의 의결사항인 다음의 두 건이 공시되지 않았다.

1. 매출액 또는 손익 30% 이상 변경 불성실공시
2. 현금배당결정 공시불이행

동일한 이사회에서의 두 안건의 공시가 누락된 것이지만 분명하게 별개의 안건이 누락된 것이므로 별도의 조치가 수행됨이 적절하다. 즉, 시차적으로 동일 이사회의 안건 2개가 공시로서 누락된 것이지만 분명히 동일사안이 아니다.

거래소의 조치가 수행되면 1, 2가 개별적인 안건으로 조치되는 것이지 특정 이사회 의결사항이 공시되지 않았다고 조치되는 것은 아니기 때문이다. 즉, 조치가 이사회별로 진행되는 것은 아니다.

기사모음

chapter **19**

본서에서는 해당 장의 주제와 직접적으로 관련된 신문기사 등은 해당 장에 기술하지만 그 이외의 분류할 수 없는 내용은 이 장에서 기술한다. 아래의 내용 중에는 논의는 되었으나 진행되지 않은 사항도 있는데 단, 정책방향의 대안으로 고민할 사항들도 있어서 이곳에 기술한다.

1. 일부 상장사 실적 관련 내부자거래 포착

한국경제신문, 2008. 4. 22.

관리종목으로 지정되거나 관리종목에서 해제된 일부 종목에서 불공정 흔적이 포착돼 증권선물거래소가 본격적인 심리에 착수했다.

증권선물거래소는 21일 "12월 결산법인 가운데 최근 2개월 동안 관리종목 지정 또는 관리종목 해제 법인(66개사), 상장폐지 또는 폐지예정 법인(25개사), 전년대비 실적 과다변동 법인(301개사) 등 총 356개 법인(코스닥 257개, 유가증권시장 99개)을 대상으로 초동단계의 감시를 벌여 불공정거래 의혹을 발견했다"고 밝혔다.

거래소는 "감시법인 가운데 상당수의 주가가 사업실적 발표 전에 급등락했다"며 "주가상승 전에 대량으로 주식을 매집하거나 실적악화가 발표되기 전에 대규모로 주식을 처분한 경우가 일부 발견됐다"고 설명했다.

거래소는 해당 법인의 **내부자가 실적호전 등 호재성 재료 발표 전에 주식**

을 매수하거나 자본잠식 등 악재를 사전에 알고 주식을 처분했을 개연성이 있는 것으로 판단하고 있다.

거래소는 "관리종목에서 해제되거나 상장폐지 사유를 해소한 법인들이 실질적 실적개선보다는 '제3자 배정 유상증자' 등을 통한 자본금 확충으로 수치상 요건만 갖춘 경우가 많아 이들 법인의 주식에 대해 증자물량 등을 고가로 처분하기 위한 시세조정이 이뤄질 개연성이 높다"며 각별한 주의를 당부했다.

이에 따라 거래소는 해당법인들을 리스트화해 집중적인 감시를 시행할 예정이며 필요할 경우 기획감시 및 특별심리, 금융당국과 공동조사 등을 통해 불공정거래 발생소지를 사전에 차단할 계획이다.

2. 상장회사 경영진단의견서 기준 마련될 전망

2008. 4. 상장

상장회사들의 구체적인 경영진단의견서(MD&A) 작성과 공시를 위해 상반기 가이드라인이 마련될 전망이다. 경영진단의견서는 상장회사가 회사의 영업실적, 재무상태 및 유동성 등 기업경영에 중요한 영향을 미친 요인 등을 분석하고, 향후 발생 가능성 등을 평가하여 사업보고서 제출시 첨부하는 자료이다.

금융감독원은 상장회사들의 경영진단서 운영실태 조사결과 재무수치를 단순 나열하는 데 그쳐 경영진단의견서 작성 가이드라인을 조만간 마련하겠다고 한다.

금감원 관계자는 상장회사 경영진과 투자자 간 정보불균형 해소를 위한 경영진단의견서 제도가 실효를 거두지 못한다는 지적이 있어, 경영자가 MD&A 목적을 정확히 이해하고 작성할 수 있도록 지도·감독할 방침이라고 말했다.

상장회사가 영업실적 등 주요 변동요인과 지속성 등에 대한 정보를 제공하도록 유도하여 투자자들이 미래의 손익 및 현금흐름에 대한 예측이 가능하도록 할 방침인 것으로 보인다.

단, 이러한 내용이 보도된 이후에도 2009년 초까지 아직은 아무런 움직임이 감지되지 않고 있다.

3. 지주회사로서의 득과 실

최우진, 2008. 5. 상장

지주회사는 사업회사가 실패하더라도 지주회사가 출자의 범위 내에서만 책임을 부담할 뿐 다른 계열회사의 위험이 확장하는 것을 방지할 수 있는 장점을 갖는다.

공시를 담당하는 사람으로서 지주회사제도에 대해서 한 가지 아쉬움이 남는다. 왜냐하면 지주회사제도는 공시담당자에게는 상당한 부담을 가중시키는 제도이기 때문이다. 즉, 현행 공시규정에 따르면 지주회사는 자회사의 수시공시사항을 익일까지 공시하도록 규정하고 있다. 예를 들어 자회사인 상장법인이나 코스닥 상장법인이 당해 회사의 주요 경영사항에 대해 공시의무를 이행하면 지주회사도 같은 사항을 중복하여 공시하여야 한다.

Chapter 2에서의 다음 규정을 아래에 다시 한 번 제시한다.

第8조 (자회사의 주요경영사항) ① 지주회사인 유가증권시장주권상장법인은 소유하고 있는 자회사 주식의 최근사업연도말 재무제표상 가액(사업연도 중 편입하는 경우에는 그 취득가액)이 지주회사의 최근사업연도말 자산총액의 100분의 10 이상인 자회사가 제7조 제1항 각호의 어느 하나에 해당하는 때에는 그 사실 또는 결정 내용을 그 사유발생일 다음 날까지 거래소에 신고하여야 한다. (개정 2009. 1. 28)

第16조 (자회사의 공정공시대상정보) 지주회사인 유가증권시장주권상장법인은 해당 유가증권시장주권상장법인의 공정공시정보제공자가 자회사의 공정공시대상정보를 공정공시정보제공대상자에게 제공하는 경우 제15조 및 제17조에 따라 거래소에 신고하여야 한다. 이 경우 자회사의 범위는 지주회사가 소유하고 있는 자회사 주식의 최근 사업연도말 재무상태표상 가액(사업연도중 편입하는 경우에는 그 취득가액)이 지주회사의 최근 사업연도말 자산총액의 100분의 10 이상인 자회사로 한다. (개정 2009. 1. 28)

지주회사는 자회사의 지배를 목적으로 하고 있고, 자회사의 주요 경영사항은 지주회사의 손익과 직결될 수 있으므로 지주회사에서 자회사의 경영사항을 공시하는 것은 지주회사의 주주보호 차원에서 일응 타당성이 있다. 그러나, 다분히 실무적인 입장에서만 보자면 한 가지 발생사안에 대해 두 개 회사에 대해 공시의무가 발생하는 것이고, 자회사에서 공시한 내용을 정정하면 지주회사도 정정공시를 하게 되는데, 이는 상당한 부담이 되는 사항이다. 경우에 따라서는 지주회사가 실시한 자회사의 공시사항이 지주회사의 공시사항인 것으로 오인되는 경우도 있을 수 있다. 게다가 만약 자회사에서 지연공시나 공시불이행 등이 발생하면 이는 고스란히 지주회사에도 위험이 확대되는 결과가 될 수 있다.

4. DARTO에 기업 고해성사 숨어 있다

매일경제신문, 2008. 12. 8.

... 그러나 공시를 잘 뒤져본 투자자라면 손실을 어느 정도 줄일 수 있었다. C&중공업은 지난 8월 5일 회사채 설명서에서 "2006년부터 2년 연속 당기순손실을 기록했고, 2008년 3월 현재 자본잠식 상태에 있다"고 알렸다. 또 "기존 컨테이너 사업 등의 저조한 ebitda 창출로 2007년 마이너스 영업현금흐름을 기록해 중장기 투자로 인한 자본지출 부담증가가 예상돼 잉여현

금흐름 창출은 어려울 전망"이라고 유동성위기를 고백했다. 공시 속에 기업의 '고해성사'가 숨어 있었다.

그렇다면 구체적으로 어떤 공시를 주목해야 할까. 먼저 기업들은 자금사정이 어려울 경우 회사채를 발행할 때가 많다. 회사채 발행에는 반드시 '사업설명서'가 필요하다. 금융감독원은 전자공시(dart)에서 '예비사업설명서', '유가증권신고서' 등으로 기재된 공시가 있다면 회사에서 '고백'하는 위험 항목인 '투자위험사항'을 들여다볼 필요가 있다.

우리는 이제까지 통상적으로 공시정보는 수시공시를 통해서만 전해진다고 생각하고 있었으나 위의 신문기사는 새로운 정보의 원천을 제시하고 있다.

5. 코스닥기업 주총 전 '현금배당결정'공시 못한다

한국경제신문, 2008. 12. 27.

증권거래소 코스닥시장본부가 주주총회가 열리기 전인 만큼 '결정'이란 용어를 쓰는 것은 적절치 않다는 유권해석을 내렸다. 26일 증선위에 따르면 코스닥상장사들은 현금배당계획에 대해 '기타 주요경영사항' 또는 '수시공시의무 관련사항(공정공시)'로 공시를 하고 있다. 과거에는 기업들이 '현금배당결정'공시를 한 후 주주총회에서 변경될 경우 정정공시를 내는 방식으로 배당계획을 알려왔다. 코스닥시장본부 관계자는 "기업들이 주가부양목적에서 결산이 끝나기도 전에 현금배당에 대해 공시하는 것은 문제가 있다는 결론을 내렸다"며 "내부적으로 결재를 맡은 내용에 대해선 기타 주요경영사항으로, 보도자료 등을 통해 알려진 배당계획에 대해선 공정공시로 공시하게 했다"고 말했다.

증권선물거래소는 내년 주주총회 이후 배당이 확정되면 '현금배당결정'으로 공시를 받아줄 예정이라고 밝혔다.

그러나 이러한 정책은 Chapter 15의 손익구조변경수시공시의 정책방향과는 차이가 있다. 손익구조변경수시공시는 확정되지 않은 당기업적이지만 적시성(timeliness)를 위해서는 우선적으로 공시하라는 취지를 갖지만 현금배당의 경우는 아직 확정되지 않은 사항은 공시하지 말라는 의미이다. 위의 정보에도 기업공시 담당자의 임의성이 개입될 수 있다. 즉, 주가부양목적에서 결산이 끝나기도 전에 현금배당에 대해 공시할 수 있다고 기술하고 있는데 이도 배당으로 결정하는 금액이 기대에 충분할 경우에 해당되는 것이지 그렇지 않을 경우는 이도 공시하지 않을 것이다.

위의 공시와 관련된 내용은 회계와 관련된 내용과 맥을 같이한다. 기준서 제6호 '대차대조표일 이후의 사건'기준서에서 배당은 주총 때 가서 확정되므로 주총의 확정을 위해서 부의되는 재무제표상에는 이사회에서 의결된 배당이 반영된 재무제표가 아니라 배당이 확정되지 않은 상태에서 재무제표가 작성된다. 이 기준서가 적용되기 이전에는 미지급배당금이 대차대조표에 보고되었으나 이사회에서 결의된 배당금이 주주총회에서 번복될 수도 있으므로 배당과 관련된 의사결정은 주총 이전에는 확정된 것이 없으므로 이를 회계에서도 배당이 의결된 사건으로 처리하지 않는다. 2011년부터는 이익잉여금처분계산서가 주된 재무제표에서 제외되었지만 이전의 이익잉여금처분계산서가 주총에 상정될 때에는 확정예정일란에 주총일자가 기재되었다. 즉, 이는 이사회에서는 결의되었지만 확정시점은 주총일자라는 점을 명확히 한 것이며 위의 내용과 맥을 같이한다.

수시공시도 동일하다. 배당과 관련되어 의사결정이 확정되지 않았는데도, 이 사건이 확정된 사건인 것과 같이 공시됨은 시장을 오도할 수 있다.

이러한 차원에서는 회계기준서 자체도 명확하지 않게 기술되었다고 할 수 있는데 대차대조표일 후 발생한 사건기준서의 문단3에 의하면 '재무제표가 사실상 확정된 날'은 "정기주주총회 제출용 재무제표가 이사회에서 최종 승인된 날을 말한다. 다만, 주주총회에 제출된 재무제표가 주주총회에서 수정 승인된 경우에는 주주총회일을 말한다"고 기술하고 있다.

물론, 사후적으로 판단하면 이 정의에는 문제가 없지만 사전적인 차원에서는 이사회에서 재무제표가 최종 승인된 일자에는 사후적인 주총에서의 처리에 대한 확신이 없으므로 이 일자가 재무제표가 사실상 확정된 일자인지는 알 수 없다.

미국의 경우에는 주총이 아니라 이사회의 의결이 배당과 관련된 최종적인 의사결정기관이라고 한다.

성실공시법인

chapter 20

성실공시법인에게는 불성실공시 조치시 벌점을 경감해 주는 제도가 있다.

> 유가증권시장공시규정시행세칙
>
> 제13조 (벌점기준)
>
> 2. 평소 공시업무의 성실한 수행정도 : 해당법인이 규정 제33조에 따른 불성실공시법인지정등 예고시점을 기준으로 다음 각 목의 사유별로 이에 해당하는 벌점을 감경
>
>   가. 최근 5년간 공시위반사실이 없는 경우 : 1점
>
>   나. 최근 3년간 공시위반사실이 없으며, 최근 1년간 해당법인의 총 공시건수 중 자율공시건수의 비율이 100분의 30 이상이고 그 공시건수가 15건 이상인 경우 : 2점
>
>   다. 가목 및 나목에 모두 해당하는 경우 : 3점

2009년 개정되기 이전의 규정은 다음과 같다. 이를 비교 · 평가하며 제도의 변화의 배경을 짚어본다.

> 유가증권시장공시규정시행세칙
>
> 제13조 (벌점기준)
>
> 2. 평소 공시업무의 성실한 수행정도 : 해당법인이 규정 제33조에 따른

> 불성실공시법인지정등 예고시점을 기준으로 다음 각 목의 사유별로 이에 해당하는 벌점을 감경
> 가. 최근 5년간 공시위반사실이 없는 경우 : 1점
> 나. 최근 3년간 공시위반사실이 없으며, 최근 1년간 해당법인의 총 공시건수 중 자율공시건수의 비율이 100분의 30 이상이고 그 공시건수가 15건 이상인 경우 : 2점
> 다. 가목 및 나목에 모두 해당하는 경우 : 3점

규정 제35조 제4항의 규정에 의한 “평소 공시업무를 성실하게 수행하여 세칙에서 정하는 사유에 해당되는 법인”이라 함은 규정 제33조의 규정에 의한 불성실공시법인 지정 등 예고시점을 기준으로 다음 각호의1에 해당하는 법인을 말한다.

> 1. 최근 5년 이상 공시위반사실이 없는 법인
> 2. 최근 3년 이상 공시위반사실이 없는 법인으로서 다음 각목의 하나 이상에 해당하는 경우
>   가. 최근 1년간 당해법인 총 공시건수 중 자율공시건수의 비율이 100분의 30 이상이고 그 공시건수가 15건 이상인 법인
>   나. 최근 1년간 풍문 · 보도와 관련한 조회공시 건수가 없는 법인

위의 제도에서 2009년 2월, 자본시장법이 제정되는 시점에 2의 나 항목이 삭제되었다. 즉, 조회공시 여부는 성실공시/불성실공시 기업을 판단하는데 요인이 아니라는 판단을 거래소에서 수행한 것이다.

한 가지 의문은 자율공시를 권고하는 입장에서 자율공시건수가 30%라는 것은 이해되지만 자율공시건수 15건이 and의 조건인데, 공시건수는 기업규모와 연관되어서 이 제도가 적절한 제도인지에 대해서도 고민하여야 한다.

이와 같이 자율건수가 중요하다면 중요하지도 않은 정보를 반복하여 자율공시할 수 있는 경우도 존재할 수 있다. Chapter 2에서 “빈수레가 요란하

다”는 신문기사에 보면 불성실공시법인의 경우이기는 하지만 별 의미 없는 공시를 반복하는 경우가 있어서 이에 주의하여야 한다.

또한 경감의 조건이 자율공시에 국한하기 때문에 공시의 성격상으로는 주요경영사항 수시공시와 공정공시에 해당하는데 자율공시로 공시되는 경우도 있을 수 있다.

이러한 성실기업의 구분에 대해 몇 가지 의문이 있다. 2의 나 항목이 삭제된 이면에는 다음과 같은 논쟁이 있었다.

1. 조회건수가 없는 것이 공시를 성실하게 수행하였다는 것을 의미하는가? 특히 조회공시의 주체가 거래소이기 때문에도 그러하다. 해당 기업이 통제할 수 없는 요인에 의해서 조회가 수행되는데 이러한 조회의 건수에 의해서 성실/불성실공시법인 판정에 영향을 미친다는 것이 적법한지?

2. 조회 받았는데 사실이 아니라고 답신한 경우는 성실공시의무와는 무관하지 않은가? 즉, 사실도 아닌 사항에 대해서 조회 받았다는 건 자체가 성실공시기업으로 구분될 수 있는데 영향을 미친다는 것이 적절한 것인가? 조회를 받았고 사실이라고 답한 경우는 어느 정도 수긍이 간다고 해도.

3. 공시건수는 일반적으로는 기업규모에 어느 정도 비례하는 것 아닌지? 단지 공시건수가 많다는 것이 성실공시법인이다? 건수가 많다는 것을 우수공시기업으로 분류한다면 이는 대기업에 유리하게 작용하는 것이다.

이러한 의문에 대해 다음과 같은 반론도 제기 가능하다. 각 의문사항에 대한 반론을 번호로 구분한다.

1. 조회공시 요구의 주체는 거래소이고, 상장법인이 이를 통제할 수 없는 사항이므로 이를 근거로 하여 성실공시법인 여부를 판단하는 것이 ‘불합리하다고 생각될 수 있으나’, 거래소가 풍문·보도 내용을 무조건 조회공시 요구하는 것은 아니며, 이러한 풍문·보도가 회사의 ‘내부정보 관리미비로 적절한 통제절차 없이 유포되는 경우가 많아’ 당해 법인을 성실공시법인에서 적극적으로 배제하기 위한 것이다.

결국, 풍문·보도 관련 조회공시건수가 없는 법인이 곧 성실공시법인이라는 개념이라기 보다는 상장법인의 내부정보 통제절차의 완비 등을 기준으로 '벌점 경감요소'로 혜택을 주기 위하여 풍문·보도 관련 조회공시건수를 고려한 것이다.

2. 또한 이러한 조회에 대해서 회사가 인정, 부인, 미확정이라고 답을 미룰 수도 있는데, 부인한 경우는 거짓으로 부인한 경우가 아니라면 풍문/보도가 사실이 아닌 것인데 사실이 아닌 내용을 거래소가 조회하였다고 해서 성실기업이 아니라고 분류하는 문제도 내포하였다. 즉, 조회공시건수를 성실기업 판단에 포함한다고 해도 기업이 인정한 조회공시건수를 포함하여야 하는 것은 아닌지에 대한 의문이다. 기업이 인정한 조회공시라야 공정공시 또는 자율공시 등의 형태로 공시하여야 하는데 그러한 공시가 수행되지 않아서 조회공시의 형태로 거래소가 조회한 것이라는 등의 논리전개가 가능한 것일 수도 있었다.

단, 이러한 논의에 대해서 거래소가 상장법인에게 조회공시를 요구한 풍문·보도의 대상 사실이 회사와는 아무런 상관이 없는 "'사실무근'인 경우도 있을 수 있으나", 현실적으로 회사의 귀책이 전혀 없는 '부인공시'와 귀책이 일부 있을 수 있는 '부인공시' 간에 질적인 차이가 있을 수 있고 '이를 구별하는 것은 어려움'이 있다.

당해 상장법인에게 벌점부과가 아닌 벌점경감이라는 혜택을 주기 위해 "어느 정도 획일적인 기준을 설정하는 것이 운영상 불가피한 상황에서 전개된 정책이다."

따라서, 거래소는 풍문·보도에 대한 조회공시가 있는 경우 설령 회사의 귀책이 미미한 경우일지라도 '내부정보 유포'에 대한 적극적인 책임을 상장법인에게 부과하고 벌점경감을 해주지 않고 있었다.

이러한 의문 때문에 2. 나. 항목은 2009년 2월에 삭제되었다.

위의 3과, 즉 단순한 공시건수에 근거하여 성실공시법인으로 분류될 확률이 높아지는 것과 관련되어 기관이 조치를 수행함에 있어서도 절대건수에 대해서 조치를 해야 할지 아니면 상대적인 건수에 대해서 조치를 해야 할지도 고민할 부분이다.

대기업 회계위반금액 1천억원 넘으면 제재

이데일리, 2009. 1. 16.

자산이나 매출규모가 커서 그동안 중소기업에 비해 상대적으로 유리했던 대기업들에 대한 제재 가능성을 보이는 조치이다. 16일 금융감독원에 따르면 금융감독원은 그동안 내부 회계관리제, 집단소송제, 품질관리제 등 선진제도 도입에 맞춰 조치양정기준을 개선키로 하고 향후 증권선물위원회의 의결을 거쳐 시행키로 했다.

현행 제도에서는 회계위반행위를 중요도에 따라 당기손익이나 자기자본에 영향을 미칠 때 A 등으로 구분하였다. 여기에서 A 유형의 경우 위반 정도인 규모비율을 따져 규모비율이 1%가 넘으면 제재대상이 된다. 현재는 위반금액을 기준으로 한 제재기준은 없어, 자산이나 매출액이 큰 대기업들이 중소기업에 비해 상대적으로 유리할 수밖에 없다는 지적이 있어왔다.

개선방안은 우선 당기손익이나 자기자본에 영향을 미치는 A유형에 대해서는 위반금액이 1,000억원을 넘으면 자산, 매출규모 등을 따지지 않고 무조건 제재 대상에 올려놓겠다는 것이다.

즉, 위 신문기사의 경우에서와 같이 기업규모와 연계될 수 있는 건수와 제재가 연관된다면 이는 대기업에 유리한 정책이다. 자율공시건수가 규모가 큰 대기업에 비례한다면 이를 통제하기 위해서 자율공시건수를 자산규모로 표준화하는 등의 정책이 제시되어야 한다. 단, 이와 같은 방향으로 정책이 진행된다면 자산규모와 자율공시건수가 비례하는지에 대한 실증분석 결과가 뒷받침되어야 한다.

공시유보제도 chapter 21

공시제도도 크게 변화

매일경제신문, 2006. 2. 20.

자본시장법에는 투자자와 상장사들의 관심이 큰 공시관련 제도개선 내용도 담고 있다. 수시공시에서 가장 눈에 띄는 사항은 **수시공시유보제도**이다. 이 제도는 기업경영상 비밀유지가 투자자보호보다 중요하다고 판단되는 사안에 한해 일정기간 공시를 미루는 것으로 어떤 사안이 대상이 될지가 가장 관심사로 떠오르고 있다. 일단 정부는 M&A 관련 사항을 검토대상으로 꼽고 있는 것으로 알려지고 있다.

그러나 일부 투자자들은 M&A 협상에 대한 보안이 철저히 지켜질 수 있을지 의문을 표하고 있다. 많은 이해관계자가 관련돼 있는 M&A와 관련된 정보의 외부유출차단은 사실상 불가능하다. 한편 내부자거래 금지대상으로 기업 M&A에 대해 계약체결은 물론 실사에만 참여한 사람도 모두 내부자로 포함된다. 예를 들어 M&A 대상기업의 인수전에 참여하고 있는 기업 임직원은 모두 내부자로 규제된다.

위의 신문기사는 매우 흥미로운 이슈를 제공한다. 이제까지의 공시제도는 기업비밀의 보호보다는 정보이용자의 관점에서 정책이 전개되었다. 그러나 정보는 공개하는 것만이 능사는 아니며 보호받아야 하는 정보는 비공개로 남겨지는 것이 허용되어야 한다. 특히나 M&A 관련된 정보는 보호되어야 하는데 이러한 정보까지 모두 공시하라고 하면 문제가 있다. 최근 정부가 표방하는 기업 관련된 정책이 business friendly 방향이므로 보호되어야 할 정보는 보호되어야 한다고 생각하면 일반적인 정책의 기조와도 이 제도가 일치한다고도 할 수 있다.

Chapter 18에서도 기술되었듯이 예를 들어 확정 단계가 아닌 MOU일 경우는 공시의무가 없다. MOU의 성격상, 확정된 내용이 아니기 때문에 이의 공시를 강제함은 오히려 문제를 유발시킬 수 있다. M&A와 관련되어서는 가격이 가장 중요한데 공시를 강화하게 되면 가격과 관련된 정보가 공론화될 수 있다.

어떻게 해석하면 M&A 관련된 정보가 보호받아야 하는 정보라고 판단한다면 이를 수시공시항목으로 포함하지 않으면 되는 것이지 이를 수시공시항목으로 포함하고 다시 이를 수시공시유보제도로 보호할 이유가 무엇인가에 대해서는 의문으로 남지만 기업이 사안을 판단하여 공시유보를 요청할 수 있다.

어느 시점까지 정보의 공개가 미루어져야 하는지는 결정하기 참으로 어려운 사항이다. 이러한 이유 때문에 이사회에서도 일반에 정보를 공개하기 전에 외부감사인이 문건으로 감사의견을 이사회에 먼저 공개하는 것은 금지되어 있다. 정식으로 이사회에 먼저 보고가 된다면 이사회 참여자와 이사회 안건을 먼저 접할 수 있는 내부자들에 의한 내부자거래를 피할 수 없기 때문이다. 예를 들어 비적정의견이 표명된다는 것이 이사회에 먼저 보고된다면 이러한 정보를 접할 수 있는 내부자들은 주식을 대량으로 매도할 가능성이 있다.

물론, 이러한 제도가 형식상의 제도일 수는 있다. 감사의견을 토의하는 감사위원회 또는 이사회에서 구두로는 얼마든지 의사가 전달될 수 있는데 단지 문건으로 이러한 정보의 전달을 제한한다고 하여도 정보의 실질적인 전달을 막을 수는 없는 것이다. 즉, 실질이 수반되지 않는 형식상의 제도라고도 비판받을 수 있다.

수시공시유보제도가 시행된다면 규제당국은 상당히 어려운 의사결정을 수행하여야 한다. 즉, 어떠한 항목이 이 유보제도의 대상이 되어야 하는지가 결정되어야 한다. 유보제도에 대한 대상 항목을 명확히 규정하지 않는다면 오히려 이 제도는 악용될 가능성이 있다. 어느 항목이 대상이 되어야 하는지에 대한 의사결정 근거는 다음이 되어야 한다. 기본적으로 기업의 모든 의사결정도 동일하지만 공시도 기본적으로 기업가치를 제고함에 일조하여야 한다. 이러한 목적을 위해서 수시공시유보제도는 정당화될 수 있지만 동시에 어떠한 정보가 이러한 정보가 되어야 하는지에 대해서는 임의성이 개입될 수 있으므로 그 시행에 있어서는 매우 신중하게 접근되어야 한다.

왜냐하면 수시공시유보제도에 해당되는 정보는 어느 기간 동안은 내부자에 의해서 배타적으로 이용될 수 있다는 것을 보장해 주는 결과를 초래할 수 있다. 물론, 이러한 정보의 유보가 궁극적으로 주주의 장기적인 가치에 긍정적인 영향을 미친다면 이러한 제도는 정당화될 수 있다. 물론, 단차반환의 의무가 있기 때문에 내부정보에 대한 접근이 가능하다고 해도 단기간에 이익을 실현할 수는 없다. 단, 단차반환도 내부자 자신이 아닌 내부자의 특수관계인까지의 정보의 전달은 통제할 수 없다.

도입이 논의될 당시의 관련된 재경부 관계자의 인터뷰 내용이 흥미롭다.

> 임영록 당시 재경부 국장: 수시공시를 하게 되면, 공시는 투자자보호 달성을 위한 것인데 알려지면 기업비밀 유지에 불이익이 올 경우, 두 필요성을 비교해 잠시 투자자보호를 유보하더라도 기업 비밀 유지가 투자자들에게 큰 도움이 된다고 하면 유보할 수 있도록 했다. 이것이 수시공시유보제도다. 주요 계약성립 등 사전에 미리 알려지는 것보다 보안유지가 필요하다. 이를 염두에 둔 것이다.
>
> 최상목 과장: 선진국에서도 이런 규정이 있어 이를 벤치마크한 것이다.

오히려 위의 정책에 대한 반대 입장은 다음과 같은 논리하에서 주장될 수도 있다.

수시공시유보제도가 도입된다면 정보가 유보되는 데도 불구하고 정보를 소유한 경제주체는 이 정보를 매우 배타적으로 오랫동안 유지할 수 있다. 이를 제도적으로 미연에 방지할 수 있는 제도가 병행되어야 한다. 이는 특히나 보호제도에 의해서 이 정보의 유출이 미루어지므로 더 더욱 그러하다. 이러한 측면에서 본다면 이 제도의 도입은 공정공시제도 도입취지와 비교하여 완전히 이를 역행하는 결과를 초래할 수도 있다. 물론, 정보에 대한 보안이 철저히 지켜진다면 이 제도의 도입취지는 충분히 이해할 수 있으나 위의 신문기사에서도 암시하고 있듯이 정보로서의 이용가치가 있는 정보는 보안을 유지한다는 것이 매우 어렵다는 현실도 간과할 수 없다. 정보를 공유하도록 공시하는데 일부의 내부정보를 갖는 투자자들이 이를 악용할 때 내부자거래가 성립될 수 있다.

따라서 이 제도의 장점 및 취지는 충분히 이해하면서도 이 제도가 상당한 논란의 대상일 것이라는 점도 부정하기 어렵다.

수시공시유보제도가 시행된다면 내부자거래에 대한 규제가 더욱 강하게 시행되어야 한다. 수시공시유보제도는 일부의 내부자가 보유하는 정보가 내부에 의해서 보호받도록 보장하는 것인데 이러한 정보가 내부자거래로 이용된다면 무방비적으로 내부자의 이익만 보호해 주는 바람직하지 않은 정책으로 정착할 수도 있다.

자본시장법에서는 아래와 같이 공시유보제도를 정당화하고 있다. 이러한 법규정에 근거하여 거래소의 유가증권시장공시규정에서 공시유보제도를 자세하게 규정/운영하고 있다.

> 자본시장법
> 제391조 (공시규정)
> ② 4. 주권등상장법인의 경영상 비밀유지와 투자자 보호와의 형평 등을 고려하여 신고·공시하지 아니할 사항

유보사유로는 투자자보호보다 우선하는 사유로 상장법인에 중대한 손실을 야기할 수 있는 경영상 비밀 관련 사항에 한정하였다. 투자자보호에 우선

할 수 있는 사유이므로 비밀유지가 단순히 계약자체의 성립요건이라는 사유만으로는 불충분하다.

즉, 법인을 보호하는 정책이지만 주주 및 잠재적인 주주는 이 정책으로부터 피해를 볼 수도 있다. 단, 주주는 현재, 기업의 주인이므로 법인을 보호하는 취지로부터 혜택을 볼 수도 있지만 잠재적인 주주는 피해를 볼 수 있다.

유보범위는 항목별로 구체적 유보내용을 공시세칙에 반영한다(유가증권시장공시규정시행세칙 제18조). 거의 다음 표와 내용이 동일하다.

표 21-1 유보의 구분과 내용

구 분	유보항목
◈ 단일판매 · 공급계약 체결 및 해지	−계약금액, 계약상대방, 주요 계약조건, 해지금액, 해지 주요사유 등
◈ 신규시설투자	−투자금액, 투자목적 등

유보사유 및 유보기한을 해당 공시서식상에 구체적으로 기재토록 개선하였다. 유보기한이 무한정적이지 않고 한시적으로 유보된다는 점이 흥미롭다. 따라서 기업의 비밀유지를 무조건적으로 보호하는 것이 아니다.

공시유보 신청 전 사전협의를 의무화하여서 유보절차와 사후관리를 명확하게 규정하였다.

* 사전협의 → 공시유보 신청(신청서, 별지 6호 서식) → 심사 및 승인 → 유보사유 · 기한 기재
* 신청내용 : 유보내용 · 사유, 유보기간 또는 해제조건, 증빙자료 등

유보승인시 유보내용에 대한 비밀준수의무, 유보기간 경과 또는 유보조

건 해제시 유보항목에 대하여 즉시 공시의무 등을 반영하였다. 유보기간 경과 후, 즉시 공시하지 않을 경우 불성실공시법인(공시불이행, 벌점 2점) 지정근거를 마련하였다.

신청에 의한 공시유보제도는 기업 스스로 비밀보호를 위해 신청한다는 점에서 기존 '거래소에 의한 공시유보'와는 구분된다

제43조 (거래소에 의한 공시유보) 거래소는 유가증권시장주권상장법인의 신고내용이 다음 각 호의 어느 하나에 해당하는 경우에는 해당 사유가 해소될 때까지 이의 공시를 일정기간 유보할 수 있다. (개정 2005. 12. 23, 단서 삭제 2008. 9. 12, 개정 2009. 1. 28)

1. 유가증권시장주권상장법인의 공시내용이 「군사기밀보호법」 등 법률에 의한 기밀에 해당되는 때 (개정 2009. 1. 28)
2. 유가증권시장주권상장법인의 공시내용이 관계법규를 위반하고 있음이 확인되는 때 (개정 2009. 1. 28)
3. 유가증권시장주권상장법인의 공시내용의 근거사실이 확인되지 않거나 그 내용이 **투자자의 투자판단에 혼란을 야기시킬 수 있다고 판단되는 때** (개정 2005. 12. 23, 2009. 1. 28)
4. 제14조제1항에 따른 재공시의 내용이 이미 공시한 내용과 유사하다고 인정되는 때 (개정 2009. 1. 28)
5. 제14조 제2항에 위반된다고 인정되는 때 (개정 2009. 1. 28)
6. 제7조부터 제10조까지 및 제28조의 규정에서 정하는 사항 또는 이에 준하는 사항이 아닌 것으로서 **건전한 거래질서를 해칠 우려가 있다고 판단되는 때** (개정 2005. 12. 23, 2009. 1. 28)

제43조의2 (신청에 의한 공시유보) ① 유가증권시장주권상장법인은 경영상 비밀유지를 위하여 필요한 경우 다음 각 호의 신고사항 중 세칙에서 정하는 사항에 대하여 공시유보를 거래소에 신청할 수 있다. 이 경우 사전에 거래소와 협의하여야 한다.

1. 제7조 제1항 제1호 다목

2. 제7조 제1항 제2호 나목 (1)

② 거래소는 제1항의 공시유보 신청에 대하여 기업 경영 등 비밀유지와 투자자 보호와의 형평을 고려하여 공시유보가 필요하다고 인정되는 경우 이를 승인할 수 있다.

③ 유가증권시장주권상장법인은 제1항 및 제2항에 따라 공시가 유보된 사항에 대하여 비밀을 준수하여야 하며, **해당 유보기간이 경과하거나 유보조건이 해제되는 경우에는 그 다음날까지 이를 신고**하여야 한다.

[본조 신설 2009. 1. 28]

거래소에 의한 유보제도만이 존재할 때는, 43조는 '공시의 유보'라는 제목으로 규정되었으나 이 부분이 2009년 1월 28일 개정되면서 '거래소에 의한 공시유보'라는 제목으로 변경되었다.

이 제도에서 흥미로운 표현들은 "투자자의 투자판단에 혼란을 야기시킬 수 있다고 판단되는 때"라고 규정한다. 단, 사전적으로 어떠한 정보가 투자판단에 혼란을 야기시킬지를 판단한다는 것은 무척이나 어렵다. 또한 "건전한 거래질서를 해칠 우려가 있다고 판단되는 경우"라는 규정도 상당한 수준으로 주관적인 판단을 필요로 한다. 기업이 판단하건데, 공시유보로부터 보호받을 수 있다고 하면 기업 스스로가 신청에 의한 공시유보를 요청할 가능성이 높기 때문에 거래소에 의한 공시유보가 어느 정도 진행될지는 의문이다.

즉, 제도를 운영하게 되면 취지와는 달리 적용되는 경우를 많이 접하게 되는데 위의 경우와 같은 추상적인 문구의 사용이 오히려 혼란을 부추기는 것은 아닌지에 대한 우려가 있다. 즉, 거래소에 의한 공시유보제도에 해당하지 않는 내용이라고 해도 기업이 공시유보의 필요성이 존재한다고 하면 거래소의 승인하에 이 정보를 유보하는 것이다. 충분히 이러한 제도의 필요성에 대한 취지는 이해하겠으나 제도를 아무리 완벽하게 구축한다고 해도 이 제도의 맹점을 피해 나갈 수 있는 단점이 있다. 또한 유보기한이 한시적이라

해도 이 유보기간이 언제까지일지에 대해서는 사전적으로 알기 어려울 수도 있다. 규제기관에서는 유보조건이 해제되는 시점을 지속적으로 추적하여서 유보를 해제하여야 한다.

기존의 거래소에 의한 유보제도에 비해서 신청에 의한 공시유보제도는 유보의 신청주체가 기업이라는 점에서 그 시행에 좀더 주의를 기울여야 한다. 제도를 정착해 두고 유보가 정당화되지 않는다고 해서 계속적으로 승인을 하지 않는 것도 문제이지만 유보에 해당하지 않을 내용을 기업이 신청하여 정보에 임의성을 갖는다면 더욱더 이러한 유보제도의 장점보다는 단점이 더 부각될 위험도 존재한다. 제도가 악용될 때, 이 제도의 도입취지가 무색해지는 문제도 발생할 수 있다.

자본시장법이 도입되는 시점에 제도가 변화된 것은 아니지만 공시유보제도가 처음 도입되었던 시점에는 공정공시는 유보제도로부터 예외로 인정되었다가 2008년에 예외에서 제외되었다. 즉, 공정공시 내용의 근거사실이 확인되지 않거나 투자판단에 혼란을 초래하는 경우에는 일반공시와 마찬가지로 공정공시의 경우에도 거래소가 공시를 유보할 수 있도록 개선하였다. 특히나 공정공시와 공시유보제도는 반대적인 성격의 제도이므로 이 내용이 흥미롭다.

표 21-2 공시유보의 공정공시로의 확대

기 존	2008년 개정
□ 공정공시는 공시유보에서 제외 ○ 거래소의 공시유보 절차 없음	□ 공정공시도 공시유보 적용 ○ 근거사실이 확인되지 않거나 투자판단에 혼란을 초래하는 경우에는 거래소의 공시유보 적용

대규모기업집단공시제도 chapter 22

대규모기업집단공시제도가 있는데, 이는 자본시장법에 의한 공시제도와는 차이가 있고 공정거래위원회에서 소관이며 공정거래법의 적용을 받는다. 2008년에는 공정위에서 기업집단으로 구분한 기업집단의 수가 79개이며 이들 기업이 우리나라 경제활동의 큰 비중을 차지한다.

대규모내부거래 이사회의결 및 공시제도란 공정거래법상의 상호출자제한기업집단에 속하는 모든 회사는 아래사항의 거래금액이 그 회사의 자본총계 또는 자본금 중 큰 금액의 100분의 10 이상이거나 100억원 이상인 대규모내부거래행위에 대하여 미리 이사회의결을 거친 후 이를 공시하도록 한 제도를 지칭한다.

특수관계인을 상대방으로 하거나 특수관계인을 위하여 자금, 유가증권, 자산을 제공 또는 거래하는 행위

동일인 및 동일인 친족 출자 계열회사를 상대방으로 상품·용역을 제공 또는 거래하는 행위

가. 대규모내부거래 이사회의결 및 공시제도는

— 계열회사 간의 부당한 내부거래는 우량기업의 핵심역량의 약화, 기업집단 전체의 동반부실초래 등 국민경제적 폐해가 크며,

— 이를 근절하기 위한 수차례의 직권조사결과, 내부거래의 방법이 다

양화되고 은밀하게 이루어지고 있어, 사후적인 조사·시정과 함께 이를 사전에 예방할 필요성이 대두되었다.

⇒ 이에 따라 일정규모 이상의 내부거래에 대한 이사회의결을 통해 이사회의 책임강화와 사외이사들에 의한 견제를 유도하는 한편

⇒ 공시를 통해 소액주주, 채권자 등 이해관계인에 의한 감시를 가능하게 함으로써 부당내부거래를 사전에 예방하기 위하여 공시제도를 도입 (2000. 4. 1.)

나. 공시제도가 적용되는 회사

공정거래법상의 상호출자제한기업집단에 속하는 회사

— 상장사뿐만 아니라 비상장사도 포함

— 해외 현지법인은 동일인이 지배하는 회사일지라도 포함되지 않음

⇒ 연도 중에 상호출자제한기업집단의 계열회사로 신규편입된 회사는 신규 계열편입된 날(지정·통지일)부터 적용

다. 대규모내부거래 여부의 판단기준은

— 자금, 유가증권 및 자산거래의 경우 동일 거래상대방과의 동일 거래대상에 대한 거래행위

— 이사회의결 및 공시를 회피하고자 동일 거래상대방과의 동일 거래대상에 대한 1건의 거래행위를 분할하여 거래하는 경우에는 이를 합산하여 1건의 거래행위로 봄

많은 정부 구매부서에서도 어느 정도 이상 금액의 구매일 경우는 공개입찰을 원칙으로 하므로 이를 회피하는 한 대안으로 분할구매가 수행될 수도 있다. 공시도 많은 경우 최소요건이 있으므로 위에서 기술하였듯이 이를 분할할 경우 공시요건을 피해갈 수 있지만 공정위는 이를 인정하지 않고 한 건의 동일공시로 이를 구분한다.

— 상품·용역거래의 경우 동일 거래상대방과의 거래행위를 기준으로 판단함
— 동일 거래상대방과 같은 날 약관에 의한 여러 건의 기업어음거래가 동일 조건(발행일, 기간만료일, 이자율 등)으로 거래되는 경우 하나의 차입행위로 보아 기업어음의 금액을 합산하여 공시의무 여부를 판단하여야 함

다음은 공정거래법에 의한 제재에 대해서 기술한다. 거래법에 의한 제재와 공정거래법에 의한 제재는 별개로 진행된다. 이사회의결 및 공시의무를 불성실하게 이행하는 경우 소정의 과태료를 부과한다. 이사회의결 및 공시의무위반행위 유형 및 과태료부과기준은 다음과 같다.

— 이사회의결을 거치지 아니하고 공시도 하지 않은 경우: 7,000만원
— 이사회의결은 거쳤으나 공시를 하지 않은 경우 또는 이사회의결을 거치지 않았으나 공시한 경우: 5,000만원
— 주요내용을 누락한 경우: 3,000만원
— 지연하여 공시한 경우: 500만원(공시기일 초과일부터 매 1일에 10만원씩 가산)
— 허위로 이사회의결을 거치거나 공시한 경우: 7,000만원

공시기일 초과일부터 매 1일에 과태료를 부과하는 것은 매우 흥미롭다. 기존의 과징금이나 거래소에서 부과하는 공시제재부과금은 이러한 식으로 금액산정이 되어 있지 않다.

이와 같은 과태료의 부과는 오히려 금액적으로 문제를 해결하는 장점이 있다. 분식회계와 부실감사에 대해서도 과징금을 부과할 수 있으며 내부거래와 관련되어서도 과태료가 부과된다. 다만 수시공시에 대해서는 이제까지는 이러한 벌칙금이 부과되지 않았는데 자본시장법이 시행되는 시점에 공시위반제재금이 부과되었다.

수시공시의 취지가 적시에 정보를 제공함에 있으므로 더 더욱 초과일 일당 과태료의 부과가 일면 정당화될 수 있다.

위에서도 여러 번 기술되었듯이 매매거래정지 등이 penalty라는 확신이 없으며 또한 금액적으로 수치화하여 벌과금을 부과하는 것이 다른 형태의 제재보다도 훨씬 문제를 간단하게 해결할 수 있다.

주요사항보고서 (Current Report)

chapter 23

공시와 관련되어 2009년 2월 4일부터 자본시장법이 적용되면서 크게 조정된 부분이 법정공시(주요사항보고서)는 금융위/금감원으로 정리되고, 수시공시는 거래소로 정리되었다는 점이다. 이제까지는 거의 모든 내용을 중복하여 금감원과 거래소에 공시하도록 되어 있어서 효과적이지 않았다.

단, 거래소의 공시는 위의 유가증권시장공시규정 제7조에 규정되었듯이 당일과 익일 보고로 구분되는 반면, 주요사항보고서의 내용은 익일 보고로 구분되었다.

거래소의 공시에 비해서 덜 적시에 제공되어도 무방한 내용이므로 익일 공시로 규정되었는지 아니면 일정한 양식을 갖추어야 하는 내용이므로 준비하는 데 시간이 더 소요되는 것인지는 명확하지 않다.

주요사항보고서에 관련된 내용은 자본시장법과 금융위원회의 증권의 발행 및 공시 등에 관한 규정에서 규정된다. 수시공시가 자본시장법과 유가증권상장규정에서 규정되는 것과 유사하다. 즉, 법에서 제정하면서 위임하고 규정에서 이를 받아서 운영하는 모습이다.

자본시장법

제161조 (주요사항보고서의 제출) ① 사업보고서 제출대상법인은 다음 각 호의 어느 하나에 해당하는 사실이 발생한 경우에는 그 사실이 발생한 날의

다음 날까지 그 내용을 기재한 보고서(이하 "주요사항보고서"라 한다)를 금융위원회에 제출하여야 한다. 이 경우 제159조 제6항 및 제7항을 준용한다. <개정 2008. 2. 29>

1. 발행한 어음 또는 수표가 부도로 되거나 은행과의 당좌거래가 정지 또는 금지된 때
2. 영업활동의 전부 또는 중요한 일부가 정지된 때
3. 「채무자 회생 및 파산에 관한 법률」에 따른 회생절차개시의 신청이 있은 때
4. 이 법, 「상법」, 그 밖의 법률에 따른 해산사유가 발생한 때
5. 자본증가 또는 자본감소에 관한 이사회의 결의가 있은 때
6. 「상법」 제360조의2, 제360조의15, 제522조 및 제530조의2에 규정된 사실이 발생한 때
7. 대통령령으로 정하는 중요한 영업 또는 자산을 양수하거나 양도할 것을 결의한 때
8. 자기주식을 취득(자기주식의 취득을 목적으로 하는 신탁계약의 체결을 포함한다) 또는 처분(자기주식의 취득을 목적으로 하는 신탁계약의 해지를 포함한다)할 것을 결의한 때
9. 그 밖에 그 법인의 경영·재산 등에 관하여 중대한 영향을 미치는 사항으로서 대통령령으로 정하는 사실이 발생한 때

② 사업보고서 제출대상법인은 제1항에 따라 주요사항보고서를 제출하는 경우에는 제1항 각 호의 항목별로 대통령령으로 정하는 서류를 첨부하여야 한다.

③ 사업보고서 제출대상법인은 주요사항보고서를 작성함에 있어서 금융위원회가 정하여 고시하는 기재방법 및 서식에 따라야 한다. <개정 2008. 2. 29>

④ 금융위원회는 제출된 주요사항보고서가 투자자의 투자판단에 중대한 영향을 미칠 우려가 있어 그 내용을 신속하게 알릴 필요가 있는 경우에는 대통령령으로 정하는 방법에 따라 행정기관, 그 밖의 관계기관에 대하여

필요한 정보의 제공 또는 교환을 요청할 수 있다. 이 경우 요청을 받은 기관은 특별한 사유가 없는 한 이에 협조하여야 한다. <개정 2008. 2. 29>
⑤ 금융위원회는 제1항에 따라 주요사항보고서가 제출된 경우 이를 거래소에 지체 없이 송부하여야 한다. <개정 2008. 2. 29>

예를 들어 자본시장법 제161조 ①의 1. "발행한 어음 또는 수표가 부도로 되거나 은행과의 당좌거래가 정지 또는 금지된 때"라는 항목은 개정되기 이전의 유가증권의 발행 및 공시등에 관한 규정 제69조(주요경영사항의 범위 및 신고방법)의 2. 나.의 내용인데 주요사항보고서의 내용으로 이전되었다. 물론, 이 항목 이외에도 이전에 주요경영사항의 범위 및 신고방법에서 규정되었다가 이전된 내용이 많다.

현행 수시공시제도는 자율규제로 전환하여 거래소로 일원화하고, 수시공시항목 중, 공적 규제를 위한 주요사항보고서(current report)제도를 신설하였으며 감독기관의 규제 대상이다(법 제161조).

자본시장법의 제161조에서 위와 같이 법으로 규정하고 다음의 금융위원회 규정에서 다시 한 번 주요사항보고서의 공시내용에 대해서 자세하게 규정하고 있다.

증권의 발행 및 공시등에 관한 규정
제3절 주요사항보고서의 공시
제4-4조 (중요한 자산양수·도의 예외 등) 영 제171조 제1항 제5호에서 "금융위원회가 정하여 고시하는 자산의 양수·양도"란 해당 법인의 사업목적을 수행하기 위하여 행하는 영업행위로서 다음 각 호의 어느 하나에 해당하는 것을 말한다.
1. 상품·원재료·저장품 또는 그 밖에 재고자산의 매입·매출 등 일상적인 영업활동으로 인한 자산의 양수·양도
2. 영업활동에 사용되는 기계, 설비, 장치 등의 주기적 교체를 위한 자산

의 취득 또는 처분. 다만, 그 교체주기가 1년 미만인 경우에 한한다.
3. 법 및 「상법」에 따른 자기주식의 취득 또는 처분
4. 「금융위원회의 설치 등에 관한 법률」 제38조에 따른 검사대상기관과의 거래로서 약관에 따른 정형화된 거래
5. 「자산유동화에 관한 법률」에 따른 자산유동화
6. 공개매수에 의한 주식등의 취득, 공개매수청약에 의한 주식등의 처분
7. 법 제4조 제3항에서 정한 국채증권·지방채증권·특수채증권 또는 법률에 의하여 직접 설립된 법인이 발행한 출자증권의 양수·양도
8. 제1호부터 제7호까지에 준하는 자산의 양수·양도로서 투자자 보호의 필요성이 낮은 자산의 양수 또는 양도

제4-5조 (주요사항보고서 첨부서류 등) ① 영 제171조 제3항 제8호에서 "금융위원회가 정하는 서류"란 다음 각 호와 같다.
1. 법 제161조 제1항 제6호 및 제7호의 경우 계약서(계획서) 및 외부평가기관의 평가의견서(외부평가가 의무화된 경우에 한한다)
2. 영 제171조 제2항 제1호의 경우 주채권은행의 결정서·계약서·합의서 등 관련 증빙서류 등
3. 영 제171조 제2항 제2호의 경우 소장부본 등 법원송달서류 등
4. 영 제171조 제2항 제3호의 경우 해당 외국 정부, 외국금융투자감독기관 또는 외국 거래소에 제출하였거나 통지받은 서류와 한글요약본

② 그 밖에 주요사항보고서의 서식 및 작성방법 등에 관하여 필요한 사항은 감독원장이 정한다.

다음의 기사는 주요사항보고서의 도입시점의 환경의 변화를 이해하는데 도움을 준다.

상장회사, 중대사안 발생시 current report 제출해야

상장, 2008. 4.

내년 2월부터 상장회사는 존폐위기나 자본증감 등의 중요한 사안이 발생하면 금융위원회에 주요사항보고서를 제출하여야 한다. 금융위는 이러한 내용을 자본시장법에 담아 내년 2월부터 시행한다.

그리고 상장회사들은 회사의 존폐와 관련된 중요한 사안으로 부도발생, 회사영업활동 중지, 해산사유 발생, 자본증감을 위한 이사회결의 및 자기주식 취득 · 처분 등이 발생한 경우 해당 사실을 기재한 주요사항보고서를 금융위원회에 제출한다.

상장회사들이 금융위(금융감독원 공시시스템)와 거래소에 각각 제출하고 있는 수시공시 제출창구가 내년 2009년 2월부터는 거래소로 일원화되며 현재의 수시공시항목들도 재조정을 통해 줄어들었다. 금융위는 기업의 부담을 줄이고 투자자 보호를 위해 수시공시 제출창구를 거래소로 일원화시키고 회사에 중요한 사안이 발생했을 때에는 금융위원회에 보고토록 하는 방안을 실행키로 했다. 따라서 금융위에 제출하는 주요사항보고서에 담기는 내용이 더욱 중요한 내용이라고 할 수 있다.

자본시장법

제391조 (공시규정) ① 거래소는 주권, 그 밖에 대통령령으로 정하는 증권을 상장한 법인(이하 이 조 및 제392조에서 "주권등상장법인"이라 한다)의 기업내용 등의 신고 · 공시 및 관리를 위하여 주권등상장법인 공시규정(이하 "공시규정"이라 한다)을 정하여야 한다. 이 경우 유가증권시장과 코스닥시장에 대하여 별도의 공시규정으로 정할 수 있다.

위의 자본시장법 제391조와 관련되어, 공시규정에 대해서는 이미 Chapter 2에서 충분히 기술하였지만 공시환경의 변화를 읽기 위해서는 환경에 대한 이해가 필요하다. 미국이나 일본은 수시공시제도를 거래소규정이라는 자율규제상의 제도로 운영하고 있는 데 비하여, 한국은 수시공시제도를 자본시장법이라는 법률상의 제도로 운영하고 있다(정윤모 외 2인 2004).

따라서 자본시장법에서 주요사항보고서에 대해서 규정하고 있지만 동시에 위의 자본시장법 제391조의 내용에서와 같이 거래소의 공시에 대해서도 규정하고 있다.

미국이나 일본은 유통시장의 비정기기업공시를 주요사항보고서(current report)와 수시공시(timely disclosure)로 구분하여 주요사항보고서는 법령에서 의무화하고 있는 데 반하여 수시공시는 법적 의무가 아니라 상장계약(또는 거래소공시규정)에 따른 의무로 구성하여 운영한다. 미국과 일본의 수시공시는 상장기업과 거래소 간의 자율규제제도로서 상장회사와의 계약이나 거래소규정에 의하여 공시하도록 하고 있는데, 이는 투자자 및 시장에 영향을 끼칠 수 있는 중요 경영사항의 수시공시에 대하여 즉각적인 시장조치를 통하여 적절한 시장관리를 하기 위한 것이다. 주요사항보고서는 정기보고서의 최신성을 보완할 목적으로 기업에 일정한 중요 사실이 발생할 때마다 감독당국에 제출하도록 하는 보고서로 미국과 일본 모두 증권거래법(자본시장법)에 근거하여 임시보고서(주요경영사항보고서) 제출의무사항을 규정하고 있으며, SEC(미국)나 내각총리대신(일본)과 같은 증권감독당국에게 운영 및 관리권이 부여되어 있다(정윤모 외 2인 2004).

표 23-1 주요사항보고서 제출항목

구 분	제출사유
경영환경 변화에 관한 사항	▪ 어음 또는 수표의 부도, 은행 당좌거래의 정지 또는 금지 ▪ 영업활동의 전부 또는 중요한 일부의 정지 ▪ 회생절차개시의 신청 ▪ 해산사유 발생 ▪ 주채권은행으로부터의 조치

주권의 해외상장에 관한 사항	▪ 해외증권시장의 상장, 상장폐지, 매매거래정지 등의 조치
자본증가 또는 감소에 관한 사항	▪ 자본증가 또는 자본감소에 관한 결의 ▪ 증권에 관한 중대한 소송제기
합병 등 결정에 관한 사항	▪ 합병, 주식교환·이전, 분할, 분할합병 등의 결정 ▪ 중요한 영업 또는 자산의 양수도 등의 결정
자기주식 취득·처분 결의에 관한 사항	▪ 자기주식 취득(신탁계약 체결) 또는 처분(신탁계약 해지)의 결의
외국법인에 관한 사항	▪ 외국 법령 등의 변경 ▪ 외국에서 공개매수 또는 안정조작 · 시장조성 ▪ 해외법규 등 위반으로 인한 조치 ▪ 외국거래소의 매매거래 정지·해제, 상장폐지

주요사항보고서가 도입되면서 이전에는 발생하지 않던 문제점들이 표출된다.

자산재평가, 숨기는 기업 많다

머니투데이, 2009. 2. 24.

올 들어 국내기업의 자산재평가가 줄을 잇고 있는 가운데 상당수 기업들이 제때 공시를 하지 않고 있다. 특히 수천억 또는 1조원대의 막대한 재평가 차익을 얻은 대기업조차 투자자들에게 알리지 않고 은근슬쩍 결산결과를 발표해 투자자들을 오도할 수 있다는 지적이 제기되고 있다.

23일 금융업계에 따르면 CJ제일제당(152,500원 2,000 -1.3%)은 최근 자산재평가를 통해 9,358억원의 차익을 올렸고, GS칼텍스도 토지와 구축물 등의 재평가를 통해 순자산을 1조 3,000억원 가량 늘렸다. 남광토건(10,900원 50 +0.5%)도 최근 자산재평가 결과를 반영해 가결산결과를 공시했다.

이들 기업 중 재평가결과를 공시한 곳은 없다. **지난해 말부터 허용된 자산재평가가 공시의무사항이 아니라는 이유에서다.**

자본시장법 시행 후 금융위원회는 '20'개의 사항만 의무공시사항으로 관리하고 나머지는 한국거래소로 넘겼는데, 자산재평가 항목은 의무공시사항에서 제외됐다.

금융감독원은 "과거 IMF 때는 자산재평가법에 따라 이뤄졌기 때문에 의무공시사항이었지만 이번에는 새로운 회계기준에 따라 각 기업들이 자율적으로 하고 있기 때문에 공시도 자율공시"라는 입장이다.

그러나 자산재평가를 공시하지 않는 바람에 애꿎은 투자자만 피해를 볼 수 있다는 지적이 제기되고 있다.

증권업계 한관계자는 "공시의 가장 큰 목적은 투자자 보호"라며 "투자자의 손익항목 변화와 중요한 관련이 있는 사항들은 의무적으로 공시하게 해야 한다"고 밝혔다.

이 관계자는 "개인들은 증권사 리포트나 공시 등 외부자료에 의존해 투자의사결정을 할 수밖에 없다"며 "자산재평가는 부채비율 등 기업의 외양을 크게 변화시키기 때문에 **투자자에겐 매우 중요한 정보임에도 불구하고 공시를 하지 않는다면 정보의 비대칭이 너무 심해질 것**"이라고 말했다.

다른 관계자는 "국제회계기준(IFRS) 적용 전에 나올 수 있는 과도기적인 문제점이지만 기업정보의 연속성이 깨져 투자자들의 판단이 흐려질 수 있다"며 "기업의 자산가치가 왜 바뀌었는지도 모르면서 투자해야 한다는 현실은 국내기업과 감독당국의 투자자보호에 대한 인식이 얼마나 낮은지 보여주는 것"이라고 말했다.

또 "동일한 업종이라도 재평가를 한 기업과 하지 않은 기업의 재무제표상 차이가 발생해 투자시 혼란이 가중된다"며 "투자자들을 보호할 수 있는 일시적인 장치를 마련하는 게 시급하다"고 강조했다.

외국에서의 Current Report 항목수는 미국은 22개 일본은 26개이다. 위의 신문기사는 정책방향을 설정할 때, 항상 고민되는 부분을 지적하고 있다. 강제사항을 축소하면 자율로 남기게 되는데 자율적으로 정보가 전달되지 않으면 그에 대한 비판은 강제화하여야 한다는 논리이다. 규제과 자율 간의 해결되지 않는 고민을 위의 기사가 표출시킨다.

자산재평가는 무척이나 중요한 정보이다. 위의 신문기사에서도 기술되었듯이 재평가적립금으로 인해 부채비율에는 긍정적인 영향을 미치며 또한 ROE 등의 수익률 회계비율에도 영향을 미친다. 즉 재평가는 부채비율은 개선시키지만 자본이 증가하면서 ROE 등의 비율에는 부정적인 영향을 미치며 중요한 투자정보이다. 이러한 정보는 재평가가 결정되는 시점에 즉시 시장에 알릴 필요가 있는 것이지 정기공시로 인해서 재무제표가 공시될 때까지 미루어둘 성격의 공시가 아니라고 판단된다. 또한 재평가 이후에는 감가상각금액이 상승하므로 수익성도 낮아질 것이다.

단, 자산재평가가 시급하게 공시할 성격이 아니라는 반론도 가능한데 자산재평가로 인해서는 기업의 실체에는 변화가 없고 단지 회계상 측정의 문제라고도 주장될 수 있다. 단, 이러한 식으로 의무공시사항을 증가시킨다면 과거와 같이 의무공시사항이 거의 무한정으로 증가하는 현상이 발생할 수 있다.

상장폐지실질심사

chapter 24

다음의 몇 기사는 최근에 제도가 강화된 부분에 대한 내용이다. 이러한 논의의 결과 상장폐지실질심사제도가 도입되었다. 여러 요인에 의해서 상장사가 퇴출되지만 불성실공시에 의해서도 퇴출되므로 이 내용을 이 장에 기술한다.

악성 불성실공시 한 번에 퇴출, 적자기업은 우회 상장 못한다

매일경제신문, 2008. 7. 25.

악의적인 불성실공시만으로도 코스닥시장에서 퇴출된다. 금융위, 금감원, 증권선물거래소 등의 증권 관련 유관기관 관련자들로 구성된 태스크포스, 심사위원회는 고의성과 악의성, 죄질 경중을 따져 단 한 번만 불성실공시를 하더라고 퇴출한다.

금융위, 상장-퇴출제도 선진화방안

세정신문, 2008. 8. 21.

개선안은 불성실공시 등 공시위반에 따른 관리종목 지정 및 지정해제요건을 강화해 코스닥의 경우 현행 1년간 1.5회(1년 경과시 해제)에서 개선안은

2년간 벌점 15점(2년 경과시 해제)으로 강화했다. 특히 불성실공시로 관리종목으로 지정된 후 반복 장기간 공시를 위반하거나 고의 중과실로 공시를 위반하는 경우 상장을 폐지할 수 있도록 상장폐지 요건을 신설했다.

이에 따라 코스닥의 경우 -공시위반으로 관리종목 지정 후 경과기간(2년) 내에 벌점 15점 이상 -관리종목 지정해제 후 3년 이내 재지정되는 경우 원칙적 퇴출 -관리종목 지정 후 고의 중과실로 인한 공시위반시 상장을 폐지하는 등의 3대 상장폐지 요건이 신설됐다.

실질적 요건을 보면 유가증권과 코스닥의 경우 현행 영업활동 정지, 회생절차 개시결정, 공시위반에서 개선안 등 이들 세 가지 요건은 현행을 유지하돼 증자, 분할 등 편법에 의한 재무요건 개선, 횡령·배임사실 확인, 분식회계 등을 추가했다.

상습공시위반사 상장폐지

한국경제신문, 2008. 8. 14.

내년부터 기업들이 배당이나 증·감자 등과 관련한 변동사항을 공시하도록 한 규정을 상습적으로 위반할 경우 상장폐지될 전망이다. ... '공시규정'을 이렇게 고쳐 2009년 1월부터 시행할 계획이다.

금융위 관계자는 "조회공시를 포함한 현행규정을 보면 공시의무위반에 대한 처벌이 너무 관대하다. 상습적으로 규정을 어기는 상장사를 시장에서 퇴출시키는 방안을 마련하기 위해 오는 21일 공청회를 열 계획"이라고 밝혔다.

과거에는 세 번 이상 고의로 공시의무를 위반하거나 공시내용을 번복하는 기업의 상장을 폐지하는 규정이 있었으나(3진 아웃제도) 공시위반의 경중이나 단순실수를 제대로 반영하지 못한다는 문제점 때문에 폐지됐다.

그 후 상장사가 고의로 조회공시 답변을 포함한 공시의무를 위반할 경우 하루 거래정지의 제재를 받았으며 위반횟수가 누적되더라도 관리종목 지정 외에 별다른 불이익이 없어 제도 보완이 절실하다는 지적을 받아왔다.

금융위는 상장기업이 불성실공시로 관리종목에 지정되려면 연간 합산벌점이 유가증권시장 15점, 코스닥시장은 1.5점이 돼야 하는 벌점규정도 고칠 방침이다.

공시위반에 대한 강력한 제재가 가해지지 않는한 불성실공시를 완전히 차단하기는 매우 어렵다. 위의 신문기사에서도 관리종목 지정이 조치로 기술되고 있는데 관리종목 지정이 얼마나 기업에 불이익을 미치는 조치인지에 대해서는 이견이 있을 수 있다. 관리종목에 지정된 기업에 대해서는 감사인이 감독기관에 의해서 지정된다. 코스닥상장기업에는 관리종목 이외에도 투자유의종목 지정이 있는데 실질적으로 관리종목으로 지정된다 함이 투자자로 하여금 투자활동을 수행함에 있어서 유념하라는 의미 이외에는 다른 큰 의미를 찾을 수 없다.

수시공시위반 법인에 대한 제재강화 검토

2008. 4. 상장.

현재 자율규제기관인 증권선물거래소는 허위로 수시공시를 한 상장회사에 대해 불성실공시법인 지정, 매매정지 및 관리종목 지정 등의 시장조치만 내릴 수 있을 뿐 과징금부과 등의 처분은 내릴 수 없다.

이에 따라 증권선물거래소는 공시의무 위반시 자체적으로 과징금부과나 상장폐지 등의 강력한 조치를 내릴 수 있는 근거를 마련하는 차원에서 상장시 증권거래법을 준수하겠다는 내용이 담긴 '상장계약서'를 작성하는 방안을 검토 중이나, 증권거래법 준수 등을 약속한 상장계약서를 근거로 상장폐지와 같은 중징계를 내릴 수 있도록 하는 것은 지나치다는 지적도 있어 최종 도입 여부를 신중하게 결정하게 한 것으로 알려졌다.

5장에서도 기술되었듯이 상장계약서는 NYSE에서 시행하는 제도이며 이러한 맥락에서 거래소는 2009년 2월부터 공시위반제재금을 부과하고 있다.

코스닥 실적예측공시 모범기준 도입된다

매일경제신문, 2008. 3. 6.

코스닥시장의 고질적인 문제로 지적됐던 실적전망, 예측공시 신뢰도를 높이기 위해 코스닥시장본부가 팔을 걷어붙였다. 5일 본부는 모든 코스닥 상장사에 공시 모범기준을 배포했으며 앞으로 상장사들은 이 기준에 따라 공시를 발표하게 된다. 거래소도 향후 이 기준에 근거해 기업의 불성실공시 여부를 심사하게 된다.

이번에 배포된 기준에 따르면 –예측공시에 회계장부 작성시 사용하는 회계기준 사용 – 예측공시에 사용하는 용어에 대한 개념 정의 – 실적예측시 자의적 통제가 가능한 가정 사용금지 – 경기변동이나 상장기업의 우발적 상황에 대한 반영 –실적예측정보의 내부정보관리 유의 및 거래소 요구시 **관련자료 제출의무** 부과 등의 내용을 담고 있다. 거래소측은 "실적예측공시 내용이 불확실한 정보인 점이 투자자에게 확실히 인지될 수 있도록 유도할 것"이라고 말했다.

코스닥 실적전망 부풀리면 불성실법인으로 지정

한국경제신문, 2008. 3. 6.

앞으로 코스닥기업들이 허위로 실적전망을 공시할 경우 불성실공시법인으로 지정돼 불이익을 받게 된다. 증권거래소는 5일 코스닥시장 건전화를 위해 실적예측공시 모범기준을 만들어 코스닥상장사에 배포했다고 밝혔다. 이에 따라 코스닥기업들은 실적예측공시를 할 때 확정된 사안이 아닌 경우 불확실한 정보임을 분명히 밝혀야 하며 예측결과에 영향을 미칠 수 있는 사안이 발생할 경우 이를 **정정공시**를 통해 밝혀야 한다. 증권선물거래소는 우선 2007년 실적전망공시를 한 12월 결산법인이 사업보고서를 제출하면 실적전망과 실제 실적이 크게 차이 나는 회사들을 대상으로 불성실공시 여부를 심사할 예정이다.

위에서 특히나 흥미로운 부분이 실적 달성률이 저조한 기업에 대한 정정공시 의무화 내용이다. 정정공시를 수행한다는 것이 기업에서 부담으로 작용할 경우는 애시당초 예측을 공시하는 시점에 예측내용에 자신이 없다면 이를 공시하지 않는 것이 가장 좋다.

과거에 공시한 실적예측공시의 달성 여부를 파악할 수 있도록 과거 예상매출액과 공시일자 기재도 의무화되었다. 즉, 이러한 정보가 제시되지 않는다면 예측정보를 체계적으로 관리하지 않는 회계정보 이용자는 이러한 예측치를 기억하지 못할 것이므로 이를 기억하기 위해서 이러한 정보가 제시되는 것이다.

증권선물거래소 관계자는 "지금까지는 실적전망공시 후 큰 변동이 생겨 실제 실적과 차이가 커도 제재하지 않았지만 올해부터는 제대로 공시하지 않으면 불성실공시법인으로 지정할 수 있다"고 말했다.

거래소도 향후 이 기준에 근거해 기업의 불성실공시 여부를 심사하게 될 예정이다. 경영자들의 과대예측을 방지하기 위한 증권거래소의 이러한 규제뿐만 아니라 부정적인 정보를 알고 있으면서도 과대예측한 기업의 경우 총체적인 주가반응이 더욱 하락함으로써 투자자들도 이러한 경영자들에게 제재를 가할 수 있다. 따라서 부정적 뉴스를 가졌을 경우 적극 공시하여 무너진 신뢰를 빨리 회복하는 것이 뉴스를 숨기면서 높은 주가를 단기간 유지하는 것보다 더 중요함을 시사한다(최종학 2008).

예측실적 부풀린 기업 불성실공시법인 지정

2008. 7. 상장.

증권선물거래소가 터무니없는 '뻥튀기' 실적예측공시에 대해 처음으로 제동을 걸었다.

증권선물거래소는 2007 사업연도의 실적예측치와 실제 실적 간 차이가 큰 기업들 중 실적예측공시를 할 때 비합리적으로 실적을 높게 잡은 일부기업을 불성실공시기업으로 지정했다. 이는 그동안 무책임하게 예측실적을 부풀려온 기업들에게 경종을 울린 것으로 평가된다.

예측실적공시와 실제 실적 간에 차이가 크더라도 합리적인 방법에 의해 실적을 예측했다면 면책이 되지만 일부 기업들이 비합리적인 방법으로 실적을 예측 발표했다는 것이 증권선물거래소의 판단이다.

증권시장 관계자들은 뻥튀기 실적예측의 경우, 기업들이 이를 이용해 의도적으로 주가를 띄우려는 의도가 있다고 보고, 이는 결국 투자자들의 손해로 이어질 수 있다는 것이 이들의 판단이다.

증권거래소 관계자는 "일부 기업들이 예측실적을 지나치게 부풀려 악용하는 사례가 많다는 지적에 따라 이번에 처음으로 제재절차를 밟게 되었다"고 말했다.

유가증권시장공시규정,

제47조 (예측정보의 공시방법)

② 제1항에 따라 유가증권시장주권상장법인이 예측정보를 포함하여 공시하는 경우에는 다음 각호의 방법으로 하여야 한다.

1. 당해 기재 또는 표시가 예측정보라는 사실이 명시되어 있을 것
2. 예측 또는 전망과 관련된 가정 또는 판단의 근거가 명시되어 있을 것
3. 당해 기재 또는 표시가 합리적 근거 또는 가정에 기초하여 성실하게 행하여졌을 것
4. 당해 기재 또는 표시에 대하여 예측치와 실제 결과치가 다를 수 있다는 주의문구가 명시되어 있을 것

[본항 개정 2008. 9. 12, 2009. 1. 28]

이 항목을 기존의 내용과 비교하면 다음과 같다.

실적예측에 대한 합리적인 근거·가정에 대한 구체적 예측근거의 명시를 의무화하였다.

표 24-1 예측공시의 변경

기 존	개 정
□ 예측공시의 공시방법 등	□ 예측정보의 공시방법 등 ○ **예측정보에 대한 기재방법을 구체화** (* **합리적 근거 · 가정에 기초할 것 신설**)

유가증권시장 상장폐지실질심사에서 공시위반의무사항이 포함된다(상장규정 제80조의2, 심사지침 4). 상장폐지실질심사위원회가 구성되고 상장위원회의 의결을 거쳐서 공시위반의무로 상장폐지될 수 있다.

2월 배임 횡령공시 '0' 진짜?
퇴출심사 피하려 알고도 '형사' 대신 민사소송만

매일경제신문, 2009. 3. 7.

지난해 하반기 최대주주가 바뀐 코스닥 상장기업 A사는 사업보고서 제출을 위한 결산작업 도중 전 최대주주가 배임을 저지른 혐의를 발견했다. 예전 같으면 당장 경찰 등 수사기관에 신고했겠지만 A사는 고심 끝에 신고를 포기하고 민사소송만 제기하기로 결정했다.

형사소송을 제기하면 해당 내용을 '공시'해야 하고 이에 따라 곧바로 '상장폐지실질심사' 대상이 되기 때문이다. 형사고소를 통해 얻는 이득보다 실질심사로 인한 불이익이 더 크다고 판단한 것이다. 6일 한국거래소에 따르면 상장폐지실질심사제도가 도입된 지난 2월 4일 이후 한 달 동안 횡령 · 배임혐의가 발생했다고 공시한 상장사는 단 한 곳도 없었다.

2008년 이후 코스닥시장에서 매달 5건가량 횡령 · 배임혐의 발생공시가 이뤄졌고 지난 1월에도 8건이 공시된 것과 비교하면 의아한 수치다. 거래소

관계자는 "상장폐지실질심사를 받게 되면 매매거래가 정지되는 등 기업으로서는 귀찮은 부분이 많다"며 "이를 피하기 위해 기업들이 몸을 사리는 것으로 보인다"고 말했다.

상장폐지실질심사제도에 따르면 횡령·배임이 일어났다고 공시한 기업은 자동적으로 상장폐지실질심사 대상이 되며 동시에 해당 주식거래가 정지된다. 따라서 횡령이나 배임규모가 크지 않거나 민사소송을 통해 충분히 돈을 되돌려 받을 수 있다고 판단되면 기업처지에서는 공시를 안하는 편이 여러모로 유리한 게 사실이다.

문제는 상장사들이 횡령이나 배임이 일어난 정황을 알고도 이를 공시하지 않았을 때 선의의 피해자가 생길 수 있다는 점이다. 한 증권사 중소형주 담당 애널리스트는 "경영진이 의도적인 횡령·배임을 통해 회사자금을 빼내가고 이로 인해 주가가 하락하는 일이 비일비재하다"며 "**이 같은 행위를 알아차리고도 즉시 공시하지 않는 것은 투자자들에 대한 또다른 배임행위**"라고 말했다.

거래소는 더욱 엄격한 제재를 통해 이 같은 도덕적 해이를 막겠다는 방침이다. 서종남 한국거래소 코스닥시장본부 공시제도팀장은 "횡령 발생시 이를 공시하지 않다가 나중에 공시했을 때 상장폐지심사뿐만 아니라 공시의무위반 등으로 처벌하는 방법도 검토 중"이라고 말했다. 특히 거래소는 횡령·배임이 일어났다고 해도 해당 회사의 내부감시시스템에 문제가 없다고 판단되면 실제 상장폐지로까지 연결되지는 않는 만큼 무조건 사건 발생 자체를 숨기는 것만이 능사는 아니라고 강조했다. 주주와 임직원이 악의적으로 자금을 빼돌리거나 회사가 알고도 눈을 감아주는 등 상황이 심각하면 상장폐지가 이뤄질 것이라는 설명이다.

하지만 기업들 주장은 다르다. 한 코스닥 상장사 관계자는 "횡령·배임 공시만으로 주식거래가 정지되면 회사는 큰 타격을 입게 된다"며 "또 횡령·배임건이 잘 처리된다 하더라도 상장폐지실질심사를 받았다는 꼬리표가 붙어다니는 것을 받아들일 기업은 얼마 되지 않을 것"이라고 주장했다.

위에서도 여러 번 기술되었지만 제도가 강한 것이 바람직한지에 대해서는 여러 가지 의견이 있을 수 있다. 배임·횡령에 대한 상장폐지실질심사가 본격화되자 기업들은 이를 공시하지 못하는 것이고 그러할 경우 투자자에게 알려져야 할 정보가 단절된다. 제도가 제도의 취지대로 진행된다면 가장 바람직하겠지만 그렇지 않을 경우는 제도를 채택함보다도 못한 결과가 초래될 수 있다.

특히나 경기가 어려웠던 2008년도의 재무제표에 대해서는 상장폐지 우려 기업이 코스닥 43사, 유가증권시장 기업도 11곳이나 되어서 크나 큰 경제 이슈로 부각되었다(매일경제신문 2009. 4. 1).

결 언

두서없이 위에서 공시제도 및 정책과 관련된 내용을 기술하였다. 무슨 일을 하게 되거나 더 잘할 수 있었는데라는 아쉬움이 남는다. 학자가 남기는 것은 결국은 제자, 논문과 저술인데 저자의 나이가 40대 후반에 이르니 논문보다는 뭔가 한 특정 분야에 업적을 남기고자 2006년 말에 시작한 일이 2009년 봄에 그 과정을 모두 마치게 되어 감개가 무량하다. 2년 반의 기간이 짧지 않은 기간이었는데 책을 저술한다는 것이 매우 어려운 과정이라는 점을 실감케 한다. 인생은 계속적으로 도전할 때 살맛이 난다. 이 책에 포함된 모든 잘못은 본인 저자의 잘못이다. 계속 공부할 부분이 있으므로 학자로서 인생에 할 일이 많은 것 같다. 건강하게 좋은 직장에서 교수활동을 하고 있으니 주위의 모든 분들과 환경에 감사할 뿐이다. 지난 1년간의 연구년 기간에 저술에 집중하여 본 저술을 마칠 수 있게 하여준 모교에 감사한다.

2009년 5월

참고문헌

고종권 · 전규안, 2005. 4, 감사인의 손해배상책임한계에 관한 연구, 한국회계학회 심포지움 자료.

구정한, 2006, 거래소 상장시 이해상충 해소 해외사례 및 시사점, 주간 금융브리프(15권 47호), 한국금융연구원, 3-7.

금융감독원, 2007. 2. 7, 증권집단소송제도의 시행과 자본시장감독 정책방향, 금융위원장 강연 내용.

금융위원회, 2008. 5. 23, 증권선물조사업무규정.

금융위원회, 2008. 3. 26, 유가증권의 발행 및 공시 등에 관한 규정시행세칙.

금융위원회, 2009. 2. 28, 증권의 발행 및 공시 등에 관한 규정.

김경률, 2007. 11. 16, 국제회계기준 전면도입에 따른 법적 제도적 검토와 영향분석 토론자료, 회계기준원.

김연화 · 손성규, 2007, 자율공시의 정보효과, *회계저널*: 1-22.

김연화 · 손성규, 2009, 공시품질의 효과에 관한 연구, *회계정보학회지* 게재확정.

김화진, 2009. 5. 13, 수시공시 잘못해도 집단소송 대상, *주간매경*.

라채원, 2007, 전자공시시스템이 적시성과 정보비대칭 그리고 개별기업정보의 반영에 미친 영향에 관한 연구, 연세대학교 박사학위 논문.

매일경제신문, 2002. 12. 24, '별일 없다' 조회 공시 못 믿겠다.

매일경제신문, 2004. 7. 26, 10월 당일 공시 의무화.

매일경제신문, 2004. 8. 2, 조회공시 있으나마나.

매일경제신문, 2004. 9. 16, 캐피탈그룹엔 달려가 IR 개인투자자엔 꼭꼭 숨겨, 공시위반 아닌가?

매일경제신문, 2004. 10. 4, 조회공시기사.

매일경제신문, 2004. 11. 27, 거래소 이상한 중복 조치.

매일경제신문, 2004. 11. 22, 기업기밀 공시 안한다.

매일경제신문, 2005. 1. 24, 허위공시에 물징계, 한탕주의 판쳐.

매일경제신문, 2005. 2. 14, 계열사 불법지원 전 한라그룹회장 주주에 배상책임 없다 판결.

매일경제신문, 2006. 2. 20, 공시제도도 크게 변화.

매일경제신문, 2006. 6. 13, 불성실공시 벌점제 효과 있네.

매일경제신문, 2006. 6. 22, 상장사 임원 내부정보 이용 646억 챙겨.

매일경제신문, 2006. 8. 10, 미공개정보 이용 불공정거래 극성.

매일경제신문, 2007. 1. 16, '한다더라' 코스닥 루머 극성.

매일경제신문, 2007. 10. 13, 코스닥공시 뜯어보고 투자를.

매일경제신문, 2008. 1. 10, 외국기업 상장때 국제공시기준 적용.

매일경제신문, 2008. 3. 6, 코스닥 실적예측공시 모범기준 도입한다.

매일경제신문, 2008. 4. 9, 상장사 임직원 주요주주 자사주식매매 689억 챙겨.

매일경제신문, 2008. 7. 25, 악성 불성실공시 한번에 퇴출, 적자기업은 우회 상장 못한다.

매일경제신문, 2008. 7. 31, CEO 건강악화도 공시대상?

매일경제신문, 2008. 12. 8, dart에 기업 고해성사 숨어 있다.

매일경제신문, 2009. 2. 10, MOU입니까? 계약서입니까? 금감원 공시구분 의무화.

매일경제신문, 2009. 3. 7, 2월 배임, 횡령공시 '0' 진짜? 퇴출심사 피하려 알고도 '형사' 대신 민사소송만.

매일경제신문. 2009. 4. 1, 포넷 도움 등 13사 오늘부터 상장폐지.

머니투데이, 2009. 2. 24, 자산재평가, 숨기는 기업 많다.

박경진, 2007, Disclosure Practices, Enforcement of Accounting Standards, and Stock Synchronicity, 연세대학교 박사학위논문.

박상수 · 전성빈 · 이아영, 2008, 부실 공시기업의 정보유용성에 관한 연구, *회계학연구*: 303-327.

상장, 2008. 4, 자본시장소식, 상장회사 경영진단의견서 기준 마련될 전망, 상장회사, 중대사안 발생시 current report 제출해야, 수시공시의무 위반법인에 대한 제재 강화 검토.

상장, 2008. 7, 예측실적 부풀린 기업 불성실공시법인 지정.

서울경제신문, 2004. 7. 6, 공시부담 5-7% 줄듯.

세정신문, 2008. 8. 21, 금융위, 상장-퇴출제도 선진화 방안.

손성규a, 1997, 경영자의 예측치와 재무분석가 예측치의 비교: IR에서의 예측을 중심으로, *회계학연구*: 107-130.

손성규b, 1997, 경영자의 자발적 회계정보 예측에 대한 주식시장에서의 정보효과, *회계학연구*: 159-192.

손성규, 2001, 불성실공시의 정보효과. 연*세경영연구*(제38권 제1호): 1-37.

손성규, 2007. 2, 감사의뢰인과 감사인간의 감사계약서와 관련된 이견: 이론과 현황-배상책임 및 면책에 관한 사항을 중심으로, *상장*, 상장자료실, 한국상장회사협의회: 70-79.

손성규, 2009, 내 맘대로 공시, 이제는 설 땅 없다, *동아비즈니스리뷰* 2009년 1월: 74-75.

손성규 · 곽병진 · 김연화, 2008, 자율공시가 재무분석가 이익예측에 미치는 영향, *회계정보연구*: 1-26.

손성규 · 곽지영, 2008, 조회공시의 현황, 의미 및 주가반응, *회계저널*: 66-95.

손성규 · 김상기, 2007, 사업보고서 공시의 임의성 연구, *회계정보연구*: 219-238.

손성규 · 김성환, 2009, 조회공시 제도 변경에 따른 공시패턴의 변화, *회계저널*: 136-162.

손성규 · 김성환 · 정기위, 2009, 수시공시와 정기공시의 관계에 대한 연구: 불성실공시와 전기오류수정을 중심으로, 미발표논문, 연세대학교.

손성규 · 김연화 · 곽지영, 2009, 공시수준의 측정치에 관한 비교연구, 미발표논문, 연세대학교.

손성규 · 백혜원 · 고재민, 2009, 경영자 이익예측공시 유무에 따른 차별적 시장반응, 미발표논문, 연세대학교.

손성규 · 이은철. 2005, 손익구조변경 수시공시의 정보효과에 대한 실증분석, *회계저널*: 29-56.

손성규 · 이은철, 2008, 경영자-감사인의 의견 불일치와 감사인 교체, *회계와 감사연구*: 205-230.

손성규 · 이은철 · 정기위, 2008, 적정감사시간과 실제감사시간과의 차이-감사인과 피감기업의 의견불일치에 미치는 영향, *회계저널*: 1-30.

손성규 · 전영순, 2000, 거래량 변동을 통한 경영자예측정보공시의 정보효과에 관한 연구, *회계학연구*: 27-55.

연강흠, 2003, 공정공시제도의 효율성 제고와 IR 활성화 방안 연구, 한국IR협의회.

연강흠 · 손성규, 2007. 1, 기업의 자율공시체제 대응 및 효율적 정착방안, 한국상장회사협의회/한국증권선물거래소 연구용역.

오원정 · 손성규, 2006, 공정공시제도의 시행효과 및 시행과 관련된 기업특성에 관한 연구, *경영학연구*: 1449-1478.

이데일리, 2009. 1. 16, 대기업 회계위반금액 1천억원 넘으면 제재.

이데일리, 2009. 4. 10, 16일부터 상장사 자산재평가 공시 의무화.

이정화 · 손성규, 2005, An Empirical Analysis of the Relationship between Corporate Governance and Corporate Disclosure Practices in Korea, *회계학연구* 2005년 9월: 33-70.

윤승한, 1994, 미국의 기업공시제도 체계 및 운영현황, *증권조사월보* 4월호: 3-58.

윤승한, 2004, 미국증권법강의, 삼일인포마인.

이데일리, 2006. 3. 29, 수시공시 대폭 축소.

이데일리, 2006. 6. 23, 5년 이내 공시의무 위반행위만 제재한다.

이데일리, 2007. 12. 11, 감사인 강제지정 회계법인 요건 강화 백지화.

이데일리, 2009. 1 .16, 대기업 회계위반금액 1천억원 넘으면 제재.

이아영 · 전성빈 · 박상수, 2008, 불성실공시가 타인자본에 미치는 영향, *회계학연구*: 127-158.

이영호, 2006. 9. 22, 시장감시위원회의 역할과 향후 과제, 한국증권학회 증권사랑방 발표 자료.

전성빈 · 이아영 · 박성환, 2006, 수시공시의 정보효과에 관한 연구, *회계학연구*: 163-192.

전영순 · 손성규, 1999, 경영자 예측정보의 유형별, 공시경로별 편의성 및 정확성의 비교, *회계학연구* 24: 25-52.

정윤모 · 이주혜 · 박기령, 2004, 수시공시제도의 개선방향-포괄주의 방식의 도입검토, 한국증권연구원.

정태범 · 박희우, 2006, 감사시간 공시의 적정성에 관한 연구, *회계저널*: 57-83.

조선일보, 2004. 6. 4, 벌점 30점 땐 증시 퇴출.

조선일보, 2004. 7. 6, 기업공시 오후 4시 이후엔 안 돼.

조선일보, 2005. 11. 14, 상장기업 공시부담 줄인다.

조선일보, 2008. 4. 22, 관리종목 지정 해제 일부 종목 불공정거래 여부 심리 착수.

조세일보, 2005. 12. 25, 내년 4월 증권거래소 분식회계 공시 의무 없앤다.

조세일보, 2007. 11. 15, 금감원 '지배회사에 종속회사 회계정보 요구권 부여'
증권선물거래소, 2009. 1. 28, 유가증권시장공시규정.
증권선물거래소, 2009. 1. 28, 코스닥시장공시규정.
증권선물거래소, 2009. 2. 3, 유가증권시장공시규정시행세칙.
증권선물거래소, 2009. 2. 3, 코스닥시장공시규정시행세칙.
최관 · 박종일, 2007, 비정상 감사보수와 감사품질이 비정상 감사시간에 미치는 영향, *회계와 감사연구*: 119-159.
최우진, 2008. 5, 지주회사로서의 득과 실, *상장*.
최종학, 2008. 11, 부정적 뉴스, 숨기는 게 능사 아니다, *동아비지니스리뷰*: 86-88.
한겨레신문, 2007. 7. 24, 실적발표 회계 기준 원칙 없어 투자자 혼선 - 기업 투명성 확보 어려워… "일관성 갖춰야."
한국경제신문, 2004. 7. 6, 공시위반 내용따라 차등 벌점.
한국경제신문, 2005. 2. 14, 경영진 주가하락 배상책임 없다.
한국경제신문, 2006. 9. 18, 조회공시 답변 '아리송' 주가 급등 사유 '구렁이 담넘듯.'
한국경제신문, 2006. 12. 29, 미 경영진 보수공개 규정 완화.
한국경제신문, 2007. 1. 15, 공시 잦은 기업, 실적 주가는 부진. 빈수레가 요란하다.
한국경제신문, 2007. 3. 13, 툭하면 공시번복... 조회공시 허점 이용.
한국경제신문, 2007. 12. 31, 코스닥 공시 '허황된 실적전망' 등 차단.
한국경제신문, 2008. 1. 21, 코스닥 실적 예측 공시 대부분 '뻥튀기.'
한국경제신문, 2008. 3. 6, 코스닥 실적 전망 부풀리면 불성실법인으로 지정.
한국경제신문, 2008. 4. 22, 일부 상장사 실적 관련 내부자거래 포착.
한국경제신문, 2008. 8. 14, 상습공시 위반사 상장폐지.
한국경제신문, 2008. 12. 27, 코스닥기업 주총 전 '현금배당결정'공시 못한다.
한국경제신문, 2009. 2. 3, 상장사 집행임원도 보유지분 신고해야.
한국경제신문, 2009. 2. 28, 공시오류로 주가 급등락 '해프닝.'
한국경제신문, 2009. 3. 6, 한국거래소 '지분정보 전용 홈페이지' 만든다.
한국상장회사협의회/한국증권선물거래소, 2008, 주식업무연수과정 교재.
한국증권연구원, 2005, 기업의 상장부담경감 방안.
한국증권거래소, 2007, 유가증권 공시제도 가이드.
Ajinkya, B., and M. Gift, 1984, Corporate Managers' Earnings Forecasts and Symmetrical Adjustments of Market Expectations, *Journal of Accounting*

Research 22: 425-444.

Baginski, S. P., J. M. Hassel, and M. D. Kimbrough, 2002, The Effect of Legal Environment on Voluntary Disclosure: Evidence from Managment Earnings Forecasts Issued on U.S. and Canadian Markets, *The Accounting Review*: 25-50

Botosan, C., 1997, Disclosure Level and the Cost of Equity Capital, *The Accounting Review*: 323-349.

Brochet, F., 2008, Information Content of Insider Trades: Before and After the Sarbanes-Oxley Act, Working paper, Harvard Business School.

Diamond D., and R. Verrecchia, 1991, Disclosure, Liquidity, and the Cost of Capital, *Journal of Finance*: 1325-1359.

Field, L., M. Lowry, and S. Shu, 2005, Does Disclosure Deter or Trigger Litigation? *Journal of Accounting and Economics*: 487-507.

Frankel, R., M. McNichols, and G. Wilson, 1995, Discretionary Disclosure and External Financing, *The Accounting Review*: 135-150.

Griffith, S., 2005, Unleashing a Gatekeeper: Why the SEC Should Mandate Disclosure of Details Concerning Directors' & Officers' Liability Insurance Policy, Working paper. SSRN.

Kasznik, R., and B. Lev, 1995, To Warn or Not to Warn: Management Disclosures in the Face of an Earnings Surprise, *The Accounting Review* 70: 113-134.

Lev, B., and J. A. Ohlson, 1982, Market-Based Empirical Research in Accounting: A Review, Interpretation, and Extension, *Journal of Accounting Research* 20: 249-322.

McNichols, M., 1989, Evidence of Informational Asymmetries from Management Earnings Forecasts and Stock Returns, *The Accounting Review* 64: 1-27.

Milgrom, P., 1981, Good News and Bad News: Representation Theorems and Applications, *The Bell Journal of Economics*: 380-391.

Sengupta, P., 1998, Corporate Disclosure Quality and the Cost of Debt, *The Accounting Review*: 459-474.

Schrand, C. M., and R. Verrecchia, 2005, Information Disclosure and Adverse

Selection Explanations for IPO Underpricing, Working paper, University of Pennsylvania.

Scholz, S., 2008, The Changing Nature and Consequences of Public Company Financial Restatements: 1997-2006. Department of the Treasury.

Skinner, D., 1994, Why Firms Voluntarily Disclose Bad News, *Journal of Accounting Research* 32: 38-60.

Skinner, D., 1997, Earnings Disclosures and Stockholder Lawsuits, *Journal of Accounting and Economics* 23: 249-283.

Trueman, B., 1986, Why Do Managers Voluntarily Release Earnings Forecasts? *Journal of Accounting and Economics*: 53-71.

Trueman, B., 1997, Managerial Disclosures and Shareholder Litigation, *Review of Accounting Studies*: 181-199.

Verrecchia, R., 1983, Discretionary Disclosure, *Journal of Accounting and Economics*: 179-194.

Waymire, G., 1984, Additional Evidence on the Information Content of Management Earnings Forecasts, *Journal of Accounting Research* 22: 703-718.

색 인

저자약력

연세대학교 경영학과 졸업
University of California-Berkeley, MBA
Northwestern University, 회계학박사
뉴욕시립대학교 조교수
University of Southern California, visiting scholar
미국공인회계사
한국회계학회 상임간사, 한국경영학회 상임이사
기획예산처 정부투자/산하기관 경영평가위원
한국전력 출자회사/발전자회사 평가위원
금융감독원 감리위원회 위원
한국회계학회 회계학연구 편집위원장
연세대학교 기획실 정책부실장, 재무처장, 감사실장
KT재무회계자문단위원, YBM 시사닷컴 감사
회계기준원 회계기준자문위원
현, 연세대학교 경영대학 교수
롯데쇼핑 사외이사/감사위원
STX엔진 사외이사
회계기준위원회 비상임위원
한국 CFO협회 운영위원
서울의과학연구소(SCL)재단이사회 감사
하나로의료재단 이사
한국거래소 유가증권시장본부 공시위원회 위원장
한국회계학회 부회장

논문

Journal of Accounting and Economics, 회계학연구, 경영학연구, 회계저널,
회계와 감사연구 등에 다수

보고서/용역

금융감독원, 한국공인회계사회, 코스닥증권시장, 상장회사협의회, 한국공인회계사회,
증권선물거래소, 한국회계기준원, 삼정회계법인, 아이에이취큐 등

저서

회계정보의 유용성, 권수영 · 김문철 · 최관 · 한봉희 공저, 신영사, 2003
회계감사이론, 제도 및 적용, 박영사, 2006
회계원리, 주인기와 공저, 법문사(8판), 2009

수상

상경대학 우수업적 교수상
한국공인회계사회 최우수논문상
한국공인회계사회 우수논문상
한국경영학회 우수논문상
한국학술원 사회과학부문 우수학술도서 선정

sksohn@yonsei.ac.kr

수시공시이론, 제도 및 정책

2009年 6月 18日 初版發行
2009年 6月 25日 初版印刷

著 者 손 성 규
發行人 安 鍾 萬
發行處 (株) 博 英 社
서울特別市 鍾路區 平洞 13-31番地
電話 (733) 6771 FAX (736) 4818
登錄 1959. 3. 11. 제300-1959-1호(倫)

www.pakyoungsa.co.kr e-mail: pys@pakyoungsa.co.kr

定 價 20,000원 ISBN 978-89-7189-914-4